Eduard Devrient

Dramatische und dramaturgische Schriften

Vierter Band: Das Hoftheater

Eduard Devrient

Dramatische und dramaturgische Schriften
Vierter Band: Das Hoftheater

ISBN/EAN: 9783743635418

Hergestellt in Europa, USA, Kanada, Australien, Japan

Cover: Foto ©Thomas Meinert / pixelio.de

Weitere Bücher finden Sie auf **www.hansebooks.com**

Geschichte
der
Deutschen Schauspielkunst.

Von

Eduard Devrient.

Vierter Band.

Das Hoftheater.

—⚬⚭⚬—

Be   a J. J. Weber.

Vorwort.

Nach zwölfjähriger Unterbrechung knüpfe ich den Faden meiner Erzählung von den Schicksalen der teutschen Schauspielkunst wieder an.

Die große Lücke muß der Umstand entschuldigen, daß ich seitdem leitend in das thätige Leben der Kunst einzugreifen hatte, zu ihrer Geschichtserzählung daher nur sparsam Muße finden konnte. So ist es denn auch zunächst nur ein kleiner Zeitabschnitt, über den ich berichte, aber er zeigt sich von tief eingreifender Wirkung auf die Schauspielkunst, von entscheidender und bestimmender für die Bühnenzustände unsrer Tage.

Diesen Zeitabschnitt habe ich mit erlebt, spreche also viele eigne Erfahrungen aus, schildere persönliche und thatsächliche Eindrücke. Auch das mußte Theil an der verzögerten Veröffentlichung haben; denn je inniger und andauernder meine Freude ist, daß die ersten drei Bände meiner Geschichte mit so viel Vertrauen zur Wahrheit meiner Darstellung aufgenommen worden sind, um so mehr mußte ich in Sorgen sein, ob meine Darstellung von miterlebten Zu=

ständen, von Personen, zu denen ich selbst, und zum Theil in sehr naher Beziehung gestanden — denselben Glauben an unparteiische geschichtliche Wahrheit finden werde.

Die Vollendung meines sechszigsten Lebensjahres, welches leidenschaftliche Anschauungen auszuschließen pflegt, die langjährige Prüfung meiner Arbeit, unter Verhältnissen, welche mich den Einfluß der Theatervorgänge auf die Schauspielkunst sehr scharf und im ganzen Umfange erkennen ließen, das Alles hat mir den Muth gegeben, mich jener Sorge zu entschlagen und mit Vertrauen auf Vertrauen hervorzutreten, indem ich die Versicherung wiederhole, mit der ich die ersten Bände meines Buches eingeführt: „Ich gebe, was ich gefunden, ich zeige, was ich gesehen. Was mir zur geschichtlichen Wahrheit geworden ist, spreche ich aus, ohne Scheu vor dem Anstoß, den es finden mag. Ich schreibe im Interesse meiner Kunst und meines Standes, und weiß, daß ihnen eine geschminkte Geschichte nichts nützen könnte."

Und so fahre ich denn getrost fort in meiner Erzählung von den folgenschwersten Vorgängen; sie werden das Wort bewähren, womit ich vor dreizehn Jahren begann: „Es ist eine ernste Geschichte, die ich zu erzählen habe, so lustig es auch oft darin zugeht."

Karlsruhe, im August 1861.

Inhalt des vierten Bandes.

I. Der Wendepunkt der Theaterorganisation mit der Intendanz des Grafen von Brühl in Berlin. (1815—1828.)

	Seite
Was der geschichtliche Moment forderte	3
Umwandlung der Nationaltheater in Hoftheater	4
Einwände gegen Künstlerdirection	6
Der unparteiische Director	7
Graf Moritz von Brühl Intendant. Seine Persönlichkeit	9
Die reichere Bühnenausstattung	10
Sorgfalt für die künstlerischen Kräfte	11
Brühl mit Dalberg verglichen	12
Bureaukratischer Charakter der Intendanz	13
Das Repertoir	15
Das Künstlerpersonal	21
Lemm und seine schriftlichen Studien	25
Ludwig Devrient	26
Das Wolff'sche Ehepaar	31
Auguste Düring (Frau Stich-Crelinger)	33
Der Zuwachs des Personals	35
Die Tradition der Schulen	37
Charakter und Verfall der Regie	39
Schwierigkeiten für die Intendanz. Theaterbrand	43
Einfluß des Hofes	43
Suprematie der Oper. Spontini	44
Das Königstädter Theater	45
Dessen Organisation	46
Sein Personal	46
Falsche Stellung beider Bühnen zu einander	48
Erster Bankerott des Königstädter Theaters	49

                                                               Seite
Brühl's Enthebung   51
Resultat seiner Intendanz   52

II. Die Verhältnisse der andern Hoftheater.

München   54
Karl Director des Isarthortheaters   55
Personal des Hoftheaters   56
Regie. Oper und Ballet   57
Das große Theater   58
Karlsruhe. Personal   58
Amalie Morstedt (Frau Neumann-Haizinger) . . .   59
Das Mannheimer Hof- und Nationaltheater . . .   60
Organisationswechsel.   61
Regie. Personal   61
Weimar. Wechsel der Oberleitung   62
Zustand der Kunst. Theaterbrand   63
Das Dresdner Hoftheater   63
Seine Leitung   64
Das Künstlerpersonal. K. M. von Weber   64
Veränderung des Directionssystems   65
Ludwig Tieck Dramaturg   66
Seine dramaturgischen Blätter   67
Seine dramaturgische Wirksamkeit   69
Ihr Fehlschlagen   72
Das Repertoir   75
Personalveränderungen. Pauli und Karl Devrient . .   77
Das Wiener Hof-Burgtheater   80
Das Schauspiel von Oper und Ballet ganz getrennt . .   82
Abermalige Behördenveränderung   84
Das Kunstpersonal   84
Die Richtung der Thätigkeit   85
Schreyvogels Bemühen um Hebung der klassischen Stücke .   86
Eine Lücke seines künstlerischen Einflusses . . .   90
Sein Sturz   91
Würdigung seines dramaturgischen Einflusses . . .   92
Braunschweig. Klingemann's Direction des Aktientheaters .   94
Es wird zum Hoftheater. Einfluß des jungen Herzog's .   95
Erste Aufführung von Göthe's Faust   96
Klingemann's Tod   97

Inhaltsverzeichniß.

	Seite
Hannover. Königliches Theater.	97
Holbein Oberregisseur	98
Das Kunstpersonal	97
Paulmann	98
Die vorherrschende Verstandesreflexion	99
Seydelmann	100
Anfänge in Breslau	101
In Grätz Regisseur	103
Von Olmütz nach Prag unter Holbein's Leitung	104
Kassel. Reorganisation und Flor des Theaters	105
Seydelmann's Entwicklung zu voller Eigenthümlichkeit	106
Darmstadt. Herrschaft der Oper. Grüner	112
Seydelmann's kurzer Aufenthalt daselbst	113
Stuttgart. Wechsel der Oberleitung	114
Verfahren der schwäbischen Stände mit dem National-Theater	114
Wiener Hoftheater. Suprematie des Ballets	115
Seydelmann tritt in das Kunstpersonal	116

III. Die Verhältnisse der städtischen und Privatunternehmungen.

Abhängigkeit vom Beispiel der Hoftheater	117
Das Theater an der Wieden, sein Personal	118
Karl übernimmt die Pachtung	119
Charakter seiner Direction	120
Das Josephstädter Theater	120
Das Leopoldstädter Theater, sein Personal	121
Korntheuer	121
Raimund	123
Seine poetische Erhebung der Volksposse	124
Seine Veränderung der possenhaften Darstellungsweise	126
Prag	127
Leipzig. Küstner's Direction	128
Das Personal	129
Charakter von Küstner's Direction	130
Ihr Ende	133
Breslau. Wechsel in der Direction	133
Karl von Holtei Theatersekretair	134
Sein skandalöser Abgang	137

	Seite
Verpachtung des Theaters und sein Verfall	138
Hamburg. Das Personal des Stadttheaters	138
Emil Devrient und seine Frau	140
Das neue Theater und die Wirkung der übergroßen Bühnen auf die Schauspielkunst	142
Frankfurt	144
Karoline Lindner	144
Weidner und das weitere Personal	145
Die Wandertruppen	147
Die Faller'sche Gesellschaft	147
Die gräflich Hahn'sche Gesellschaft	148
Ueberblick des Zustandes	153

IV. Einfluß der Literatur auf die Schauspielkunst.
(1830.)

Ergiebigkeit dieser Periode	155
Tieck gegen die Schiller-Nachahmer	157
Einfluß derselben auf die Schauspielkunst	158
Einfluß des Calderon	158
Rückschlag auf die Schauspielkunst	160
Verwirrende Fortwirkung des Weimar'schen Ideal's	161
Der Deklamationston und sein Unfug	164
Die Wiener Manier	167
Die Dehnung in der Deklamation	169
Behandlung der Uebersetzungen	172
Das Lustspiel	172
Das moderne französische Lustspiel und Tieck's Meinung davon	174
Der Einfluß auf die Schauspielkunst	177
Das Melodrama	178
Uebersicht des Literatureinflusses	179
Grillparzer	179
Raupach	180
Die alte Spaltung zwischen Dicht- und Schauspielkunst	182
West (Schreyvogel) über das Bücherdrama	183
Die Literatur verlangt die Bühne zu ihrer Verfügung	185
Streit um die Selbständigkeit der Schauspielkunst	186
In Shakespeare Versöhnung des Zwiespaltes	189

Inhaltsverzeichniß.

V. Die künstlerische Demoralisation.
(1830.)

	Seite
Das Wohlergehen der Künstler als Ursache des Kunstverfalls	190
Die Persönlichkeit der Hofintendanten	192
Ihr Verhalten zu den künstlerischen Vorständen	194
Verfall der künstlerischen Autorität	194
Wirkung auf die künstlerische Praxis	196
Wirkung auf die künstlerische Moral	197
Abhängigkeit der Intendanten vom öffentlichen Urtheile	199
Um so größeres Bemühen der Künstler um äußeren Erfolg	200
Das virtuose Sonderinteresse	201
Die Journalistik	202
Ihre Ausartung	203
Ihre Verbreitung	204
Ihr Bündniß mit der Virtuosität	206
Die Claque	207
Die Gastspielwuth	207
Effect um jeden Preis	209
Folgen der Führerlosigkeit	211

VI. Weitere Ergebnisse der bisherigen Entwicklungen.
(1830.)

Operneinfluß	215
Spielhonorare	215
Finanznoth auch der Hoftheater	216
Das Ensemble gesicherter in der Oper	217
Entwicklung derselben der Darstellungskunst nachtheilig	218
Die Theatercostümreform Brühl's	220
Tieck's Angriffe darauf	220
Berichtigungen	221
Inconsequenz der Costümtreue	223
Decorationen	227
Die geschlossenen Zimmer	228
Der Dichtersold	229
Manuskriptendiebstahl	230
Censur	231
Widerspruchsvolle Stellung der Bühne zum Staate	233
Bürgerliche Stellung der Schauspieler	234

	Seite
Lebenslängliche Versorgung	234
A. W. Schlegel's Angriff darauf	235
Die Gegner der Sittlichkeit der Schauspieler	237
Die Ehen der Schauspieler	238
Das sittliche Richteramt des Publikums	239
Stand der allgemeinen Bildung	240
Gesellschaftliche Stellung	241
Ausschluß von Ordensverleihungen	243
Geistliche Angriffe. Tholuck	244
Vorwurf der Charakterlosigkeit	247
Dauernde Gleichgültigkeit des Staates gegen das Theater	249
Durch die Verbreitung konstitutioneller Formen nicht geändert	252
Ueberblick des herrschenden Zustandes	253

VII. Immermann's Direction.

Immermann's Eintritt in die Düsseldorfer Verhältnisse	257
Seine theatralische Einmischung	258
Stiftung des Theatervereins	259
Immermann's Grundsätze	260
Sein Verfahren beim Einstudiren	261
Die ersten Mustervorstellungen	262
Mendelssohn's Hinzutritt	263
Seydelmann's Theilnahme	264
Immermann übernimmt die Intendanz des Actien-Theaters	264
Spaltung mit Mendelssohn	266
Die Thätigkeit des Theaters	267
Das Repertoir	268
Undurchführbarkeit des Unternehmens	269
Seine Resultate. Bearbeitungen. Scenirungen	271
Charakter von Immermann's Direction Shakespeare gegenüber	273
Seine Ansichten über Schauspielkunst	275
Entschieden literarischer Standpunkt	279
Würdigung seines Unternehmens	280
Sein Lob der Schauspieler	281
Sein Unmuth über die Gleichgültigkeit des Staates und der Fürsten	284
Schlußbetrachtung	286

Geschichte

der

deutschen Schauspielkunst.

I.

Der Wendepunkt der Theaterorganisation mit der Intendanz des Grafen Brühl in Berlin.

(1815—1828.)

Keinen entscheidenderen Moment hat die Entwicklungsgeschichte der deutschen Schauspielkunst in ihrem ganzen Verlaufe zu zeigen, als den nach Beendigung der Freiheitskriege. Ihre Lebensgestalt erfährt eine tiefgreifende Veränderung, eine, nach aller Arbeit der früheren Jahrhunderte, unerwartete, unverdiente. Auch über die Entwicklung seiner Schauspielkunst täuschte diese Zeit des Vaterlandes Erwartungen.

Der Abschluß der vorigen Periode hat gezeigt*), daß der bis dahin erreichte Höhepunkt der Entwicklung zum Wendepunkte für den inneren Werth der Kunst zu

---

*) III. Band S. 421.

werden drohte, daß ihr darum mehr als je kunsterfahrene und gesinnungstüchtige Führer noththaten.

Denn die großen Häupter der Schulen: Schröder, Iffland, Goethe traten vom Schauplatze ab. Die verschiedenartigen Forderungen aber, welche sie gestellt hatten, drohten einen willkürlichen Eklekticismus zu erzeugen, ein geschmackverwirrendes Gemisch von Manieren. Es mußte jetzt ein sichres Maaß der Schönheit und Natur gefunden, streng eingeschult und gewissenhaft im Gesammtgeiste der Kunstgenossenschaften bewahrt werden.

Mehr als zu irgend einer Zeit hing also Alles von der Organisation der tonangebenden Theater ab, mehr als zu irgend einer Zeit war zu beklagen: was hierin geschah.

Der Pariser Friede hatte den deutschen Höfen Macht und Herrlichkeit zurückgegeben. Das Theater war es, das zunächst von dem erneuten Glanze Zeugniß abzulegen hatte. Neue Hofbühnen wurden errichtet, die bestehenden in größeren Flor gebracht, indem die Fürsten reichlichere Zuschüsse spendeten. Die Nation dagegen begab sich überall, wo sie in landständischen Berathungen über die Reorganisation der Staaten, oder bald in den neuen constitutionellen Formen das Recht dazu erhielt, des Anspruchs: das Nationaltheater nationalen Zwecken zu bestimmen. Nirgends, wo man an die Sonderung des Eigenthums und der Befugnisse von Staat zu Krone ging, sprachen die Landesvertreter das Theater als Eigenthum

mit der Intendanz des Grafen Brühl in Berlin.

des Landes an, nirgends wurde seine staatliche Bedeutung proklamirt, nirgends die Nothwendigkeit anerkannt: es nach Staatsgrundsätzen — also von der Landesregierung — regeln und überwachen zu lassen*). Die Sorge um die Kostspieligkeit der Erhaltung war das Einzige, was ins Auge gefaßt wurde, und so begnügte man sich: die Theatersubventionen in den Civillisten der Fürsten in Anschlag zu bringen, die Erhaltung und Leitung der Bühnen aber den Höfen unbedingt zu überlassen, damit dieselben auch für etwa erhöhte Unkosten aus ihren weiteren Mitteln aufkommen möchten**); was denn auch meistentheils geschah. Um so mehr hatten die Höfe nun das Theater als ihr Eigenthum zu betrachten, da sie es auf ihre Gefahr übernommen, da es ihnen überlassen war, seine Einrichtung und Leitung mit der Liberalität ihrer Unterstützung in Uebereinstimmung zu setzen.

Wie und von wem diese reicher dotirten Kunstanstalten geleitet werden sollten, welche von nun an den Einfluß der Stadttheater entschieden überflügeln und tonangebend für den gesammten Kunstzustand werden mußten — dies war eine Frage von der höchsten Wichtigkeit.

---

*) Das Bestehen der Regierungscommissaire am Mannheimer Theater kann nicht als eine Ausnahme hiervon gelten; es sollte damit ein höheres Staatsprincip durchaus nicht vertreten sein.

**) Denselben Verlauf hatte diese Angelegenheit bei der späteren Verbreitung der constitutionellen Staatseinrichtungen 1830 und 48.

Sie sollte sofort, an einer für diesen geschichtlichen Moment wichtigsten Stelle, in Berlin entschieden werden, wohin gerade jetzt die erwartungsvollen Blicke Deutschlands gerichtet waren, von wo man eine entscheidende Erhebung des geistigen und staatlichen Lebens erhoffte.

Iffland war gestorben, der Künstler und Director, welcher die Gegensätze des künstlerischen Entwicklungsmomentes biegsam und gewandt zu vermitteln gewußt, die größten Directionsschwierigkeiten, die wir im Verlauf der Geschichte beobachtet, siegreich bezwungen hatte. Wer sollte diesen Mann an dieser Stelle ersetzen?

Ein Comité, bestehend aus den Künstlern Beschort, Herbt, Gern, Unzelmann und dem Theatersecretair Esperstedt, führte einstweilen die Directionsgeschäfte, man wartete der königlichen Entschließung.

Es konnte nicht fehlen, daß in diesem fünfmonatlichen Interimistikum die Frage der Theaterleitung überhaupt um so lebhafter erörtert wurde, als jede Ansicht einen Einfluß auf die wichtige Entscheidung beanspruchte.

Obgleich man in Berlin nur künstlerische Leiter des Theaters kannte, von Döbbelin, Ramler und Engel, Fleck bis Iffland, obschon die nur zweijährige administrative Thätigkeit des Geheimraths von Warsing die Beamtendirection sehr schlecht empfohlen hatte, so fehlte es dennoch nicht an Gegnern der Künstlerdirection. Man führte an: Die Schauspieler und Dichter hätten jederzeit selbstsüchtigen Zwecken die Vorhand gegeben.

Diese hätten mit ihren eigenen Stücken das Repertoir überschwemmt und andern Schriftstellern den Raum versagt, jene eine Rollenusurpation ausgeübt, zum Nachtheil der Darstellungen wie ihrer Mitkünstler. Man konnte den letzteren Vorwurf allerdings mit dem Beispiele Eckhofs, Schröders und dem naheliegenden Ifflands beweisen. Wie unerheblich aber der Nachtheil dieser Uebergriffe der Eigenliebe, den unermeßlichen Vortheilen der Künstlerdirectionen gegenüber, war, das vermochte man in dieser Epoche gar nicht richtig zu schätzen, weil das deutsche Theater bis dahin nur in sehr seltenen Fällen ohne künstlerische Leitung gewesen war. Man vergaß bei diesem kleinlichen Vorwurfe, daß die einer Intendanz untergeordneten künstlerischen Vorstände immerhin auch eigenliebigen Gelüsten folgen konnten, was obenein unter der Aegide der Intendanzverfügung noch ungestrafter geschehen durfte. Und sollte man etwa, um die Direction des Theaters von allen egoistischen Beeinträchtigungen frei zu halten, keinen Schauspieler zum Regisseur, keinen Dichter zum Theatersecretair und Dramaturgen, keinen Componisten zum Musikdirigenten machen? Das hieße die Natur der Dinge verkehren, um den Uebeln aus dem Wege zu gehen, die von der Natur der Dinge unzertrennlich sind.

Nichtsdestoweniger wurde die Ansicht stark vertheidigt: daß es gerathen sei: die Leitung des Theaters einem u n p a r t h e i i s c h e n Mann, d. h. einem solchen zu über=

geben, welcher keiner von allen den Künsten angehörte, die sich in der Dramatik vereinigen, damit er ein gerechtes Gleichgewicht in das complicirte Zusammenwirken zu bringen vermöge.

Bei dieser Beamtenansicht war freilich der künstlerische Standpunkt gänzlich aufgegeben: Man ignorirte, daß eine theatralische Darstellung ein organisches Ganzes ist, welches, von seinen ersten Anfängen bis zu seiner Vollendung, von einem einzigen Lebenspunkte ausgehen und von diesem unausgesetzt Antrieb und Regelung empfangen muß; daß aber dies nur mit erfahrungsmäßiger Kenntniß von den jedesmaligen richtigen Hülfsmitteln geleistet werden kann. Man sah den Complex der Kunstthätigkeiten und Erfordernisse, welchen eine theatralische Darstellung bedingt, nur als einen Mechanismus von Dicht- und Schauspielkunst, Musik- und Tanzkunst, Decorationen, Maschinen und Beleuchtung, Kleidern und Perrücken an, dessen Uhrwerk nur pünktlich und sorgfältig aufzuziehen sei, um das Stück regelmäßig abgespielt zu sehen.

Diese Consequenzen verhehlte man sich freilich bei der Empfehlung eines künstlerisch unbetheiligten Bühnenvorstandes und ihr kam die allerdings begründete Angabe zu Hülfe, daß unter den Männern vom Fach solche Persönlichkeiten sehr selten seien, welche durch allgemeine Bildung, Gleichgewicht der Haltung und Geschäftsgewandtheit denjenigen gleichgekommen wären, welche man aus andern Ständen — also doch wohl vornehmlich aus dem der Staatsbeamten — wählen konnte. Wenn nun aber auch die rechten Männer unter den zur Leitung befähigten Dichtern und Schauspielern selten waren, so waren sie doch noch nicht gänzlich ausgegangen und immerhin der widernatürliche Gewaltschritt nicht gerechtfertigt: **Der Schauspielkunst stand es fremde Führer aufzudringen.** Weil ein vollgültiger Ersatz für Iffland nicht zu finden war, sollte darum der Grundsatz künstlerischer Leitung des complicirtesten Kunstinstitutes beseitigt werden?

Die Debatte hierüber wurde zunächst geschlossen, da am 14. Febr. 1815 der zum General-Intendanten der königl. Schauspiele ernannte Kammerherr **Graf Karl Moritz von Brühl** sein Amt antrat und es auf die künstlerische Leitung in allen ihren wesentlich bestimmenden Theilen ausdehnte.

Diese Organisationsveränderung war tief einschneidend, aber Brühl's persönliche Eigenschaften schienen damit zu versöhnen.

Er war ein Mann von wahrhaft adeligem Sinn, lebhaftem Geiste und gefühlvollem Herzen, ebensowohl von vornehmer Repräsentation als von gewinnender Liebenswürdigkeit des Benehmens.

Eine leidenschaftliche Liebe für das Theater war sein Familienerbtheil*), sie hatte bei einem Jugendaufenthalt in Weimar bestimmte Richtung erhalten. Er dilettirte in Schauspielkunst**), Musik, Poesie und Zeichenkunst.

Alle diese Eigenschaften waren bei dem Leiter einer Kunstanstalt vielverheißend, dem zu gleicher Zeit die reichlichsten Geldmittel zur Verfügung gestellt wurden. Die summarische Instruction, welche der Staatskanzler Fürst von Hardenberg dem Grafen von Brühl gab, lautete: „Machen Sie das beste Theater in Deutschland und danach sagen Sie mir, was es kostet***).

Daß unter solchen Umständen die äußere Ausstattung der Berliner Bühne die auffallendste Veränderung erfuhr, war um so weniger zu verwundern, als Brühl große Vorliebe für Decoration und Costüm hegte, ja die Anordnung des letzteren zu seinem Steckenpferde machte. Er führte dabei die historische Richtigkeit der Kleidertracht mit solcher Consequenz, mit soviel Glanz und Solidität durch, daß das Costümwesen der deutschen Bühne durch

---

*) Sein Oheim, Friedr. Ludw. v. Brühl, der eine Anzahl Stücke geschrieben, unterhielt ein reich ausgestattetes Liebhabertheater auf seinem Landgute.

**) In Weimar hatte er, von Goethe einstudirt, den Paläophron in der Hofvorstellung gespielt.

***) Aus Brühl's Munde vernommen.

mit der Intendanz des Grafen Brühl in Berlin.

ihn in eine neue Phase gehoben wurde, deren genauere Betrachtung für die Kunstgeschichte von Wichtigkeit ist*).

Indessen muß es Brühl nachgerühmt werden, daß er auch für den inneren Lebensgeist der Schauspielkunst einen richtigen und feinen Sinn hatte und daß er den guten Geist der Schule, dessen Erbschaft für seine Intendanz ein unermeßlicher Vortheil war, ehrte und wenigstens zu erhalten suchte, da er ihn fortzubilden nicht im Stande war. Um den Nachwuchs junger Talente war er sorgfältig bemüht, verschaffte ihnen mit großer Liberalität Lehrer, mußte diesen dann freilich alles Weitere überlassen, wodurch denn der Erfolg den Absichten selten entsprach. Zu einer systematischen Vorschule wurden die reichlich gebotenen Mittel nicht verwendet. Aber Brühl förderte mindestens die Bühnenfortschritte junger Talente durch entsprechende Beschäftigung und begleitete die gelungenen Bemühungen mit aufmerksamer Theilnahme, wußte einen edlen Ehrgeiz dadurch zu erregen, und verstand in ernster und väterlicher, dabei vornehmer Weise zu loben wie zu tadeln. Jede Aeußerung selbstsüchtigen Sonderinteresses mußte auch bei den reiferen Künstlern seiner Mißbilligung gewärtig sein, jeder Beweis besonderer Hingebung an das Gesammtinteresse durfte auf seine Anerkennung rechnen, die oft zur Belohnung wurde; er war also weder absichtlich noch wissentlich am Verfall der künstlerischen Gesinnung schuld, die von dieser Zeit datirt.

---
*) Folgt in Kap. VI.

Dazu wurde wesentlich durch seine Bemühung die äußere Lage der Künstler mit außerordentlicher Liberalität geordnet und gesichert; in lebenslänglichen Anstellungen und reichlichen Pensionirungen rivalisirte nun Berlin mit Wien und zog die andern Hoftheater nach sich.

Dem immer wachsenden Uebergewichte der Oper, des glänzenden Ballets — das die Vorliebe des Königs pflegte — gegenüber hatte er den besten Willen, das Schauspiel in Ansehen zu erhalten, auch begünstigte er einheimische Dichter und bot, vielleicht nur allzuwillig, die künstlerischen Kräfte literarischen Versuchen an.

Sollte man nicht glauben, daß das Zusammentreffen so schöner Eigenschaften und Intentionen, das Ergreifen so vieler an sich heilsamer Maaßregeln Brühl's Intendanz zu einer der förderlichsten Kunstperioden stempeln mußten? Und doch war es nicht so.

Seine Lobredner haben ihn oft den zweiten Dalberg genannt; und gewiß, an persönlichen Eigenschaften, an edlem Willen durfte er diesem verglichen, vielleicht vorgezogen werden, dagegen ist er mit ihm weder in seiner künstlerischen Stellung, noch in den künstlerischen Grundsätzen seiner Führung zu vergleichen.

Wie wir gesehen haben*), stützte Dalberg sich nicht blos auf das ihm vom Hofe ertheilte amtliche Ansehen, sondern auf künstlerische Mitarbeit und Erfahrung. Er stellte sich in Mitte der Thätigkeit und lernte dabei den

---

*) III. Band S. 14 u. f.

Sachverstand so respectiren, daß er den Künstlern, je länger je mehr, die ganze künstlerische Leitung überließ. Brühl dagegen konnte niemals inmitten der künstlerischen Thätigkeit, sondern nur über derselben stehen. Er hatte in keiner eigenen öffentlichen Production lebendige Kunsterfahrungen gemacht, um so unerschütterter war in ihm das Selbstvertrauen eines vornehmen Dilettantismus geblieben, der sich, wenn es auf letzte Entscheidungen ankommt, über jedes Urtheil der eigentlichen Kunstverständigen zu stellen pflegt. Die liebenswürdige Humanität, die weltmännische Feinheit, womit Brühl diesen Absolutismus zu versüßen verstand, konnte ihn nicht unschädlich machen.

Hierzu kam, daß die ganze Führung der Berliner Bühne eine bureaucratische wurde.

Der Theaterzettel führte nicht mehr den Titel: „Königliches Nationaltheater", sondern „Königliche Schauspiele." Ein umfängliches Bureau umgab den General-Intendanten. Aus Jfflands geräuschloser Schreibstube, wo er, von untergeordneten Federn unterstützt, fast allein alle Bureauarbeit als ein Nebengeschäft abthat, war nun die unruhige, imponirende Expedition einer Dikasterie geworden. Vier Geheimsecretaire und eine entsprechende Anzahl untergeordneter Schreiber verbargen in der General-Intendantur hinter hohen Pultgittern ihr geschäftiges Nichtsthun, während die Nothwendigkeit der nächsten technischen Abfertigungen die Errichtung eines zweiten kleineren Bureaus im Theatergebäude herbeiführte;

eine Maaßregel, welche im Dramatischen Wochenblatte öffentlich vertheidigt werden mußte. Für Geschäfte, welche bis dahin Schauspielern als Nebenfunction übertragen worden waren: Billetverkauf, Hausverwaltung, Inspection über Garderobe u. A., wurden nun eigene, theilweise doppelte Beamte angestellt*). Natürlich ging aus dieser prätensiösen Einrichtung der weitläufigste Geschäftsgang hervor. Dinge, die unter Iffland von Mund zu Munde rasch entschieden worden waren, mußten jetzt jedem Angestellten erst sein Theil Geschäftigkeit abwerfen und dauerten darum wochenlang. Alles bekam den geheimnißvollen, Ehrfurcht= und Bangigkeit=einflößenden bureaucratischen Charakter.

Brühl, der sich in diesem officiellen Nimbus wohlgefiel, fand begreiflicherweise unter seinen Bureaubeamten weit gefälligere Rathgeber, als unter den künstlerischen Vorständen. Die Officianten waren daher bald die Hauptpersonen am Theater, die Künstler nur untergeordnete Arbeiter.

Der Unterschied zwischen Dalberg's und Brühl's Intendanzen ist also augenfällig: sie liefen in entgegengesetzten Richtungen auseinander. Während Dalberg den künstlerischen Geist zu heben, ihm höhere Befähigung zur

---

*) Ein Spottvogel brachte aus: daß demnächst für die linken und für die rechten Stiefel verschiedene Inspectoren angestellt werden sollten.

Selbstregierung zu verleihen trachtete, hat Brühl ihn in Unmündigkeit zu versetzen gesucht, um seine Thätigkeit nach seiner Willkür zu lenken.

Bevor die unausbleiblichen Folgen dieses Systems zu betrachten sind, wird ein Ueberblick der Arbeiten zu nehmen sein, welche die Schauspielkunst in Berlin während Brühl's dreizehnjähriger Leitung lieferte.

Werner's „der vierundzwanzigste Februar" ist im Jahre 1815 als erste außergewöhnliche Erscheinung zu nennen, ein Stück, das Iffland zurückgelegt hatte, Brühl aber, nach Goethe's Beispiel, aufführen ließ, ebenso wie dessen Epimenides Erwachen und die dramatische Einrichtung von Schillers Glocke; auch die Brüder des Terenz in der Weimar'schen Einrichtung, selbst mit Nachahmung der Maskenanwendung*); Ludw. Devrients unübertreffliche Schöpfung des Kochs Syrus erhielt das Stück dauernd auf dem Repertoir. Lamotte Fouqué versuchte sich mit einem vaterländischen Drama: „Die Heimkehr des großen Churfürsten" ohne Glück auf der Scene. Robert in dem bürgerlichen Trauerspiele „die Macht der Verhältnisse" mit Anerkennung.

1816 debütirte Clauren, der mit auffallendem, wenn auch kurzem Glück, in Kotzebue's Fußstapfen trat, mit seinem Lustspiele „der Abend im Posthause". Klingemann's Faust errang theatralischen Erfolg, nicht so der weitere Ver-

---

*) III. Band S. 263.

such mit dem lateinischen Lustspiele in Plautus' „Gefangenen". Müllner's „29. Februar" bezeugte die schnelle Ansteckung von Werner's „24. Februar". Wolff gab sein erstes Trochäenstück: „Pflicht um Pflicht" und führte Calderon's „standhaften Prinzen" ein, der, bei dem durch die Freiheitskriege neu geweckten religiösen Leben in Berlin, großen Eindruck hervorbrachte. Hatte Graf Brühl bis hieher sich als entschiedener Anhänger von Goethe's Richtung gezeigt, so entsprach dem wenig die Aufführung des berüchtigten Melodrama's „der Hund des Aubry".

1817 erschien der I. Theil von Shakespeare's „Heinrich IV." und darin Ludw. Devrient's zum unausweichbaren Muster gewordene Schöpfung des Falstaff. Oehlenschläger machte sich der Bühne durch „Axel und Walburg" bekannt, Chateaubriand's „Germanikus" wurde versucht, und Müllner enthüllte die Grenze seines Talentes in König „Yngurd."

1818 kam mit der Ahnfrau und Sappho der reich begabte Nachfahr Werner's und Müllner's: Grillparzer, auf die Bühne. Houwald schloß sich ihm, zunächst mit der Heimkehr, an. Calderon's Leben ein Traum ging in Scene.

1819 West's Donna Diana, drei Jahre später als in Wien, aber mit dem größten Erfolge, den das meisterhafte Spiel der drei Hauptpersonen, der Frau Stich-Düring, Wolff's und Beschort's, und das vortreffliche Ensemble hervorbrachte, welches Wolff's Regie, durch eine Weimar'sche Genauigkeit des Einstudirens, erreicht hatte*).

Die Hoffnungen aber, welche die Schauspielkunst auf eine Verfolgung dieser siegreich eingeschlagenen Richtung setzen mochte, wurden in demselben Jahre durch die Aufführung von: „Die Waise und der Mörder" gedämpft, womit nun das moderne *französische Melodrama* in das Repertoir einzog und allen Nachtheil, der sich schon beim ersten Erscheinen dieser Gattung für die Schauspielkunst erkennen ließ**), noch durch die modern überspannten Effecte vermehrte.

1820 brachte den zweiten Theil von Shakespeare's Heinrich IV. und Calderon's Arzt seiner Ehre, ferner Müllner's letzte Anstrengungen in der „Albaneserin", dagegen aber auch den Erstling eines Dichters, dem das deutsche Repertoir in einer unergiebigen Zeit viel zu danken haben sollte: Raupach's „Fürsten Chawansky". Houwald's „Leuchtthurm" und „Fluch und Segen" fanden bereite Aufnahme, eine Aufführung von Shakespeare's „Was ihr wollt" dagegen glückte wenig, durch die verfehlte Bearbeitung, in welcher es unter dem Titel „die Zwillingsgeschwister" gegeben wurde.

1821 erschien Wolff's „Preciosa" mit Weber's Musik, Houwald's „Bild", Calderon's „öffent=

---

*) Es waren gegen 20 Proben von dem Stücke gewesen.
**) II. Band S. 252.

Devrient dram. Werke. 8. Band.

liches Geheimniß", Goethe's „Stella" (mit tragischer Catastrophe) und Raupach's „Erdennacht".

1822 mißglückte die Darstellung von Kleist's „zerbrochenem Krug", Clauren feierte mit dem „Bräutigam aus Mexico" seinen letzten Triumph. Die Reihe der dramatischen Romane nach Scott begann mit Lembert's Bearbeitung von „Kenilworth".

1823 brachte Shakespeare's „König Johann", Töpffer's Dramatisirung von Goethe's „Hermann und Dorothea", Molière's „Tartüffe", Michael Beer's „Paria", und in den „Galeerensklaven" den Gipfel des Melodramerfolges, der freilich hauptsächlich Ludw. Devrient's Darstellung des Sträflings zuzuschreiben war.

1824 kam, verspätet genug und in Holbein's Bearbeitung, das Käthchen von Heilbronn von Kleist auf das Repertoir. Der große Erfolg ermunterte zu einem Versuche mit der „Familie Schroffenstein" desselben Dichters und Bearbeiters, er glückte wenig. Mit Delavigne's „Schule der Alten" suchte man den Ton der haute comédie in Erinnerung zu bringen, am matten Erfolge des „Wollmarkts" von Clauren erklärte sich dessen gesunkenes Modeglück.

1825 begann Raupach, der von Petersburg nach Berlin übersiedelt war, seine ganze Thätigkeit dem Theater und insbesondere dem Berliner zu widmen. Dem Erfolg von „Isidor und Olga" reihte sich der seiner ersten Lustspiele an: „Kritik und Antikritik" und „Laßt die Todten ruhn". Seine dramatisirte Erzählung "Alanghu" wirkte nicht. Shakespeare's "Macbeth" wurde in einer Uebersetzung von Spiker aufgeführt.

1826 erschien "Medea" von Grillparzer. v. Uechtritz trat mit einem verheißenden Erfolge seines ersten Werkes: Alexander und Darius auf, Shakespeare's "lustige Weiber" wurden ohne Glück versucht. Raupach wirkte in diesem Jahre wenig durch: "Raphaele", "die Bekehrten" und "die beiden Nachtwächter".

1827 dagegen gelang die Aufführung seiner "Tochter der Luft". v. Uechtritz brachte "das Ehrenschwert", Maltitz ein wohlgelungenes vaterländisches Trauerspiel "Hans Kohlhas".

Im Jahre 1828, dem letzten von Brühl's Intendanz, lieferte Raupach fleißiger und erfolgreicher: "den Nibelungenhort", "Genoveva", "das Ritterwort"*), "Vormund und Mündel", "Vater und Tochter" und die Possen: "Die Schleichhändler", "der versiegelte Bürgermeister" und "ein Sonntag aus Schelle's Jugendleben" (eine Bearbeitung von Holberg's geschwätzigem Barbier).

Daß andern Dichtern deßhalb der Raum nicht mangelte, beweisen die gleichzeitigen Aufführungen von "Richard III." von Shakespeare, "Correggio" von

---

*) Ein Stück, das er nur geschrieben, um in der Rolle des stummen Ritters Wolf Gelegenheit zum Erscheinen auf der Bühne zu geben. Die Absicht mißlang, die Halskrankheit des Künstlers erlaubte ihm auch nicht mehr stummes Auftreten.

Oehlenschläger und Kleist's „Prinz von Homburg", nach langem Kampfe gegen militärische Censur und nur in einer Verstümmelung der poetischen Motive, wozu leider Ludw. Robert seine Hand geliehen hatte. Neuen Dichtern wurde die Bühne geöffnet mit „Belisar" von Schenk und „Hans Sachs" von Deinhardstein.

Im Uebrigen brachte Brühl's Repertoir Alles, was von den Dichtern der vorigen Periode noch geboten wurde, Kotzebue's letzte Stücke an der Spitze, ebenso jede nur einigermaaßen Erfolg versprechende Arbeit neuerer Talente. Man findet neben den Namen der classischen großen Dichter und den bisher genannten bei neu unternommenen Aufführungen die von Körner, Schall, Contessa, v. Steigentesch, Julius v. Voß, Sonnleithner, Vulpius, Kind, Brühl, Gubitz, Levezow, Wilibald Alexis, Fr. Förster, v. Tromlitz, v. Auffenberg, v. Barnekow, d'Elpont, Adalbert vom Thale, v. Elzholz, Adami, J. E. Mand, Jents, Geyer, Gollmick, Tietz. Ferner die der Schauspieler-Dichter: Stephani, v. Holbein, v. Holtei, Blum, Lembert, Vogel, Schmidt, Ziegler, Costenoble, Wolff, v. Zahlhas (Neufeld), Hagemann, Aresto, Töpffer, Lebrun; der Frauen: v. Weissenthurn, Krickeberg, Ellmenreich, und der Uebersetzer: Castelli, Theodor Hell, v. Kurländer, v. Lichtenstein u. A.

mit der Intendanz des Grafen Brühl in Berlin.

An diesem bunten Gemisch dichterischer Aufgaben übte sich denn eine Kunstgenossenschaft, in welcher die Gegensätze der verschiedenen Schulen durch die bedeutendsten Talente vertreten waren*).

Mattausch repräsentirte noch mehrere Jahre den wilden Kraftausdruck der Ritterstücke, der Leidenschaft bis zur Grimasse und zum Gekreisch, die unversöhnliche Feindschaft gegen die rhetorische Schule. Dafür bewahrte er aber auch den gesunden, lebenswarmen, herzlichen Ton der alten Zeit, das naturgemäße Spiel in bürgerlichen Stücken.

Und in diesem Vorzuge schlossen sich ihm fast Alle an, die aus der Iffland'schen Periode stammten; sie vermochten auch — nach der Eigenheit der Talente alter Schule — in die älteren Rollenfächer mit voller charakteristischer Wirkung einzutreten. Voran Beschort, dessen Meisterschaft mit den charakteristischen Aufgaben zu wachsen schien, und dessen Noblesse und elegante Gewandtheit mit dem rührendsten Ausdruck der Empfindung Schritt hielt. Unübertrefflich als Perin, ein Muster überzeugender Individualisirung als Polonius. Der ältere Gern — ehemals als Bassist ausgezeichnet — war in humoristischen Vätern von unnachahmlich anmuthiger Heiterkeit, in zärtlichen von natürlich herzlichem Ton.

Der Tod lichtete in den ersten Jahren von Brühl's

---

*) Mit Band III. S. 277 u. f. zu vergleichen.

Intendanz die Reihe der älteren Künstler; Kaselitz, Herdt, Labes schieden, ja schon am 16. August 1815 raubte der Tod die Krone des weiblichen Personals: Frau Bethmann. Frau Schröck — ehemals Fleck's Frau — trat zum Theil in die Lücke. Ohne rechte tragische Kraft, war sie im Lustspiel vortrefflich als vornehme Dame, wie als eifersüchtige, bornirte oder eitle Frau. Frau Eunicke's unverwelklich frische Drolligkeit kam jetzt dem älteren Fache zu Gute. Der alte Unzelmann erhielt sich noch einige Jahre in Veteranenachtung. Mit frischer Komik und unwiderstehlich lustigen Einfällen ersetzte ihn Wurm, der Liebling des großen Publikums, dem er schon 1816 durch einen skandalösen Prozeß entzogen wurde. Seine Bemühungen in feinkomischen Charakterrollen liefen auf Copien nach Iffland hinaus.

Die eigentlichen Zöglinge Iffland's bewährten die Trefflichkeit seiner Schule. Rebenstein erhielt sich in voller Beliebtheit während der ganzen Periode, der gewandte Stich lebte sie nicht aus*). Maurer, ein junges Talent von Kraft und ausgiebiger Leidenschaftlichkeit, trat 1819 zum Stuttgarter Hoftheater. Wauer, dessen Persönlichkeit alle edlere Haltung versagt war, bildete dagegen die, seinem Naturell verwandten Gestalten bis zur Vollkommenheit aus: derbe Bürger, Bauern, Matrosen, Corporale, Hausknechte, Knappen u. s. w.

---

*) Starb 1824.

Rührende Treuherzigkeit, wüthende Leidenschaft, glückliche Heiterkeit, ansteckendes Lachen, Trunkenheit in jeder Nüance: von der angenehmen Weinlaune bis zur Branntweinsabgestumpftheit, stand ihm mit täuschender Wahrheit zu Gebot und wurde von seiner gedrungen corpulenten Gestalt trefflich unterstützt. Der jüngere Gern verließ allmälig das Fach der Intriguanten- und Charakterrollen, in denen sein hohler Ton, seine hölzernen Manieren fast störend wirkten, und gewann in grotesken und lokalkomischen Rollen große Beliebtheit. Das Preisgeben seiner hagern Gestalt, gewisse habituelle Ausrufungen, outrirte Seufzer, der grunzende Ton unterdrückten Lachens und der Gebrauch des Berliner Jargons waren die ihm eigenthümlichen Mittel, welche die Lachlust des Publikums an ihn fesselten; die Karikaturen stutzerhafter Ziererei gelangen ihm vorzüglich, der Barbier Schelle dürfte als seine vollkommenste Darstellung zu bezeichnen sein; eine nimmermüde Energie, Sicherheit und frische Lebendigkeit sollten ihm bis in das höchste Alter treu bleiben. Der jüngere Rüthling arbeitete sich mit redlichem Fleiß, bei trockener Komik und natürlichem Witze, den er mit richtigem Verstande und gewissenhaftem Maaße anwandte, zu ersten Rollen und gerechter Anerkennung empor. Für ihn schrieb Raupach die in seinen Lustspielen oft wiederkehrende Figur des Till*). Der schöne Baritonist Hein-

---

*) Gern sowohl als Rüthling vertraten das erste Stadium

rich Blume half in allen Fächern des Schauspiels mit Talent und Gewandtheit aus.

Alle diese Mitglieder hielten die veredelte Natürlichkeitsrichtung der Iffland'schen Schule ein, selbst Lemm, den man oft mit Recht der Künstelei beschuldigte, suchte auf diesem Wege doch nichts Anderes als die Natürlichkeit. Unverkennbar war in seinem Spiel der Einfluß von Fleck's, wie von Iffland's Beispiel, aber er fand seine Selbstständigkeit in einer peinlichen Sorgfalt, mit welcher er in seinen Rollen der Natur bis in den letzten Winkel nachspürte. Um das, was er gefunden, gewissenhaft festzuhalten, gab er sich in weitläufigen schriftlichen Auseinandersetzungen Rechenschaft über jedes Motiv, jede Schattirung des Ausdrucks in Rede und Bewegung, so daß mit diesen schriftlichen Arbeiten die Erfindung seiner Auffassung bis ins leiseste Detail erschöpft war. Jeder Tonfall der Rede, die Abwägung der Haupt= und Nebenaccente darin, Maaß und Tempo der Bewegungen von Armen, Händen, Füßen, jede Biegung des Leibes, jede Neigung des Kopfes, der Fortgang des Mienenspieles bis auf die Bewegung der einzelnen Gesichtsmuskeln, die Richtung und der Ausdruck des Blickes, ja ein Zwinkern des Augenlides, Alles war in diesen Ausarbeitungen genau angegeben. Es muß als der entschiedenste Beweis

---

der Ausbildung der Berliner Lokalkomik, dies Verdienst hing aber dafür auch als Makel allen ihren Darstellungen an.

von Lemm's starkem Talente angesehen werden, daß trotz
dieser peinlichen, schriftlichen Studien, sein Spiel so viel
Lebenswärme, Innigkeit und Energie bewahrte. Dabei
muß zu Lemm's voller künstlerischer Ehre anerkannt wer=
den, daß er in seinem grübelnden und berechnenden Ver=
fahren niemals auf falsche Effecte, auf gefallsüchtige Mo=
mente ausging; er that dem Publikum gar Nichts zu
Liebe, ja er nöthigte demselben zu Zeiten die eigensinnig=
sten und grilligsten Erfindungen auf, die seine eifrigsten
Verehrer selbst verdrossen. In seiner Jagd nach dem
Natürlichen, wohl auch in Erinnerung an Fleck, mischte
er den Ausdruck alltäglicher Wirklichkeit den Rollen von
idealer Haltung bei, übertrieb das leichte Hinwerfen ge=
wisser Redetheile bis zur Unverständlichkeit, ebenso das
Ueberstürzen zorniger Reden. Es mangelte ihm feiner
Tact und richtiges Maaß für die Anwendung gewagter
Naturmotive.

So ahmte er in der Sterbescene des Talbot beim An=
blick Burgund's in sprachloser Wuth den Kinnbacken=
krampf eines Sterbenden mit entsetzlicher Natürlichkeit
nach, die auf der Grenze des Lächerlichen stand. Um den
schwarzen Ritter darauf gleich einer Nebelgestalt über den
Boden hingleiten zu lassen, unternahm er es mit geschlos=
senen Füßen seitwärts auf die Bühne zu hüpfen, was bei
seinem Mangel an körperlicher Gewandtheit doppelt un=
glücklich ausfiel. Wo er sich in komischen Rollen ver=
suchte, pflegte er immer zu übertreiben. Und trotz dieser

schroffen und störenden Eigenheiten hatten Lemm's Darstellungen unübertreffliche Schönheiten, besaßen soviel männliche Würde und Hoheit, Kraft und herzgewinnende Innigkeit des Tones, ja oft eine Erhabenheit des Ausdrucks, die sein männlich schöner Kopf unterstützte, daß er den Heroen seines Rollenfaches beigezählt zu werden verdient. Odoardo, Lear, Wallenstein, Nathan waren Schöpfungen ersten Ranges. Hätte Lemm so viel Geschmack, als Talent und Gesinnung besessen, wäre er durch eine verderbliche Krankheit seines Bluts nicht immer finsterer, grilliger und eigensinniger geworden und körperlich gehindert gewesen, so würde er zu den berühmtesten Schauspielern zählen.

Diese naturalistische Richtung der Berliner Kunstgenossenschaft, welche Lemm mühsam und pedantisch suchte und festhielt, wurde am siegreichsten und mit einer unfehlbaren Unmittelbarkeit von Ludwig Devrient vertreten.

Sein Ruf, wie der Einfluß seines Genies verbreitete sich, seitdem er zum Berliner Theater getreten war, fast unangefochten. Vielfache Gastspielreisen stellten seine vornehmsten Schöpfungen in der Theaterwelt als unausweichbare Muster hin und zeigten — in einem höhern Grade, als es vielleicht je einem Schauspieler gelungen ist —, daß die selbstständige Kraft des Darstellers oft aus mittelmäßigen, ja geringen dichterischen Aufgaben die anziehendsten und lebensvollsten Gestalten erschaffen könne.

mit der Intendanz des Grafen Brühl in Berlin.   27

Leider sollte die Zahl dieser leichten Productionen seines komischen Talentes ungleich größer sein, als die, an denen die ganze Größe seiner schöpferischen Genialität sich zu erweisen hatte. So erfreulich also auch die zahllosen kleinen komischen Rollen waren, in deren ergötzlicher Erinnerung noch nach langen Jahren seine Zuschauer schwelgten und die dem Leben völlig abgestohlen schienen: des französischen Stutzers Pastoureau in die Brüder Philibert, des Candidaten in der grade Weg, des alten dicken Herrn v. Werdenbach in die Mißverständnisse, des polnischen Hausknechts im Vorlegeschloß, des Kochs im Sekretair und Koch, des Amtsraths in das Blatt hat sich gewendet, des Polterers: Onkel Brand, der komischen Figuren der Raupach'schen Lustspiele und vieler anderer mehr — so sehr zu bedauern ist es, daß in den dreizehn Jahren von Brühl's Intendanz (mit welcher auch Ludwig Devrients mühsam erhaltene Gesundheit und Kraft zu Ende ging) als neue, reine Schöpfungen eines tiefen Humors, denen die Originale im täglichen Leben fehlen, sich nur der Koch in Terenz Brüdern und der Falstaff in beiden Theilen von Shakespeare's Heinrich IV. nennen lassen, als ernste Charaktergestalten nur Ossip in Isidor und Olga, der Galerensklave und endlich Richard III. von Shakespeare.

Die Ursache hiervon war bei der Intendanz zu suchen, der offenbar der Vorwurf zu machen ist, dem seltenen

Genie nicht in seinem vollen Vermögen freie Bahn gestattet zu haben. Ludw. Devrient selbst in seiner mißtrauischen und leidenschaftlichen Weise hat die Schuld immer auf Wolff geschoben, dessen Einfluß bei Brühl seinen Wünschen entgegenstände. Vielleicht hat er in den ersten Jahren nicht ganz Unrecht gehabt, obschon Brühl es entschieden in Abrede stellte; der Kampf der alten und neuen Schule, der mit Wolff's Erscheinen in Berlin nicht ausbleiben konnte, mußte es mit sich bringen, daß das naturalistische Genie möglichst niedergehalten wurde. Aber Wolff trat schon 1823 von der Regie zurück und seine Kränklichkeit entfremdete ihn dem Theatereinfluß, dennoch dauerten Ludw. Devrient's Beschwerden fort, Beweis genug, daß Brühl selbst es war, dem die rechte Theilnahme und Rücksicht dafür fehlte.

Freilich war Ludw. Devrient, verwöhnt durch sein Breslauer Verhältniß, von falscher Rollensucht nicht frei, aber gerade dieser wurde öfter nachgegeben, als seinem völlig berechtigten Verlangen. Er deckte mit Rollen wie die des jungen Dichters Weiß in die Macht der Verhältnisse die Grenzen seines Talentes völlig auf, Don Gutierre in Calderons Arzt seiner Ehre verunglückte ihm so sehr, daß er die Rolle nach den ersten Vorstellungen selbst an Lemm abgab, ja Charaktere wie Carlos im Clavigo und Marinelli mißlangen ihm. In allen Rollen, die sichre Haltung, Anstand, Weltmanier oder Würde und Ebenmaaß erforderten, fehlte

ihm sein sonst so sichrer Griff in das innerste Leben, er
tappte umher und half sich mit theatralischen Herkömm=
lichkeiten*). Dazu kam, daß ihm eigentliche rhetorische
Wirkungen gänzlich versagt waren. Begreiflich ist es
also, daß Brühl — der unbedingte Anhänger der Goethe=
schen Schule — Ludw. Devrient aus der Tragödie fern
zu halten suchte; aber daß dieser es nie dahin hat bringen
können, Rollen wie den Jago, oder den Goethe'schen
Mephistopheles zu spielen, mit denen er jahrelang
verlangend umging, daß es ihm erst 1828 gelang, die
Aufführung Richards III. durchzusetzen, als seine
Kraft dafür schon gebrochen war, ist ein bleibender Ver=
lust für die Kunst, der dadurch einige lebendige Offen=
barungen räthselhafter Charaktere entzogen wurden.

Zur Entschuldigung der Intendanz darf freilich nicht
verschwiegen werden, daß des Meisters trauriger Gesund=
heitszustand die Verwaltung abhalten konnte, ihm viele
große und anstrengende Rollen zuzumuthen. Er brachte
schon in den ersten Jahren Rollen wie Franz Moor,
König Lear u. s. w. nie ohne die vollständigste Er=
schöpfung seiner Kraft durch, wenigstens war es in den
letzten Akten zweifelhaft, ob er ausspielen werde, mehr=
mals geschah es nicht. Die Anstrengungen seiner häu=
figen Gastspielreisen, die zugleich die ausschweifende Un=
regelmäßigkeit seines Lebens nur förderten, der aufrei=

---

*) Vergl. III. Band S. 358.

bende Wirthshausverkehr, welchen er auch in Berlin führte, waren nicht geeignet, diesem beklagenswerthen Zustande abzuhelfen. Um ihn und den genialen Kriminalrath H o f f m a n n, dessen epochemachendes Dichtertalent damals in voller Blüthe stand, sammelte sich täglich und nächtlich ein Kreis witziger, geistvoller und liederlicher Leute. Dieser Trinkclub verschaffte der Lutter'schen Weinstube eine Celebrität, wurde für Ludw. Devrient ein Quell fruchtbarer Anregungen, zugleich aber die Ursache immer wiederholter Krankheitsanfälle und der totalen Zerrüttung seiner Gesundheit.

Es wurde nun eine verzeihliche Politik der Intendanz, den beliebten und hochgefeierten Meister für kleinere Arbeiten, welche seine Kraft nicht übermäßig in Anspruch nahmen, dem Repertoir zu erhalten und ihm größere Aufgaben zu entziehen, welche immer längere Zwischenräume der Ruhe gefordert hätten. Das Verfahren war verwaltungsmäßig gerechtfertigt, für die Kunst aber und für den Meister wäre es besser gewesen, man hätte ihn an großen Aufgaben sich schneller aufreiben lassen, als daß er bis auf die letzte Faser abgenutzt, zuletzt an geringen und unvollkommenen Leistungen seinen eignen Ruf überlebte.

Dies traurige Ergebniß kündigte sich aber erst in den letzten Jahren von Brühl's Intendanz an, und trotz Allem, was man an Ludw. Devrient's Wirken anders gewünscht hätte, trotz den Angriffen, welche die Anhänger der Wei-

marschen Schule gegen ihn versuchten, verlieh sein Genie
doch dem Schauspiele unter Brühl's Intendanz den höch=
sten Glanz, die populäre Anziehungskraft, das imponirende Ansehen in der Theaterwelt.

In diesem, so im Geist der alten Schule geschlossenen
Künstlerkreise mußte das Wolff'sche Ehepaar anfäng=
lich auffallend fremd erscheinen. Es währte lange, bis
die Vorzüge ihrer Kunst in der Genossenschaft Anerken=
nung und Nachahmung fanden, fast länger noch, bis
die doctrinäre Bewunderung der literarisch gebildeten
Kreise sich dem großen Publikum mittheilte. Man ver=
mißte in Wolff's Liebhaber= und jugendlichen Heldenrollen frisches Leben und Kraft der Erscheinung, auch
warme Hingebung des Ausdrucks, man fand seine Bewegungen eckig und ausstudirt, seinen Humor im Lust=
spiele absichtlich und übertrieben. Alle Vorwürfe, welche
der Weimarschen Schule überhaupt gemacht wurden,
mußte Wolff auf sich nehmen. Die Darstellungen seiner
Frau hatten ungleich mehr innerlich warmes Leben, ihr
Talent war erfindungsreicher, frischer und unvermittelter,
aber da sie in tragischen Rollen den Kampf mit den Erinnerungen an die Bethmann zu bestehen hatte, so stand
die abgemessene Declamation der Weimarschen Schule,
die durch ihre dumpfe, klanglose Stimme sehr monoton
wurde, ihren Fortschritten in der Gunst des Publikums
sehr im Wege. Die wirkliche Intensität ihres Humors
im Lustspiele mußte dazu die Brücke schlagen.

Immerhin hatte das ausgezeichnete Künstlerpaar anfangs einen schweren Stand in Berlin und ohne Brühl's ganz entschiedene und eifrige Protection würde es Wolff's vielleicht nicht gelungen sein, die Stellung zu gewinnen, welche den Vorzügen ihrer Schule und ihres künstlerischen Geistes den wohlthätigen Einfluß verschaffen konnte.

Denn außer allem Zweifel ist es, daß ihre Vorbilder den Vortrag der Verse auf der Berliner Bühne geregelt und den Ton und Griff gelehrt haben, womit die dichterischen Aufgaben dieser Periode behandelt sein wollten. Namentlich ist dies von den spanischen Stücken und deren zahlreichen Nachahmungen, zu denen Wolff selbst gesteuert, zu sagen. Die verständige und von feinem schauspielerischen Takt geleiteten Einrichtungen, welche er den classischen Stücken gab, die sinnvollen scenischen Anordnungen, die sie durch seine Regie erhielten, dazu der Ernst, der edlere und poetische Geist, den seine Leitung und Mitwirkung überall, wo sie sich geltend machten, verbreiteten, alles Das übte einen allgemein bildenden Einfluß auf die Berliner Schauspielkunst aus, der mit unverkürztem Danke anerkannt werden muß.

Dagegen war der Gewinn nicht gering, den Wolff durch die Ansteckung der unmittelbaren Natürlichkeit der Berliner Genossenschaft für seine eigenen Darstellungen zog; sie verloren an Abgemessenheit und gewannen an Hingebung und Wärme. Immer lebendiger und populärer wurden seine Wirkungen, als er in das ältere und

charakteristische Fach überging — was er schon 1821
mit der Rolle des Pariser Bürgers in die Reise nach
Dieppe erfolgreich begann. Rollen wie der alte Fel-
dern in Hermann und Dorothea 1823, Lord
in die beiden Britten, Lumpensammler in
die Ehrenrettung u. s. w. machten es auch für das
große Publikum tief beklagenswerth, daß seine zuneh-
mende Halskrankheit ihn fast ein Jahr lang zum Schwei-
gen verdammte und endlich im August 1828 schon im
46. Jahre dahinraffte.

Seine Frau war mit ihm in die älteren Fächer über-
getreten und beherrschte sie mit voller Meisterschaft, von
der gehaltenen Charakteristik vornehmer Damen, bis zum
kecken Humor der Bürgersfrau, gleich erfindungsreich,
lebendig, innig und getreu.

Einen großen Vorschub erhielt die Geltung der durch
Wolff's gepflegten rhetorischen Schule dadurch, daß das
bedeutendste der jüngeren Berliner Talente sich, seiner Individualität nach, dieser Richtung entschieden zuneigte und
mit dem größten Eifer und glänzendsten Erfolge darin
ausbildete.

Es war Auguste Düring, bald des Schauspielers Stich Frau. (In zweiter Ehe Frau Crelinger.)

Iffland hatte, als er 1812 die ersten Versuche des
17jährigen Talentes begünstigte, demselben ein vortheil-
haftes Prognostikon gestellt, das sich an ihr vollständig
erfüllen sollte. Graf Brühl bevorzugte sie um so mehr,

als die vorherrschende rhetorische Richtung der jungen Künstlerin seiner Anhänglichkeit für die Weimar'sche Schule zusagte. Die wirkliche Begeisterung für die Kunst, welche sie durch ihre ganze Laufbahn begleitet hat, ließ sie die anregende und anfangs für sie belehrende Nähe des Wolff'schen Paares mit Eifer und großem Fleiße benutzen. Der glückliche Umstand, daß sie im ganzen Umfange des jugendlichen Faches keine Nebenbuhlerin hatte, da die Maaß schon 1816 Berlin verließ und Ludw. Devrient's zweiter Gattin nicht gelang, sich der Frau Stich gleichzustellen, dies entwickelte ihre Fähigkeiten mit reißender Schnelligkeit, und so stand sie während der Dauer von Brühl's Intendantur in der vollen Blüthe der Schönheit und Kunst neben Wolff's und vertrat deren Richtung mit reicherer Begabung und natürlicher Energie.

Frau Stich war eine künstlerische Individualität, wie die Bühne früher ähnliche in Frau Seyler und Frau Brandes besessen hatte. Eine hohe, kräftige Gestalt, ein ausdrucksvolles Gesicht, ein sprechendes Feuerauge, ein wenn auch nicht umfangreiches, doch kräftiges und wohlklingendes Organ. Weibliche Weichheit, anmuthige Naivetät, biegsame Charakteristik waren ihre eigentlichen Gaben nicht. Im Lustspiel wirkte sie daher mehr durch Verstand und Nachdruck, als durch Grazie und Feinheit. Auch war ihr ein anschmiegendes Zuspiel nicht eigen, sie neigte in ihrem Spiele zu einer statuarischen Abson=

derung. In der Tragödie dagegen reifte ihre Plastik zu vollkommener Schönheit, ihre Rede gelangte zu der vollsten Reinheit und dem schönsten Ebenmaaße. In ruhigen Rollen, in denen die Künstlerin sich selbst beherrschen mußte, werden ihre Darstellungen dem Vortrefflichsten, was die Bühne je gesehen, an die Seite gesetzt werden können.

Im Heroischen unterstützte sie die Begabung ihres Naturels, aber in der Leidenschaft, der sie mit Vorliebe sich ergab, die auch die reichste Beifallsernte ihr geboten, wurde sie leicht grell, übertrieben, und der Ausdruck der Stimme blieb nicht immer edel. Auch hierin war sie der Seyler und Brandes ähnlich. Begreiflich mußte ihrer ganzen Individualität nach ihre Kunst sich mit den reiferen Rollenfächern immer vollkommener ausbilden und so gaben zu Ende der Brühl'schen Intendanz das schönste Zeugniß für die Beherrschung ihrer Mittel und ihrer selbst die Rollen der Prinzessin in Tasso, Iphigenia nicht weniger, bis auf die Momente der Leidenschaft, ferner Orsina, Gräfin Terzky. Die Heroinen der Raupach'schen Tragödien, Tochter der Luft, Nibelungen Hort waren ihre glanzvollsten Productionen.

Im Verlaufe der Brühl'schen Intendanz traten der Kunstgenossenschaft bei: **Wilhelm Krüger** 1820 an Maurer's Stelle, in das Fach der jugendlichen Helden. Mit einer ebenso weichen, als kraftvollen Stimme begabt, wußte er diesen Vortheil, bei glücklicher Routine, in vorherrschender Deklamationsmanier durch gesangartige Toneffecte und Krafterplosionen beim Publikum zu verwerthen.

Frau Krickeberg, die ein Talent zweiten Ranges durch Verstand und Feinheit in älterem Rollenfache angenehm zu machen wußte. Weiß 1825, der die Tradition der Schröder'schen Schule und ihren guten Geist von Hamburg mitbrachte, in humoristischen, gutmüthigen Väterrollen von unnachahmlicher Heiterkeit und Liebenswürdigkeit. Stawinsky, durch Erinnerungen an Mattausch und Iffland gebildet, ein stattlicher Mann von würdiger Repräsentation. Die heitere Erscheinung der schönen Caroline Bauer verblieb dem Hoftheater nur zwei Jahre.

An einheimischen jungen Talenten erwuchsen der Bühne unter Brühl's Protection, die sich durch Gewährung von Unterricht thätig zeigte: Wilhelmine Franz (später Frau Unzelmann, dann Werner), durch eine schöne Persönlichkeit und ein wohlthuendes Organ wirkend.

Luise Roger, der Darstellungen kindlicher Naivetät unvergleichlich gelangen, nach mehrjährigem Verweilen am Breslauer Theater im Jahre 1824 als Fr. von Holtei der Berliner Bühne wiedergewonnen, die das Käthchen von Heilbronn hier zuerst heimisch machte, aber nach kaum einem Jahre einem frühen Tode verfiel.

Dasselbe Loos entzog das ausgezeichnete charakte-

ristische Talent des jungen Richter, das angenehme
Liebhabernaturel Lombard's der Bühne. Eduard
Devrient gehörte von 1819 an wesentlich dem Baritonfache der Oper an, wuchs aber in seiner Schauspielthätigkeit schon bis zu ersten Rollen wie Oehlenschläger's Correggio heran. Crüsemann, der in Humor und Gewandtheit sehr bald zu Stich's Ersatzmann im Lustspiele reifte, Ludwig Schneider, der mit der Zeit durch erfinderische Rührigkeit, ein elastisches Talent und eine consequente komische Manier die Gunst des großen Publikums — und seltsamer Weise nur in kleinen Stücken und Vaudevilles, oder in Nebenrollen — in hohem Grade gewann. Franz, als Jüngling schon ausschließlich für das alte Fach bestimmt, der sich an Lemm's Beispiel heraufzubilden strebte.

Es muß den Anschein haben, als ob bei der bedeutenden Vertretung, welche hier die entgegengesetzten naturalistische und ideale Richtung in tonangebenden Talenten fand, ein Zwiespalt in den Darstellungen sich fühlbar gemacht haben müsse; — dem war keineswegs so.

Der Geist der kurzvergangenen glänzenden Kunstperioden, der Geist der Schule überhaupt, war in allen Meistern dieser Kunstgenossenschaft noch frisch und lebendig. Dieser Geist aber, der sich in allen Schulen gleichmäßig durch den einen obersten Grundsatz der Uebereinstimmung kundgegeben hatte, vermochte sie: sich einander zu conformiren. Die anerkannte

Nothwendigkeit: sich nicht zu stark von einander zu unterscheiden, trieb sie an, die Mischung der Schulen, deren Vermittlung Iffland bereits begonnen, in ihrem Spiele weiter durchdringen zu lassen. Es war das Fortwirken des Iffland'schen Geistes, seines Beispiels, seiner Lehren, welches einen gewissen biegsamen Styl erzeugte, der den Extremen zu Gute kam. In allen Stücken, in denen Ludwig Devrient, Wolff, Beschort, Lemm, Rebenstein, Wauer, die Frauen Wolff, Schröck, Crelinger in erster Reihe standen, sah man, wie verschieden auch ihre Auffassungsweise war, die Achtung vor der Gesammtwirkung wie einen unsichtbaren Kunstrichter jeden Moment des Spieles beherrschen. Da war noch keine Spur eines Hervordrängens des Einzelnen, eines Bestrebens, sich von den Mitspielern zu unterscheiden, oder gar sie zu übertrumpfen, die Hingebung an die Totalwirkung dictirte Allen Annäherung, Aneignung, Ausgleichung.

Ein solches Verhalten der Meister mußte die heranwachsenden Talente zur Nacheiferung spornen, und so die Tradition der letzten Schulepoche bei den Empfänglichen erhalten.

Dieser gute künstlerische Geist, der die Brühl'sche Intendanz glorreich ins Theaterleben hinaustrug, blieb wirksam, so lange diese Meister es noch blieben, so lange die Erinnerung an Ifflands Regiment noch eine unsichtbare Herrschaft fortsetzte, so lange ihr Zwiespalt mit der veränderten Führung der Dinge nicht allzuscharf empfunden wurde, die künstlerische Thätigkeit in der Regie wenigstens noch einen leitenden Mittelpunkt zu finden glaubte. Dies dauerte aber kaum die erste Hälfte von Brühl's Intendanz. Denn wenngleich Wolff und Ludwig Devrient, die beiden Häupter der verschiedenen Richtungen, die Regie führten, so lag damit die Leitung der künstlerischen Thätigkeit doch nicht in ihren Händen. Bei allen Vorbedingungen derselben: Zusammensetzung des Personals, Wahl der Stücke, Rollenbesetzung, Ausstattung, Repertoir hatten sie nur einen, durch den Bureaueinfluß sehr verkümmerten Antheil; ihre Pläne und Anordnungen wurden oft in begonnener Ausführung durch willkürliche Eingriffe und Abänderungen gekreuzt, Stücke eingeschoben, Rollen besetzt ohne ihr Wissen, oft gegen ihren Rath. Da alle Entscheidungen überhaupt von dem Intendanten ausgingen, der freilich stets das Beste wollte, aber theils seinem dilettantischen Urtheile und dem Rathe seiner Bureaubeamten zu viel vertraute, jedenfalls die Mittel nicht kannte, durch welche irgend eine Absicht zu erreichen war — der Punkt, in welchem der Kunstkenner und Kritiker sich immer vom Künstler unterscheiden —, theils Bitten gern gewährte und Gunst bezeigte und über den Nachtheil davon mit leichter Vornehmheit hinging, so war denn bald der künstlerischen Leitung, der Autorität der künstlerischen Vorstände, die Spitze gebrochen. Die Künstler merkten schnell, daß der Schwerpunkt der Direction im Bureau lag, von woher alle materiellen und künstlerischen Vortheile flossen. Man lernte zuletzt die Regisseure als untergeordnete Executionsbeamte betrachten, die künstlerische Disciplin verfiel, ein lässiges, loses, auseinandergehendes Wesen riß ein; wußte man doch, daß die Gunst eines Geheimsecretairs fruchtbringender war, als die Zufriedenheit der gesammten Regie.

So war denn Wolff, der berufen schien, der Führer einer neuen Kunstphase zu sein, der Erste, der die Hand vom Steuer ließ. Er legte 1823 die Regie des ernsten Drama's nieder. Der sehr erregte Zustand seiner Nerven motivirte den Schritt dem Intendanten gegenüber, mit dem er in gutem Einvernehmen zu bleiben wünschte; der eigentliche Grund seiner Kränklichkeit sowohl wie seines Rücktritts war der tiefe Mißmuth über die Vergeblichkeit seiner Bemühungen: künstlerische Grundsätze aufrecht zu erhalten. Beschort, der durch die bisherige Regie der Oper schon verstimmt genug war, wurde zwar vermocht, sein Nachfolger zu werden, trug das Amt aber nur als eine Last, von der er täglich befreit zu werden verlangte. Nicht besser stand es um Ludwig Devrient, der 1819 die Führung des Lustspiels mit Feuereifer übernahm*) und, wenn auch in Hinsicht auf Einrichtungen und Vorarbeiten fahrlässig und verwirrend,

---

*) Der alte Unzelmann hatte sie bis dahin geführt, wurde nun pensionirt.

doch durch seine belebende Erfindungskraft und Inspiration bei Leitung der Proben sehr günstig wirkte, bald aber, von Verdruß über die immer wiederholte Kreuzung und Hintansetzung der künstlerischen Autorität, des Amtes müde ward. Zu schwach und ungeschickt, der Liebenswürdigkeit und Ueberredungskraft Brühl's — dem daran lag, seiner Direction den Aushängeschild vollklingender Namen zu erhalten — widerstehen zu können, harrte er zwar immer noch auf dem Posten aus, rächte sich aber nicht nur durch die wildesten Ausfälle gegen die Intendantenwirthschaft und durch ihre empfindlichste Verhöhnung mit der unwiderstehlichen Gewalt seiner persiflirenden Mimik, sondern auch durch eine verächtliche Vernachlässigung des Postens.

So wurde bald nach dem Rücktritt Wolff's — der die künstlerische Autorität noch in Achtung zu erhalten gewußt — die Regie zu einem wahren Spotte ihrer selbst. Der einsilbige, unwirsche Beschort, über dessen geschlossen vornehme Miene nur augenblicklich der Ausdruck höfischer Freundlichkeit hinzublitzen pflegte, lief — wenn die Dinge ihm zu kraus wurden — während der Proben hinter der Hintergardine erbost auf und nieder und ließ das Personal auf der Bühne vorn treiben, wozu es Lust hatte. Ludwig Devrient blieb oft gänzlich aus von den Proben, oder lief bald davon in's Weinhaus, seinen Verdruß und Spott über einen Zustand auszulassen, dessen Mitschuld er dadurch trug. Erst gegen Ende der Brühl'-

schen Verwaltung, im Jahre 1827, übernahmen die kürzlich angestellten S t a w i n s k y und W e i ß die Regie. Zwei befähigte Männer, die aber die Dinge nahmen, wie sie eben geworden waren, den Anspruch auf die künstlerische Herrschaft besserer Zeiten schwinden ließen und sich mit dem Gebiete beschieden, das der Regie von der Bureaukratie übrig gelassen worden war.

Dahin war also in so kurzer Zeit die Bühnenpraxis gerathen, die Iffland in so künstlerisch freiem Geiste und doch mit so sicherer Ordnung festgestellt hatte; zu einem kaum äußerlich zusammenhängenden Schlendrian war sie hinabgesunken. Entwichen war der Geist, nur der Vortheil, der Ehrgeiz und die Eitelkeit trieben den Einzelnen zu Anstrengungen, die aber nur dem Einzelnen zu Gut kommen sollten.

Mit wachsender Bestürzung suchten die älteren Künstler, die eine bessere Zeit gesehen, suchten die redlich denkenden Jüngeren nach Abhülfe dieses Verfalls — wo sollten sie sie finden*)?

Um gerecht zu sein darf man aber die besondern Schwierigkeiten nicht übersehen, welche Brühl's Verwaltung auf ihrem Wege fand.

---

*) In dieser Zeit entwarf Eduard Devrient schon den Plan zur Bildung eines Schauspielervereins, der später zur Ausführung kam. Die ältern Schauspieler, denen er ihn vorlegte, hielten ihn bei der Entmuthigung und Demoralisation der Collegen damals für unausführbar.

mit der Intendanz des Grafen Brühl in Berlin. 43

Der Brand des Schauspielhauses am 29. Juli 1817 — abgesehen von den Hinderungen, welche die Neubeschaffung der Garderobe im nächsten Jahre herbeiführte — drängte Oper und Schauspiel auf die einzige Opernbühne und beschränkte dadurch die Entfaltung ihrer Thätigkeit, wobei das Schauspiel am meisten in's Gedränge kam, weil es überall den bei Hof und Publikum beliebteren Opern und Ballets weichen mußte. Dazu kam der überaus nachtheilige Umstand, daß die Schauspielkunst genöthigt war, sich an die verstärkte rednerische und mimische Ausdrucksweise zu gewöhnen, welche der weite Raum des Opernhauses ihr abforderte. Hier wurde Uebertreibung fast zur Nothwendigkeit, die nach vierjähriger Gewohnheit sich auf die kleinere Bühne des neu von Schinkel erbauten Schauspielhauses übertrug.

Als eine andere Schwierigkeit für das höhere Gedeihen des Schauspiels ist der Brühl'schen Intendanz vielfach die Nothwendigkeit, vor Allem des Königs Wünsche zu befriedigen, angerechnet worden. Bei einer mehr systematischen und consequenten Führung der Dinge hätte sich der Einfluß dieser Schwierigkeit sehr vermindern lassen, denn es ist unwahr, daß der König ein Feind des ernsten Drama's gewesen sei, sein allabendlicher Theaterbesuch verlangte nur große Abwechselung des Dargebotenen.

Die fürstliche Theilnahme, welche noch vor fünfzig Jahren von allen Seiten begehrt worden, führte, bei ihrer vollsten Gewährung, nun schon den Uebelstand herbei, daß die höchsten Kunstaufgaben, für deren Lösung man gerade den fürstlichen Schutz ersehnt hatte, um deswillen hintangesetzt wurden; man bot hier der Oper, dem Ballet und dem komischen Drama das Repertoir, Zeit, Geld- und Kunstmittel vorzugsweise an.

Diese Bedrängung des höhern Schauspiels wurde zur förmlichen Zurücksetzung, als Spontini, im Jahre 1819 berufen, seine Stelle als General-Musikdirector, die ihn der Generalintendanz coordinirte, mehr und mehr geltend machte und nun auch noch innerhalb der Verwaltung die verderblichste Spaltung der Gewalt und damit totale Verwirrung entstand. Dem maaßlos selbstsüchtigen Ehrgeize des fremden Mannes, dem deutscher Geist und deutsche Musik immerdar ein Räthsel geblieben sind und dem Beides darum nicht am Herzen lag — war die Gewalt gegeben, Alles zu hindern, zu stören und zu verwirren, was nicht in seinem persönlichen Interesse lag.

Wäre Graf Brühl nicht in der Hofmannsmaxime befangen gewesen: „um jeden Preis, selbst den der Demüthigung, festzuhalten, was man hat," hier hätte sich die Gelegenheit geboten, auf Grund der vollständigsten Unverträglichkeit einer machtvollkommenen General-Musikdirection neben der General-Intendanz, die Oper vom Schauspiele zu trennen und so dem letzteren eine freie und reinere Entwicklung zu geben; aber Brühl konnte sich nicht überwinden, den Schein der obersten

mit der Intendanz des Grafen Brühl in Berlin. 45

Gewalt aufzugeben und zog es vor, in dem Hinhalten von
Tag zu Tag, Schritt für Schritt Spontini's Berechtigungen den Boden streitig zu machen, wodurch Nichts entstand, als ein klägliches Hin- und Herzerren im Regi-
mente, widersprechende Anordnungen, feindselige Hinderungen, die das Schauspiel am empfindlichsten trafen,
weil das Personal, das großentheils zugleich bei Oper
und Schauspiel betheiligt war — Chor und Orchester
nicht zu gedenken —, den Forderungen des General-
Musikdirectors vornehmlich bereit sein mußte, welche oft
die bis zur Aufführung gediehenen Arbeiten des Schauspiels schonungslos vereitelten. Was daher das scenische Leben des Berliner Hoftheaters durch die leidenschaftliche Energie Spontini's bei Scenirung seiner Opern
an Präcision, Sorgfalt und das Aufgebot aller Kräfte
und Mittel gewann, das büßte das Kunstinstitut mit der
größten Zerrüttung seiner innern Verhältnisse ein.

Ein anderer Feind von Brühl's Intendanz entstand
mit dem 1824 errichteten Königstädtischen Theater.

Hatte die Unzufriedenheit mit der Intendantenleitung
und die Erinnerung an Iffland's Direction schon Spontini's Berufung gutgeheißen, so erzeugte sich allmälig
sogar das Verlangen, dem theatralischen Leben in Berlin
den Stachel der Concurrenz einzusetzen. Man schalt auf
die vornehme Bequemlichkeit des reich dotirten Hoftheaters, glaubte damit den Nerv des Uebels getroffen und
behauptete: eine Bühne, die, lediglich auf ihren Erwerb

gestellt, alle Kräfte anspannen müsse, werde es schnell über das Hoftheater gewinnen. Von dieser Täuschung sollte man in wenigen Jahren zurückkommen.

Die Concession zur Errichtung eines **Volkstheaters** — welche ein jüdischer Commissionär, ehemals Pferdehändler, Namens **Cerf**, sich zu verschaffen gewußt — war gegen einen Jahrgehalt von 3000 Thlrn. von einer Actiengesellschaft übernommen worden, welche aus ihrer Mitte eine Direction von Kaufleuten mit einem Juristen, sieben an der Zahl, niedersetzte, bei welcher sich denn richtig Alles wiederholte, was seit der ersten Actionistendirection der Hamburger Entreprise 1767 das Erbtheil aller solcher Einrichtungen gewesen ist und bleiben wird. Man hatte dem mangelnden Sachverstande der Intendantenleitung opponiren wollen und fing damit an, die gerügten Uebelstände zu versiebenfachen. Freilich setzte man technische Directoren ein, zuerst den pensionirten Hofschauspieler **Bethmann**, 1825 den Dichter **Karl v. Holtei**, 1827 den Componisten und Dichter **Karl Blum**, aber es fand keiner von ihnen freie Hand zum Wirken und 1829 erklärte sich das Directorium bankerott.

Gleichwohl hatte es von Anfang an der Königstädter Bühne nicht an Talenten gefehlt, die das Beste der angekündigten Gattung zu leisten im Stande waren. Dem trefflichen Baßbuffo **Spitzeder**, in Komik und Persönlichkeit fast eine Wiederholung von Korntheuer, schloß sich **Schmelka** an, der allein einem Volkstheater Anziehungskraft zu verleihen im Stande gewesen wäre; der geschickte Angely, welcher durch seine Lokalisirung französischer Vaudevilles sehr nützlich wurde, und die jüngeren vielversprechenden Komiker Rösicke und Beckmann. Das Leopoldstädter Theater war nur in seiner glänzendsten Epoche so reich an komischen Talenten. Nicht minder anziehend waren die weiblichen von Karoline Müller, Catharina Eunicke, Caroline Bauer, Julie Holzbecher (Holtei's zweite Frau) und ehrenwerthe Schauspieler wie Nagel, Genee u. A. vervollständigten das Personal. Es kam nur darauf an, diese Kräfte in bestimmter Richtung eines Volkstheaters zu sammeln und zu halten. Wenngleich zunächst dafür der Quell der dichterischen Lokalproduction noch dürftig floß, so eröffnete doch das, was Holtei bot, eine fruchtbare Aussicht, Angely sorgte geschickt für das nächste Bedürfniß und bald entwickelten sich der Talente mehr für Volkston und Lokalkomik. Dazu boten die Wiener Erzeugnisse noch Nahrung genug, es kam nur darauf an: Geduld und Beharrlichkeit an die Ausbildung dieser ausschließlichen Gattung zu setzen.

Dagegen fehlte nicht nur die Königstädter Direction, auch Graf Brühl verkannte abermals, was dieser Moment von ihm forderte.

Er hatte die Sonderung der Oper vom Schauspiel versäumt, er stellte sich ebenso der Trennung der Posse und aller untergeordneten gemischten Gattungen des

Drama's von dem edleren und höheren entgegen. Er konnte sich nicht entschließen, irgend ein Gebiet aufzugeben und übersah, daß er damit zuletzt alles preisgab.

Anstatt dem zweiten Theater mit *einem* Streiche das ganze burleske Genre unbeeinträchtigt zu überlassen und am Königl. Theater eine um so gesammeltere Ausbildung des feinen Lustspiels und ernsten Drama's zu betreiben, begann die Intendanz sich auf die Rivalität in der Burleske zu verlegen. Neusonntagskind und Schwestern von Prag u. s. w. kamen wieder an die Tagesordnung, zuletzt machte man sogar der Königstadt die Triumphe Joko's, des Affendarstellers, streitig. Die dortige Direction beging den Fehler, auch ihre Grenze zu überschreiten, sich die Erlaubniß zu Darstellung ernster Dramen zu erwirken, worauf nun, auf die Beschwerde der Intendanz, von der in Kunstsachen durchaus incompetenten Oberbehörde, dem Ministerium des Königl. Hauses und der Polizei, ein Vertrag errichtet wurde, wonach die Repertoire beider Theater wettlaufen sollten. Verboten wurde dem Königstädter Theater, was seit zwei Jahren auf dem Königl. Repertoir war, oder als vorbereitet zur Aufführung für das nächste Halbjahr angekündigt wurde; alles Uebrige war ihm freigegeben. Nun begann ein Spioniren nach den gegenseitigen Projecten, ein unwürdiges Rupfen und Zupfen und die dabei unvermeidliche Chikane. Die Kaufmanns-Direction, ungeduldig nach glänzenden Resultaten, wollte durch eine kühne Speculation die Intendanz überflügeln, und berief eine Operngesellschaft, die am 3. August 1825 ihre Vorstellungen begann, an deren Spitze **Henriette Sontag** die Bahn ihrer Berühmtheit betrat. So verwirrte und vergeudete das junge Theater durch Versuche in allen Gattungen seine vielversprechenden Kräfte, der Opernaufwand ruinirte es zuletzt und die Unternehmung überlebte Brühl's Intendanz kaum ein Jahr.

Ludwig Tieck, der auf Errichtung dieses neuen Theaters große Hoffnungen baute, weil es ein Lieblingswunsch von ihm war, daß die deutsche Kunst sich wieder aus Comödiantenbuden verjüngen solle, urtheilte schon 1827 darüber: „Alles hat nun originell sein sollen, die Farce, das Grelle und das Gemeine hat den Sieg davon getragen, vor allen aber die unglückselige Oper, die unser deutsches Schauspiel überall in den Grund gesegelt hat, und doch von diesem erhalten und genährt werden muß. So erzeugte sich ein Wettstreit, mehr der Eitelkeit, als des Theaters, zwischen beiden Bühnen, der beiden schaden mußte. Parteien, leerer, unfruchtbarer Streit hat sich gebildet, statt Freude an der Bühne, Lust am Dargestellten zu erzeugen, und so hat die neue Anstalt mehr dazu gedient, die Verwirrung zu vermehren, als irgend etwas Löbliches hervorzubringen."

So sah denn Berlin zu Ende von Brühl's Intendanz eine vollständige Verwirrung aller theatralischen Grundsätze, sowohl in der Verwaltung, als in der künstlerischen Thätigkeit.

Brühl selbst fiel endlich als ein Opfer der falschen Stellung, die er behaupten wollte, und seiner Haltungslosigkeit dabei. Der administrative innere Krieg, von Spontini mit der verletzendsten Hartnäckigkeit geführt, die feindseligen Plackereien, welche die Oberbehörde ihm bereitete, untergruben seine Gesundheit.

Die reichen Geldmittel, welche die Intendanz so triumphirend eingeführt hatten, wurden ihr endlich zur Geißel. Der Staatskanzler von Hardenberg war todt, sein liberales Prinzip aufgegeben. Nun wurde dem Intendanten die Verantwortung für das Deficit, welches durch die Rivalität des Königstädter Theaters, durch die kostspieligen Wünsche des Hofes selbst, durch die verschwenderischen Forderungen, welche Spontini für Ausstattung seiner Opern machte, wie Bergeslasten aufgewälzt. War Spontini's Anstellung als General-Musikdirektor ein Beweis gewesen, daß man der Intendanz nicht genugsam künstlerische Einsicht zutraute, so verkündete man jetzt durch Errichtung eines Curatoriums, daß man ihre Verwaltungsfähigkeit nicht höher achtete.

Durch alle diese Maaßregeln gab man eigentlich das Eingeständniß, daß die Einsetzung der Intendanz überhaupt ein Fehler sei.

Das Publikum, das diesen allgemeinen Wirrwarr natürlicherweise empfand, war in hohem Grade unzufrieden, das Personal, besonders das des Schauspiels, das seine Wirksamkeit und sein Ansehen ganz heruntergebracht saß, war voll Unmuth und sammelte sich sogar zu offiziellen Beschwerden gegen die Beamtenherrschaft der Intendanz.

Eine tödtliche Krankheit endlich, im Herbste 1828, gab Brühl's wiederholten Bitten Nachdruck: ihn von seinem peinvollen Posten zu entheben. Er hatte ihn mit so stolzen Verheißungen, mit so glänzenden und imponirenden Maaßregeln angetreten, mit so viel edlem Willen und so rastlosem Eifer geführt, daß man ihm einen rühmlichen Ausgang hätte wünschen mögen, wenn das System, das er vertrat, nicht ein so verderbliches gewesen wäre.

Die Autorität künstlerischer Leitung war durch die Suprematie des Beamtenthums darniedergedrückt. Die Regisseure waren fast zu bloßen Inspicienten heruntergekommen, die gemeinsame künstlerische Thätigkeit hatte keinen Mittelpunkt mehr, um den sie in Uebereinstimmung hätte zusammenhalten können, sie fuhr nach willkürlichen Richtungen auseinander. Ein erfreuliches Ensemble kam nur noch bei Vorstellungen zu Stande, in denen der Zufall gleichgestimmte Spieler zusammenbrachte, die aus eignem Antriebe auf ein freiwilliges Verständniß eingingen. Bei personenreichen Stücken — die sich überhaupt noch nicht von den unharmonischen oft entschieden störenden Wirkungen einzelner Mitglieder befreit hatten — konnte das schon nie der Fall sein. Die Meister, welche im alten ächten schauspielerischen Geiste die Tradition der früheren Kunstperioden in Achtung erhalten hatten, waren nicht mehr oder ihr Einfluß war gelähmt; mehrere Veteranen todt, W o l f f, durch mehrjährige Kränklichkeit unthätig, starb in demselben Jahre, da sein Beschützer der Intendanz enthoben wurde. L u d w i g D e v r i e n t, in ganz erschöpfter Kraft, war nur noch die Ruine seiner Größe. Alle älteren Mitglieder, die in künstlerisch belebter Atmosphäre erwachsen waren, steckten mit ihrem Mißmuth die jüngeren an, die Freude und Begeisterung an der Gesammtthätigkeit war erlahmt. Der Absolutismus der Intendanz hatte den Schauspieler darauf reducirt: „Nichts zu lieben, als sich selbst", und auf diesem Wege sollte sich von hier an eine in der Kunstgeschichte noch nicht dagewesene künstlerische Demoralisation entwickeln.

So entspricht denn das Endresultat dieser so glanzvoll begonnenen und darum anfangs so laut gepriesenen Intendanz sehr wenig den Erwartungen, die man auf die edle und liebenswürdige Persönlichkeit Brühl's, auf die ganz besondere Theilnahme des Königs, den Reichthum der dargebotenen Geldmittel, auf die Bedeutenheit der künstlerischen Kräfte, und die Empfänglichkeit und das Verständniß des Berliner Publikums gestellt hatte.

Was war bei solcher Machtstellung für die Entwicklung des Kunstzustandes geschehen?

Die äußeren Verhältnisse der Künstler waren verbessert und gesichert und von dieser Seite der Stand in der bürgerlichen Achtung gehoben, in seiner s t a a t l i c h e n S t e l l u n g aber war das Theater nicht um einen Schritt vorgerückt. Es war viel Geld auf vereinzelten Unterricht verwendet worden, mit der systematischen Einrichtung einer Theaterschule hatte man sich nicht beschäftigt. Nichts für die Dauer Wohlthätiges war unternommen worden. In der glanzvollen äußeren Ausstattung der Bühne hatte Berlin den Vortritt entschieden eingenommen, aber der Geist des innern Zusammenhanges der Kunst war auf eine lange Zeit verdrängt worden. Die Leitung der Kunstthätigkeit war aus ihrem Mittelpunkte in das Bureau, also außerhalb ihres Kreises verlegt worden; dem Körper der Schauspielkunst war damit das Herz ausgeschnitten, der natürliche Zusammenhang seines Blutumlaufes unterbrochen. Anstatt der festen Organisation, welche der bedenkliche Entwicklungsmoment des deutschen Theaters gefordert, hatte Brühl's Intendanz ihr Desorganisation, Systemlosigkeit gebracht; mit allem Rückhalt einer solchen Machtstellung hatte die Intendanz nur den beschränkten Standpunkt behauptet: von jedem Tage Gesetze anzunehmen.

II.

Die Verhältnisse der andern Hoftheater.

Die völlig gleichen Resultate gleicher Ursachen stellten sich in dieser Epoche fast bei sämmtlichen Hoftheatern heraus.

Ueberall die künstlerische Thätigkeit von der unbedingten Leitung kunstfremder Behörden, oder von direkten Hofeinflüssen abhängig, überall daher derselbe Verfall des künstlerischen Geistes. Eine genauere Beobachtung zeigt nur mannigfache Spielarten derselben Zustände.

In München war Babo's Nachfolger ein Herr de Lamotte geworden, ihm folgte 1820 Herr von Stich auf drei Jahre, Freiherr v. Weichs auf sechs Monate, dann von 1824 bis 1833 Freiherr v. Poißl, der wenigstens insofern zu den Kunstverständigen gezählt werden konnte, als er in musikalischen Compositionen dilettirte.

Nur das ebenfalls königliche **Isarthortheater** erhielt 1818, als das neu erbaute Hoftheater eröffnet wurde, eine abgesonderte künstlerische Direction unter dem Schauspieler Karl, die denn auch bald die Hofintendanz überflügelte.

Karl, aus der österreichischen Familie von Bern= brunn, hatte sich durch die Lebhaftigkeit und drastische Wirkung seines komischen Spieles hervorgethan und da= durch den üblen Effekt vermindert, den er in Heldenrollen hervorzubringen pflegte — die er gleichwohl leidenschaft= lich gern spielte. Ein überaus erfinderisches und scharf= blickendes Talent in Beziehung auf das, was vor der Menge Glück macht, setzte seinen Beruf als Kunstvorstand außer Zweifel, und doch mußte dieser eben nur auf den Effekt gerichtete Sinn seinen Einfluß auf die Kunst im Allgemeinen, gerade in dieser Periode des künstlerischen Verfalls, sehr gefährlich erscheinen lassen.

Karl machte als Schauspieler vornehmlich in der Rolle des Parapluiemachers Staberl Glück, den er in verschiedenen Stücken von seiner Composition zur Haupt= person machte. Dieser Staberl war aber nicht der Wiener Spießbürger, den Ignaz Schuster in aller Naivetät und anspruchsloser Naturwahrheit erschaffen hatte, Karl nä= herte ihn dem alten Hanswurstcharakter entschiedener, ver= setzte ihn auch wieder in ein Dienerverhältniß zu einem reichen Engländer, als lebendige Ironie von dessen Spleen. Sein Spiel hielt sich nur an seine persönliche Natur und an die Erfahrung von dem, was dem Publikum zu gefallen pflegt. Er ging absichtlich, anspruchsvoll und herausfordernd in jedem Momente auf den Beifall aus; ein Bestreben, das von dem dadurch geschmeichelten Publikum — wenn es obenein mit so viel Talent auftritt — nie unbelohnt bleibt.

Karl machte also die Richtung in der Schauspielkunst geltend, welche, ein Resultat der wachsenden Gesinnungslosigkeit, dieselbe wiederum ungemein steigern sollte.

Nicht sowohl die Sorge vor diesem Einfluß war es, welche 1825 die Aufhebung des Isarthortheaters und die Pensionirung Karls herbeiführte, sondern mehr die Unfähigkeit der Hofintendanz, die Rivalität mit Karls Talent und Sachverstand und der rührigen Productivität seiner Direction zu bestehen.

Dem Hoftheater fehlte es an ausgezeichneten Talenten nicht: das Reinhardt'sche Ehepaar im heroischen und Anstandsfache, Wohlbrück in Ifflandschen Charakterrollen hochgeachtet, Urban, der als jugendlicher Liebhaber seine sehr kleine Gestalt durch einen großen Sinn, durch Ernst, Innigkeit und Feinheit vergessen machte, Vespermann, der 1817 bei Wohlbrück's Abgange in dessen Stelle eintrat, und, wenn er auch im Fache der Intriguants kein überzeugendes inneres Leben zu schaffen vermochte und darum zu äußerlichen Behelfen und Ueber-

treibungen seine Zuflucht nehmen mußte, doch im Fache der
höheren Komik, der feinen Charakteristik und der Seelen=
malerei sich als ein Meister bewährte. Im Jahre 1820
wurde Eßlair für den Rest seiner Lebenszeit gewonnen.
Charlotte Pfeiffer (später Frau Dr. Birch=Pfeiffer),
ein junges überkräftiges Talent, suchte nach dem Muster
der Sophie Schröder ihre Entwickelung. Frau Fries
wurde im Fache der Heldinnen und Königinnen gerühmt,
der verstandesscharfe und witzige junge Moritz (eigent=
lich Mürrenberg), 1823 am Isarthortheater, trat 1824
auf zwei Jahre in das Fach der Lustspielliebhaber. 1828
erschien ein neues, herrlich begabtes Talent in Char=
lotte v. Hagen, das bis 1833 hier allen Reiz ent=
faltete, den eine vollendete Schönheit, ein feuriges, erfin=
dungsreiches Talent — das besonders im Lustspiel an
Eleganz, Grazie und Humor schwer zu übertreffen war
— zu gewähren vermag.

Aber diese Talente zu einem ersprießlichen Zusammen=
wirken zu bringen, wollte den Bemühungen der Regisseure
Vespermann und Eßlair nicht gelingen, die halbe
Autorität der Regie in dieser Periode lähmte die besten
Kräfte. Dazu kam, daß die italienische Oper sowohl
als das Ballet, welches von dem talentvollen Horschelt
außerordentlich gehoben wurde, sowohl Zeit und Kräfte
der Bühne, als auch den Antheil von Hof und Publikum
vornehmlich in Anspruch nahmen, seitdem das Isarthor=
theater beseitigt war. Der Schauspielkunst war zudem

in dem neuen Theater — das 1818 vollendet, im Jahre 1823 abbrannte und 1825 erst wieder eröffnet wurde — durch die große Bühne und den übergroßen Zuschauerraum eine kaum zu überwindende Schwierigkeit entgegengestellt. Ein vertrauliches, inniges und leichtes Zusammenspiel war hier kaum möglich und das breite Pathos der Tragödie hatte wieder die Klippe eines Wiederhalles zu fürchten, den das laute Wort erzeugte. Auf dieser Bühne hätten nur die sorgfältigsten, künstlerisch geleiteten Studien die Schauspielkunst zu Ehren bringen können.

So gelang es denn auch in dieser Periode ebenso wenig, wie zu irgend einer andern, das Münchener Theater zu einem tonangebenden in Deutschland zu machen; ja es legte — bei allem einzelnen Vortrefflichen — den Verfall der Schauspielkunst so augenscheinlich dar, als es irgendwo geschah.

Das Karlsruher Hoftheater verlor die technische Leitung Mittell's, der 1824 starb; der Gardelieutenant von Auffenberg, der sich als Dichter von Talent bekannt gemacht hatte, wurde 1823 Präsident des leitenden Comité und blieb es bis zu dessen Auflösung, im Jahre 1831, ohne der Bühne sonderliche Impulse zu geben. Meyer, der in Heldenrollen kalt, aber im Lustspiel von vornehmer Haltung und feinem Humor war, führte die Regie mit Einsicht und Sorgfalt.

Labes, der Sohn des Berliners, brachte seine Jugendeindrücke aus der Iffland'schen Zeit vortheilhaft zur Geltung, Demmer zeichnete sich in muntren Liebhabern und Chevaliers durch seinen künstlerischen Geist aus. Der Komiker Wurm gehörte dem Personal einige Jahre an. Die Sängerinnen Gervais und Sehring waren im Schauspiele, die Erstere ebensowohl durch vornehmen Schliff, als durch humoristische Charakteristik, die Zweite durch das vollkommenste Soubrettentalent bedeutend. Der alternde Tenorist Walter machte sich in der Copie der Karl'schen Staberladen beliebt und durch ganz Deutschland bekannt. Das glänzendste Talent aber erwuchs dieser Bühne in Amalie Morstedt, welche 1815 dem Personale als fünfzehnjähriges Mädchen beitrat, ein Jahr darauf sich mit dem das Liebhaberfach bekleidenden unbedeutenden Schauspieler Neumann verheirathete, 1823 verwittwet, sich 1827 zum zweiten Male mit dem berühmten Tenoristen Haitzinger vermählte. Sie war eine der glänzendsten Erscheinungen der modernen Kunst, von üppiger, blendender Schönheit, einem reichen, einschmeichelnden Organ, dem nur ihr Dialect etwas nachtheilig wurde. Ein heitres, erfindungsreiches Talent, voll Wärme der Empfindung, blühendem Humor, Verstand und Eleganz. Das Lustspiel war ihr eigenstes Terrain, in empfindsamen und tragischen Rollen hatte sie eine gesangartige Declamation und outrirte Effekte. Ihren naiven Rollen mangelte die natürliche Auffassung keineswegs, aber die im Spiele überall hervorstechende Gefallsucht — das Grundlaster der neueren

Kunstperiode — that den Darstellungen unbefangener Natur begreiflich den größten Schaden. Die Kokette des Lustspiels war ihre Force, aber auch hierin übertrieb sie je länger je mehr bis auf das Aeußerste, während sie alle Mittel besaß, auch ohne Absichtlichkeit zu bezaubern. Ihre steten Gastspielreisen, wahre Triumphzüge durch ganz Deutschland, die übertriebenen Huldigungen, welche ihr gebracht wurden, stachelten diese Gefallsucht begreiflicherweise immer mehr, wie denn ihre häufigen und langen Abwesenheiten von Karlsruhe das Repertoir verwüsteten und das schöne Ensemble, welches diese Kunstgenossenschaft im Lustspiele oft darbot, nicht zu dauernder Wirkung gelangen ließ.

Das Mannheimer Hof- und Nationaltheater gab in dieser Periode ein vorleuchtendes Beispiel von der Nachwirkung seiner großen Zeit, in der Opferwilligkeit seines Publikums. Der Intendant von Venningen trat 1816 zurück, bevor eine Reduction des Staatszuschusses von 20,000 auf 4000 Fl. ausgesprochen wurde, was 1817 geschah. Die Stadt übernahm die Deckung aus dem Erlös gewisser Gefälle, wobei der Staat durch Ueberlassung verschiedener Gebäude behülflich war; aber die Organisation der Bühnenleitung hielt mit diesen edlen Willen der Stadt nicht Schritt. Die Leitung der Bühne verblieb den beiden Hofcommissarien und die Schwankungen in der Führung stellten die Nothwendigkeit einheitlicher Leitung einer künstlerischen Capa-

Die Verhältnisse der andern Hoftheater.

cität wieder ins Licht. Die Wahl fiel 1819 auf den als Dichter bekannten Grafen Ungern-Sternberg, lieferte aber wieder den Beweis, daß blos literarische Befähigung, selbst bei dem edelsten Willen, zur Theaterdirection nicht ausreicht. Eine Unterschätzung der praktischen Theatererfahrungen zerstörte binnen einem Jahre das Personal, Repertoir, Regie und den kaum geordneten Finanzzustand. Graf Sternberg trat zurück. Nun forderte die Stadt Theil an der Verwaltung und ordnete zwei Commissarien von ihrer Seite den beiden Hofcommissarien zu. Graf v. Luxburg wurde 1821 als Intendant der Fünfte in diesem Collegium, das in möglichster Uneinigkeit und Beeinträchtigung der Regie die Geschäfte fortführte. Der Fortgang dieser Organisation forderte denn neue Geldopfer. Der Staat erhöhte 1828 seinen directen Zuschuß auf 8000 Fl., die Stadt ihre Beisteuer für Theaterführung, für die 1823 gestiftete Pensionskasse und einen Reservefond auf beinahe 25,000 Gulden aus dem Erlöse gewisser städtischer Octroi's.

Mannheim war die erste Stadt, welche die würdige Erhaltung ihrer Bühne für wichtig genug hielt, sie mit solchen Opfern zu bezahlen.

Die leider allzuoft wechselnde Regie, unter Kaibel, Thürnagel, Brandt, Lay, Bachmann, Ehlers konnte der künstlerischen Arbeit kein Gedeihen bringen, obschon zu älteren Talenten die frischen Kräfte von Ferdinand Löwe und Grua traten und Sophie Müller hier zu der Wunderblüthe schöner Weiblichkeit sich entfaltete, welche 1823 das Wiener Burgtheater schmücken sollte.

In Weimar war 1818 dem Grafen von Edlingen der Kammerherr v. Vitzthum in der Intendanz gefolgt. Während die Anregungen, welche die frühere Periode dieser Bühne gegeben, das theatralische Leben aller deutschen Theater bewegt hatten, sank nun der rasch verblichene Glanz dieser Schulstätte als Trophäe einer lang gesponnenen Kabale, zu den Füßen der hochbegünstigten ersten Schauspielerin nieder. Im Jahre 1821 quittirte Kammerherr v. Vitzthum und der Günstling der Frau von Heigendorf, der Baßsänger Strohmeier, wurde, neben dem ökonomischen Intendanten Hofrath Kirms, künstlerischer Director und blieb es bis 1828. So war denn freilich die Direction in Künstlerhänden, aber leider waren sie für das Amt nicht befähigt.

Graff, Oels, Durand verblieben der Bühne als Vertreter der Goethe'schen Periode, Karl Unzelmann ging 1821 nach Dresden, Fr. v. Heigendorf (Karoline Jagemann), das einzige noch übrige Talent von Bedeutung, trat in demselben Jahre von der Bühne ab. Dagegen wurde Leo auf einige Jahre gewonnen, der junge Laroche im Jahre 1822, der in den ostpreußischen Hauptstädten seine Anfänge gemacht und im Charakterfache hier seine höhere Ausbildung erlangte.

Die Verhältnisse der andern Hoftheater. 63

1825 brannte das Schauspielhaus ab, die Spuren des lebendigen und persönlichen Wirkens der großen Meister, die Räume, die sie geweiht, die Plätze, die sie besessen, gingen in Flammen auf. Ein neues Haus, ein geräumigeres, erstand in demselben Jahre, aber der alte Geist war nicht wieder hinein zu bannen, ein neuer nicht wieder zu schaffen. Strohmeier's Quiescirung, die Wiederübertragung der künstlerischen Leitung auf das Hofmarschallamt änderten begreiflicherweise Nichts am Stande der Dinge.

Das königl. sächsische Hof-Theater, das nach der Rückkehr des Hofes in seine Residenz nur eben der Gefahr entging, wieder in Seconda's Pächterhände zu fallen, machte 1816 seine letzte Wanderung nach Leipzig. Durch das dortige nun entstehende Stadttheater wurde endlich die historisch so wichtige Bühne, traditionell die der chursächsischen Hofcomödianten*), zur Stabilität gedrängt.

Das königl. Hoftheater zu Dresden behielt wesentlich die seit 1814 entstandene Organisation bei**). Italienische Oper und Kapelle blieben mit dem deutschen Schauspiele unter einer Direction und in einem Schauplatze, dem Comödienhause, beisammen***), und da

---

*) I. Band S. 225.
**) III. Band S. 333.
***) Man fing 1817 auch schon an, auf dem Lincke'schen Bade zu spielen.

der deutsche Operngeschmack nun nicht mehr auf die Sommerbesuche der Joseph Seconda'schen Gesellschaft anzuweisen war, so bewilligte der Hof sogar die Errichtung einer deutschen Oper neben der italienischen. Karl Maria von Weber, 1817 dazu von Prag berufen, löste bei kargen Mitteln, unter schwierigen Verhältnissen und hartnäckigen Hinderungen diese Aufgabe mit bewunderungswürdiger Ausdauer und Gewandtheit*). Der Einfluß seines Geistes und Talentes mußte natürlich dem ganzen Institute zu Gute kommen und konnte es um so eher, als der General=Director Hofmarschall Graf Heinrich Vitzthum v. Eckstädt, — der in richtiger Consequenz auch mit dem Directorium der Künste und Kunstacademien betraut war -- die alte Stellung einer mehr administrativen Oberaufsicht behauptete und den artistischen Autoritäten auf ihre Verantwortung freie Hand ließ. So wurde die eigentliche künstlerische Leitung vom Theatersecretair Winkler, dem Regisseur Hellwig und dem Kapellmeister v. Weber collegialisch gehandhabt und führte die künstlerische Thätigkeit im mäßigen aber richtigen Schritt. Die naturalistische Richtung erhielt sich dabei, wenngleich die Veteranen Christ**), Bösenberg, Haffner und Gailing bald ausschieden. Hellwig bekleidete das Fach der

---

*) Leider starb er schon 1826.
**) 1817 pensionirt.

reiferen Helden u. f. w. mit mannhafter Würde, Ju=
lius das der reiferen Liebhaber und Chevaliers mit Aus=
zeichnung. Er spielte Tellheim, Beaumarchais und Marinelli gleich vortrefflich, mit ſichrer Haltung und feinen
Details. Werdy, der 1818 für das Fach edler und
Charaktervater von Frankfurt a. M. hergezogen wurde,
brachte die edle Naturwahrheit und den herzgewinnend
warmen Ton der Schröder'ſchen Schule mit. Bur-
meiſter ſtand ihm hierin noch weit hinaus wirkſam
in humoriſtiſchen Alten zur Seite, obſchon ſeine Sprache
blechern klang und die Gicht im Beine ihn gern mit dem
Krückſtock ſpielen ließ.

Werdy's Frau (verwittwete Vohs) löſte Frau
Hartwig in den Heldinnen und Königinnen ab und
brachte in den ſingenden Declamationston derſelben etwas
Weimar'ſche Nüancen, die ſich die jüngere Frau Schirmer nur allzugern aneignete. Im Luſtſpiele ſchloſſen
dieſe Frauen ſich der Natürlichkeit des männlichen Per=
ſonals an.

Der Familienton dieſer Kunſtgenoſſenſchaft veränderte ſich 1819, als der Kammerherr von Könneritz
General=Director des Hoftheaters wurde.

An wohlwollender und einnehmender Haltung dem
Grafen Brühl ähnlich, adoptirte er auch deſſen Syſtem
der künſtleriſchen Leitung und zog damit das ganze Ge-
folge der Wirren und Spaltungen zwiſchen künſtleriſchen
Kräften unter kunſtfremder Direction herein. Schöne

Talente wurden in dieser Zeit dem Personal gewonnen, 1819 in Pauli für das Fach der Intriguanten und Charakterrollen, 1821 in Karl Devrient*) für die jugendlichen Rollen, in denen sein Aeußeres und seine Stimme beim ersten Erscheinen für ihn einnahmen.

Als Herr v. Könneritz in seiner Carrière weiter avancirte und Gesandter in Madrid wurde, kam 1824 die Generaldirection an den Hofmarschall von Lüttichau. Ein wohlmeinender, eifrig für das Gedeihen des ihm anvertrauten Kunstinstitutes bedachter Mann, dem es denn auch gegönnt sein sollte, in langjähriger Verwaltung durch emsiges Bemühen das Dresdner Hoftheater aus seinem zweiten Range in das eines ersten und tonangebenden zu erheben. Er hatte bisher das Amt eines Oberforstmeisters bekleidet, begreiflich war es also, daß er zu seiner neuen Function nicht mehr Sachkenntniß mitbringen konnte, als die deutschen Hofintendanten im Allgemeinen. Aber ein wohlthätiger Einfluß belehrte ihn über die Nothwendigkeit einer künstlerischen Autorität, einer sachverständigen Leitung. Diese Anerkennung — welche er während seiner ganzen Amtführung kundgegeben hat — bethätigte er gleich nach seinem Antritt, indem er den Dichter Ludwig Tieck für das Amt eines Dramaturgen gewann.

---

*) Ein älterer Bruder Eduard Devrient's, hatte er 1819 in Braunschweig unter Klingemann seine Laufbahn begonnen.

Die Verhältnisse der andern Hoftheater. 67

Alle Freunde des deutschen Theaters zollten diesem Schritte den lebhaftesten Beifall. Wenngleich es Bedenken gegen Tieck's Befähigung erregte, daß keines seiner dramatischen Gedichte sich zur theatralischen Darstellung hatte eignen wollen, daß der neuromantische Geist, welcher mit dem Unwirklichen zu spielen liebte, sich in seinem poetischen Vermögen so vornehmlich aussprach, so mußte dagegen die Tiefsinnigkeit, Anmuth und Feinheit seines Talentes, mußte seine Vorliebe und Begabtheit für die Schauspielkunst insbesondere, zu vertrauensvoller Hoffnung berechtigen. Er hatte als dramatischer Vorleser Berühmtheit erlangt, war in dieser Kunstleistung besonders stark im charakteristischen Ausdruck, in diesem Wesentlichen der Schauspielkunst, das durch die Herrschaft der Weimar'schen Schule ins Sinken gerathen war.

Er hatte in einer Reihe von Aufsätzen über Darstellungen des Dresdener Hoftheaters Scharfsinn, Geschmack und reinen Sinn für das wahrhaft Gute, so viel Maaß, Achtung und Schonung für Persönlichkeiten, einen so sichren und erschöpfenden, zugleich so anmuthigen und allverständlichen Ausdruck gezeigt, daß diese Dramaturgischen Blätter mit vollem Rechte der Lessing'schen Hamburger Dramaturgie an die Seite gestellt werden durften. Ja für die Schauspielkunst hatten sie den um so größeren Werth, als sie sich viel ausgedehnter und ausführlicher, als das Lessing'sche Werk, mit Beurtheilung der theatralischen Darstellung beschäftigten. Was

5 *

aber einen noch tieferen Grund für diese Parallele hergab, war der Standpunkt, welchen Tieck in diesen Schriften einnahm, den der Opposition nämlich gegen die Lieblingsrichtung der damaligen Theaterwelt, von der fast alle Köpfe und Gemüther dergestalt eingenommen waren, daß Tieck den heftigsten Widerspruch erfuhr und daß mehr als ein Jahrzehnt dazu gehörte, um seinen Standpunkt zum anerkannt richtigen zu machen. Wie Lessing zu seiner Zeit gegen die Rhetorik der französischen Tragödie, welche sich anmaßte, das Muster dramatischen Ausdrucks zu sein, zu Felde zog, so wies Tieck den nachtheiligen Einfluß der rhetorischen Weimar'schen Schule in dramatischer Poesie und Darstellung nach. Wie Lessing trieb er zur Umkehr zur Natur des Drama's, zur Wahrheit und Einfalt in der Charakteristik. Wie Lessing wies er auf Shakespeare, als den unfehlbarsten Anhalt für die Entwicklung des deutschen Drama's, hin und that es in umfassenderer Ausführung, als sein großer Vorgänger.

Was war natürlicher, als daß bei so ganz für den Moment geeigneten Fähigkeiten und Gesinnungen von Ludwig Tieck erwartet wurde: er werde das Dresdener Theater zu einer tonangebenden Trefflichkeit erheben, es werde von dort und von ihm aus eine neue Schule die gesunkene Kunst wieder mit neuem gesunden Leben und neuer Begeisterung durchdringen. Ein hochgefeierter Dichter, ein Kunstverständiger ersten Ranges trat an die

Die Verhältnisse der andern Hoftheater. 69

Spitze der Thätigkeit von einer Kunstgenossenschaft, an welche sich wichtige kunstgeschichtliche Erinnerungen, bis zum Magister Velthen zurück, knüpften, — wie hoffnungsreich und fröhlich mußte die Aussicht sein, welche sich damit eröffnete — und wie niederschlagend ist es, daß auch diese Hoffnung, wie so unzählige frühere in unserer Geschichte, wieder täuschen sollte, daß die vollberechtigte Erwartung sich zuletzt mit dem dürftigsten Resultate begnügen mußte.

Zum Theil lagen die Ursachen dieses Fehlschlags in Tiecks Individualität, theils in den Persönlichkeiten, welche seine Ideen praktisch vermitteln sollten, zum größten Theile aber lagen sie in der unnatürlichen Organisation, welche die Directionen der deutschen Theater bekommen hatten und die nun einmal dazu gemacht war, die leitenden Kräfte zu verwirren und gegenseitig zu paralysiren. Wahr ist es, in die Bühnenpraxis selber einzugreifen, war Tieck nicht gemacht. Sein Vorlesertalent konnte nur anregend und aufklärend, nicht geradezu anleitend wirken, und meistens war das Lesepult die Grenze für die Anwendbarkeit sowohl seiner Erfindungen als deren Ausführung. Es war sehr bedenklich für den Schauspieler, Tiecks gelesene Darstellungen geradehin auf die Bühne verpflanzen zu wollen, oder all seinen Urtheilen und Rathschlägen unbedingt zu folgen. Seine Eigenthümlichkeit: von der klaren Einfalt der Natur und der vernünftigsten Faßlichkeit so gern in's Reich des Phantastischen oder Uebertriebenen hinüberzuspringen und darin den seltsamsten Ausschweifungen zu huldigen, forderte von dem, der von den unschätzbaren Anregungen seines reichen und liebenswürdigen Geistes reellen Vortheil ziehen wollte, die Fähigkeit: über ihre Verwendbarkeit urtheilen zu können.

Wie seine dramatischen Gedichte niemals auf der wirklichen Bühne Fuß fassen konnten, weil ihnen eben die Füße dazu fehlten, weil sie nur Flügel hatten und in einer phantastischen Region umherflatterten, zwischen Himmel und Erde eine künstlich und trotzig gebaute Wolkenkuckucksburg bewohnend und Miene machend: Göttern und Menschen eine neue, unerhörte Existenz abzuzwingen — ebenso vermochte seine dramaturgische Thätigkeit nur selten, über das Gebiet der geistigen Willkür hinaus, sich der unerbittlichen Realität der Bühnenforderungen zu bequemen. Sein Standpunkt blieb ein literarischer, ein unbestimmt, grillenhaft romantischer, seine Wirksamkeit eine ungehemmt geistige, ihre Grenze das Wort.

Seine sinnreichsten Einfälle und Angaben scheiterten oft an der praktisch künstlerischen Ausführung, man mußte viele Wunderlichkeiten und Grillen in Abzug bringen, um den Kern seiner Meinung, die eigentliche Weisheit seines Urtheils benutzen zu können.

Auf die Schauspieler gewöhnlichen Ranges konnte er daher direct keine sichre Wirkung ausüben, er war entweder verlegen, die schauspielerischen Mittel anzugeben,

Die Verhältnisse der andern Hoftheater. 71

durch welche das geistige Bild, welches ihm vorschwebte, verwirklicht werden könnte — wie er sich denn überhaupt vor der Bühne nicht zu helfen wußte — oder er unternahm es, die künstlerische Ausführung vorzuzeichnen, und gab sich dann mehr als einmal durch seine technische Unkenntniß Blößen, die ihm nur zu sorgfältig nachgetragen wurden. Die Schauspieler sind wie Kinder, die Schwächen haben sie viel früher abgelauert, als sie die Trefflichkeit eines Führers begreifen.

Sollte Tieck's Geist also nach seinem vollen Gewichte der Kunstanstalt ersprießlich werden, so bedurfte es dazu der Vermittlung der künstlerischen Intelligenz, welche durch die Regie vertreten wird; diese mußte im Stande sein, Tieck's Ideen sinnliche Gestalt zu geben, seine Rathschläge den Schauspielern in den Jargon der Theaterpraxis zu übersetzen.

Leider gestalteten die Dinge sich nicht so vortheilhaft. Die bedeutenden Künstler, welche in dieser Periode abwechselnd die Regie führten, Julius, Werby, Pauli, geriethen oft in Widerspruch gegen seine Ansichten und Angaben, sahen sich auch durch seinen Einspruch in ihrer Wirksamkeit und Autorität gekreuzt, unmuthig und gereizt mißverstand und mißdeutete man sich gegenseitig und der Zwiespalt der Ansichten wurde um so größer, als keinem von beiden Theilen die endliche Entscheidung zustand.

Denn hier zeigte sich der schreiende Uebelstand der

neuen Theaterorganisation. In Fragen der Kunst war den Kunstvorständen nicht Entscheidung und Verantwortung überlassen, nein, wenn Capacitäten wie Ludwig Tieck und einer der angesehensten Schauspieler Deutschlands verschiedener Meinung waren, so entschied — ein kunstfremder Hofbeamter.

Hierin lag der letzte Grund, daß Tieck in seiner Eigenschaft als Dresdener Dramaturg nur geringe Wirkung hinterließ. Hätte ihm Entscheidung und Verantwortung über die künstlerische Thätigkeit zugestanden, so würde er vorsichtig seine Ansichten mit denen der leitenden Schauspieler verständigt haben, und wenn endlich in den Leistungen des Dresdener Theaters auch hier und da wunderliche und phantastische Dinge mit untergelaufen wären, so hätten sie doch geistiges, poetisches Leben und eigenthümlichen Charakter gezeigt, von dem sich dann hätte erweisen mögen: was er der deutschen Bühne frommen könne. Wäre hingegen Tieck als Berather eines erfahrenen Schauspielerdirectors angestellt gewesen, dieser würde sich wohl vorgesehen haben, bevor er Tieck's Ansichten von der Hand schlug, er würde ihre Fruchtbarkeit sehr wohl begriffen und bald gelernt haben: sie durch richtige künstlerische Anwendung praktisch zu machen. Unter einer oder der andern dieser Einrichtungen hätte Tieck's Dramaturgie von großem Einfluß auf den allgemeinen Kunstzustand sein können, würde vielleicht dem wachsenden Verfalle der Kunst und des Geschmackes gesteuert

Die Verhältnisse der andern Hoftheater. 73

haben. Statt dessen standen — mit Ausnahme von
drei Jahren, wo der durchaus gefügige, auf keine eigne
Ansicht bestehende Remie die Regie führte — Dramaturg und Regisseur sich gewöhnlich gegenüber und der
Intendant, dem nun einmal die oberste künstlerische Direction aufgebürdet war, mußte nach seinem Gutdünken
unter den zwei verschiedenen Ansichten sich für eine derselben — vielleicht wohl auch, um ganz der gerühmten
Unparteilichkeit eines Nichtsachverständigen zu genügen,
für irgend eine dritte entscheiden. So kam es denn,
daß die getroffenen Bestimmungen von einer der beiden
künstlerischen Capacitäten, ja nicht selten von allen beiden
getadelt und verspottet wurden. Ja es ging so weit,
daß bei der Aufführung eines neuen Stückes, das aus-
gepocht wurde, der Regisseur Pauli vor das Publikum
hintrat und erklärte: die Regie übernehme keine Verantwortung für die Wahl dieses Stückes.

Hierzu kam, daß Tieck auch mit dem, allerdings in
seiner Stellung beeinträchtigten Hofrath Winkler (Theodor Hell) in Mißverhältniß gerieth[*], daß eine Partei
im Publikum sich formirte, welche Tieck's Opposition gegen den herrschenden Geschmack, seine Vorliebe für
Shakespeare, sein Bemühen, ihn in voller Integrität auf
die Bühne zu bringen, als Absicht: das Publikum zu
hofmeistern und demnach als beleidigend verschrie und

---

[*] Er rächte sich an ihm durch seine Novelle „die Vogel-
scheuche."

jede Gelegenheit benutzte, Unternehmungen, welche direct von Tieck ausgegangen waren, scheitern zu machen. Das geschah im Jahre 1826 z. B. mit „Dame Kobold" von Calderon und „Erziehung macht den Menschen" von Ayrenhof u. s. w.

Die Schauspieler, dem leitenden Einfluß eines Literaten ein für allemal abhold, standen auf Seite der Regie und gehörten meistentheils zu Tieck's heimlichen oder offenen Gegnern. Sie triumphirten über jede Blöße, die er sich gab und glaubten alle seine Urtheile als stubengelehrte Grübelei und eigensinniges Wortklauben verwerfen zu dürfen. Einzelnes in seinen Kritiken, so seine Deutung des Hamletmonologs*) lieferte ihnen Waffen, die sie weit über Gebühr anwandten. Als Tieck nun gar im Jahre 1827 seine öffentlichen Beurtheilungen wieder aufnahm, also denselben Fehler wiederholte, den Lessing, Sonnefels, Kotzebue begangen, und dessen alle dirigirenden Literaten, scheint es, sich nicht enthalten können: den Schauspielern die Zurechtweisungen vor dem Publikum zu geben, welche sie ihnen direct zu geben das Recht und die Pflicht haben — da war es vollends um alles gute Vernehmen und damit um alle Wirkung Tieck's auf die Kunstgenossenschaft geschehen.

So sehen wir zu Ende dieser Periode — gegen 1830 — Tieck wieder in die Beschaulichkeit seines Zim-

---

*) S. Dramaturgische Blätter.

merlebens eingesponnen. Das Theater besuchte er selten, Proben fast gar nicht mehr, von seinem Studirzimmer aus suchte er seinem Titel und Gehalte durch Beurtheilung von einlaufenden neuen Stücken u. s. w. genug zu thun. Seine allabendlichen dramatischen Vorlesungen, seine Belehrung beim Rollenstudium waren jedem Theatermitgliede zugänglich, wurden aber fast nur von einzelnen jungen Damen benutzt, die sich Beförderung davon versprachen. Man tadelte Tieck, daß er den Kampfplatz räume und schob sein Zurückziehen auf seine Arbeitsscheu, aber Tieck hatte zu genau einsehen gelernt, daß er bei der vorhandenen Organisation keinen wesentlichen Nutzen stiften könne, daß er den Intendanten, wie den Regisseur und Schauspieler nur genire.

So schien denn von allen großen Erwartungen schon nach wenig Jahren eigentlich Nichts übrig geblieben, als daß Ludwig Tieck's Name dem Dresdener Hoftheater angehörte.

Seine Gegner beschuldigten ihn, daß er Theater und Publikum habe tyrannisiren wollen, indem er dem Repertoir eine langweilige und unergiebige Classicität aufdränge, daß sein Experimentiren mit grilligen Aufgaben die Künstler entmuthige, das Publikum verscheuche.

Ein einziger Blick auf das Repertoir erweist diese Beschuldigung als verleumderisch, man findet da dem Publikum all seine Lieblingskost, alle neueren Productionen geboten. Kotzebue, Vogel, Fr. v. Weißenthurn,

Iffland, Müllner, Grillparzer, Houwald, Raupach, die Wiener Possen und in großer Anzahl sogar die französischen Melodramen und Vaudeville's, größtentheils in Winkler's (Theodor Hell's) Uebersetzungen füllen die Spieltage, Lessing, Goethe, Schiller erscheinen mit Maaß, von den Spaniern und Shakespeare nur die Stücke, welche sich in ganz Deutschland beliebt gemacht hatten. Von solchen, die in Dresden früher noch nicht unternommen wurden, ist nur Dame Kobold von Calderon, Julius Cäsar und Heinrich IV. von Shakespeare, Tasso von Goethe, der zerbrochene Krug von Kleist und Faust von Goethe auszuzeichnen, alles Vorstellungen, die doch wohl zu dauernder Bereicherung des Repertoirs zu rechnen sind; ja die Aufführung des Faust am 27. August 1829 ist sicherlich als eine Concession an das große Publikum zu betrachten, da Tieck bestimmt wußte, wie sehr das wunderbare Gedicht durch die Realität der Bühne verlieren mußte und er nur nicht zurückstehen mochte, den Versuch, den Klingemann in Braunschweig am 18. Januar gemacht hatte, in Dresden zu wiederholen.

In einem Punkte dürfte Tieck eines unergiebigen Eigensinns zu beschuldigen sein, in seiner Art nämlich Shakespeare aufzuführen. Nach seinem Grundsatze: „man müsse ihn unbeschränkt bewundern oder ihn lieber ignoriren" ordnete er, daß seine Werke in unverkürztem Texte, in der ganzen epischen Breite unzähliger Scenenveränderungen u. s. w. aufgeführt wurden. Daß dies den Eindruck von solchen Stücken, in denen jene mittelalterliche Eigenheit vorwaltet, wie Lear und Romeo und Julia, lähmen mußte, war bei der Gewöhnung des Publikums an die modernen, gedrungenen dramatischen Formen sehr erklärlich, und so trugen Tiecks Bemühungen eher dazu bei, Shakespeare dem Publikum zu verleiden, als ihn dem Verständniß zu nähern.

Dieser Streitpunkt war aber begreiflicherweise nicht wichtig genug, um Tieck's Einfluß als verderblich auszurufen, ja viel eher ließe sich nachweisen, daß, trotz allen Hemmnissen, sein Geist doch eine geheime und stille Gewalt auf die Kunstgenossenschaft ausübte; nur bestimmte Resultate sind ihm nicht nachzuweisen.

In der Kunstgenossenschaft hatten Pauli und Karl Devrient sich in ersten Fächern bewährt. Tieck sagt von Pauli*): „Einsicht, Verstand und Darstellungsgabe seien mit unermüdlichem Fleiß und reger Aufmerksamkeit bei ihm verbunden. Ein zu scharfer Accent, eine zu große Deutlichkeit störe nur oft seine besten Darstellungen; auch trage er aus dem bedenklichen Fache der Intriguanten und Bösewichter, deren oft übertriebene Schilderungen er immer mit dem größten Beifalle darstelle, Blick und Ton und grelle Färbung in andere, bessere Rollen hinüber. Wenn er nur etwas leichter sein könne und in den Ausdruck seiner komischen Charaktere mehr Gutmüthigkeit legen, so

---

*) Kritische Schriften IV. B. 124. (Leipzig 1852.)

ließen viele seiner Lustspielrollen kaum noch etwas zu wünschen übrig." Hier hinzuzufügen ist, daß Pauli einen trockenen und finsteren Gesichtsausdruck und eine rauhe, wenig biegsame Stimme hatte, es fehlte seinem Wesen an Anmuth. Rollen wie Perin, Graziano u. s. w. spielte er daher zu seinem Nachtheile, dagegen war er vortrefflich als Burleigh, Ossip, Just u. s. w.

Von Karl Devrient sagt Tieck*): "Ist ein junger Schauspieler von der Natur selbst für die Tragödie bestimmt worden, so ist es ohne Zweifel dieser. Sein natürlicher Sprachton, seine Intonation, erinnern unmittelbar an die schönste Zeit des deutschen Trauerspiels. Auf dieser Basis kann, wenn die Imagination gebildet und der Fleiß nicht gescheut wird, das Edelste ausgeführt und vollendet werden, und die Hoffnung auf ein wahres deutsches Tragödienspiel liegt ganz nahe. Wer möchte läugnen, daß der junge Schauspieler seit seinem Aufenthalt in Dresden sein Talent entfaltet habe? An Beifall ihn zu ermuntern hat es gewiß nicht gefehlt, obgleich er im Anfang mehr Gegner als Freunde hatte. Doch müßte er ohne Zweifel schon viel weiter sein, hätte er selbst nur ebenso viel für sich gethan, als sein freundliches Geschick. Schwerlich wird man noch sonst wo in Deutschland diesen vollen, reinen Ton des bewegten Gemüthes vernehmen, der am schönsten und rührendsten ist, am edelsten und eindringlichsten, wenn

---

*) Ebendaselbst S. 115.

der Schauspieler nur wenig dazu thut, um ihn zu erheben und zu verstärken. Wie ist es zu bedauern, daß dieses erfreuliche Talent sich zu Zeiten vernachlässigt, daß das Gedächtniß versagt, und der leichtnehmende Künstler diese Mängel fast für Genialität zu halten scheint, auch nicht viele Rollen so durchführt, daß sie Haltung hätten. Dieser Mangel an Haltung veranlaßt ihn, sich zu überstürzen, einzelne Stellen zu übertreiben, und die ganze Tonleiter seines wohllautenden Organes vernehmen zu lassen, wo die Hälfte oder das Drittheil dieser Skala wirksamer und natürlicher sein würde. Glänzend und fast ohne diese gerügten Mängel zeigt sich Karl Devrient in „Don Carlos", eine Rolle, die er wohl am meisten als ein Ganzes faßt. Sehr vorzüglich ist sein Antonius im Cäsar, wenn er nicht, selbst in der trefflich gesprochenen Rede, etwas zu viel Intrigue andeutete. Sein Mortimer ist zu loben, aber sein Fürst in „Isidor und Olga" zu gewaltsam. Im Romeo ist die leidenschaftliche Scene mit dem Mönche trefflich, sein Max Piccolomini etwas zu unruhig. In Lustspielen, wenn der Schauspieler treuherzig sein will, ertönt zu stark der ganz accentlose Berliner Dialekt. Trefflich ist sein Spiel in: „Der Unschuldige muß viel leiden", wenn er auch Wolff's „Uhlen" nachahmt. Sein Ferdinand in „Kabale und Liebe" schön und keine seiner höchst dankbaren Rollen in der Tragödie ohne Werth. Aber er soll weit mehr werden, weil er es kann."

Becker von Darmstadt war von 1825—31 für die

sogenannten gesetzten Liebhaber und Helden gewonnen, der schon lange vorher in Frankfurt sich eines vortheilhaften Rufes erfreut. v. Zahlhas 1825—29 für Intriguants und Repräsentationsrollen (trefflich als Cassius). Ein neuer Komiker Meaubert 1828—35 gefiel. Julie Gley (später Frau Rettich) gab 1825 die ersten Proben ihres bedeutenden Talentes, das damals durch natürliche Innigkeit und Wärme entzückte. Noch mehrere namhafte Talente gehörten dem Personal auf ein oder einige Jahre an, mit untergeordneten Mitgliedern war das in großer Anzahl der Fall. Ein unausgesetzter Wechsel des Personals, — an Bühnen, bei denen die Künstler dauernd zu bleiben wünschen — zeugt stets für eine unsichere und schwankende Führung und von Geringschätzung des wichtigsten Momentes der Bühnenkunst: des einverstandenen und eingelebten Zusammenspiels.

So wies denn — trotz der dramaturgischen Capacität Tieck's — das Dresdener Hoftheater dieselbe Physiognomie, welche das Beispiel von Brühl's Intendanz allen übrigen gegeben.

Anders war es am Wiener Burgtheater, wo Schreyvogel's dramaturgische Thätigkeit glänzende Resultate lieferte. Als Graf Palfy's Vermögensumstände ihm die kostspielige Liebhaberei der Direction dreier Theater nicht länger zuließen — wurde 1817 das Hofburgtheater wieder auf Rechnung des Kaisers übernommen, der Obristkammerherr Graf von Wrbna zum obersten Director ernannt, der Hofrath von Füljod zum Director, Schreyvogel aber, in der bescheidenen Eigenschaft eines Theatersecretärs, behielt die Leitung der wesentlichen, der künstlerischen Angelegenheiten.

Im Jahre 1821 ging aus der beklagenswerthen Verpachtung des k. k. Operntheaters an den Impressario Barbaja — der den Wiener Geschmack durch eine auserlesene italienische Opern-Gesellschaft der deutschen Kunst abwendig zu machen verstand — für das Burgtheater der unschätzbare Vortheil einer endlichen vollständigen Consolidirung seiner bestimmten Kunstgattung hervor. Bisher hatten Schauspiel, Oper und Ballet auf dem Burgtheater abgewechselt. Während Graf Palfy's Pachtzeit hatten die Künstler des Burg- wie des Kärnthnerthortheaters sogar auch auf dem Theater a. d. Wieden gespielt und dadurch eine verwirrte Mischung der Gattungen, wie der Dienstpraxis verursacht, jetzt wurden nicht nur die Personale streng geschieden, auch die Bühnen wurden es und aller Apparat. Durch die eifersüchtigen Contractsbestimmungen des Opern-Impressario wurde dem Burgtheater jede Art von musikalischer Production, selbst die den Schauspielen eingewebten Lieder und Chöre auf der Bühne, untersagt*). Obschon diese Beschränkung sehr lästig, ja in vielfacher Beziehung eine empfindliche

---

*) Preziosa z. B. mit der Weber'schen Musik durfte nicht gegeben werden.

Hinderung werden mußte, da sie viele unserer dichterischen Meisterwerke eines schönen Schmucks beraubte, so war sie doch auch wiederum ein, in ihrer extremen Strenge erwünschtes Mittel, das erste Beispiel einer deutschen Bühne herzustellen, welche ganz auf die edleren Gattungen des Drama's angewiesen war, von der Tragödie bis zu jener Gattung von Possen, in denen Geist und Witz, nicht das blos Burleske den wesentlichen Inhalt ausmachen.

Zum ersten Male war es damit in Deutschland erreicht, eine Bühne ganz dem Kern der Dramatik — der Kunst: Menschen und menschliche Thaten und Schicksale dem Geiste und der Wahrheit nach darzustellen — angewiesen zu sehen. Studien, Uebungen und Vorbereitungen aller Art konnten unbeirrt und undurchkreuzt von dem Tumulte, welche Oper und Ballet in ihren Vorbereitungen mit sich führen, mit Sammlung und Ruhe ihren Gang nehmen. Die Talente waren nicht mehr zu den verschiedenartigsten, oft heterogensten Leistungen genöthigt, wie dies auf allen andern, selbst den bedeutendsten Bühnen geschah, wo heute eine große Rolle, morgen eine Opernpartie, dann ein Charakter auf dem höchsten Cothurn der Tragödie, gleich darauf die Karikatur einer Burleske von ein und demselben Künstler gefordert wurden, und worüber derselbe dann selten dazu gelangte, in irgend einer Gattung vollkommene Haltung, wahren künstlerischen Styl zu gewinnen.

Das Publikum wußte von nun an ganz bestimmt, was es von dieser Bühne, von diesen Künstlern zu erwarten hatte; daß es hier vorwaltendem Sinnenreize, dem durch die Musik gesteigerten Ausdrucke zu entsagen habe, daß es bloße Befriedigung der Schau= oder Lachlust hier nicht suchen dürfe, daß das Wort, der Gedanke hier die Herrschaft führe. Dies war nun eine Bühne, vor welche das Publikum wie vor einen poetischen Spiegel des Lebens treten konnte, und darum war auch, schneller als man es glauben mochte, die Stimmung der Zuschauer in diesem Theater eine völlig andre, als in allen übrigen. Es war eine gewisse Feier, eine Art von Andacht, welche die Leute hieher führte, sie zu einer gläubigen Bewunderung hinriß und darum auch den Schauspielern von der Burg eine unangezweifelte Autorität verschaffte. Hätten die, das geistige Leben Wien's bestimmenden Gewalten der dramatischen Poesie das ganze Gedankengebiet freigeben können, so würde das Burgtheater, in seiner vor allen andern deutschen Bühnen unvergleichlich günstigen Stellung, die kühnsten Hoffnungen der deutschen Nation haben erfüllen können.

Da nach Allem, was diese Bühne bis dahin geleistet, bei dem Werthe seiner Talente, dem richtigen Sinn und feinen Geschmack seines künstlerischen Leiters, durch diese Consolidirung seiner Gattung jedenfalls Glänzendes erwartet werden durfte, so war man denn auch in herkömmlicher Weise sogleich beflissen, die Gliederung der Behörde stattlicher und weitläufiger zu machen. Dem obersten Director Grafen Wrbna wurde Graf Dietrichstein als Director, diesem der Hofrath von Mosel als Vicedirector und diesem endlich Schreyvogel unterstellt, welcher die Dinge eigentlich lenkte. 1824 trat Graf v. Czernin an die Stelle des Grafen Wrbna; 1826 gab Graf Dietrichstein die seine auf, drei Jahre später vertauschte Hofrath v. Mosel die seinige mit der eines ersten Custos der Hofbibliothek, alles das veränderte an dem Zustande der Bühne Nichts, weil Schreyvogel auf seinem bescheidenen Posten blieb.

Von den, aus dem vorigen Jahrhundert überkommenen Talenten war Brockmann 1812 durch den Tod geschieden, Rose starb 1818, dagegen hielten Lange, Krüger, Koch bis in die zwanziger Jahre aus und das Publikum ertrug den Verfall ihrer Kräfte mit jener Pietät, die es vor allen Städten auszeichnet. Baumann und Klingemann wurden 1821 in Ruhestand versetzt, dagegen traten hinzu: 1817 Costenoble, der aus der Hamburger Schule den Ruf eines ausgezeichneten Künstlers in komischen und Charakterrollen mitbrachte, ferner an jugendlichen Talenten 1815 Töpffer für Chevalier's, 1816 Kettel als humoristischer Liebhaber bald beliebt, 1821 Anschütz für das Fach der Helden, 1822 Wilhelmi, meisterhaft in Biedermännern und derben Charakteren, 1824 der hoffnungsvolle Fichtner für jugendliche Liebhaber, 1826 Ludwig Löwe für jugendliche

Helden. Erwägt man, daß Künstler wie Ochsenheimer*), Heurteur, Korn, Koberwein daneben noch in voller Kraft standen, daß zu den Frauen Schröder, Weissenthurn, Löwe, Korn**), Koberwein im Jahre 1822 das schönste Talent liebenswürdig sanfter und inniger Weiblichkeit in Sophie Müller gewonnen wurde, für den eleganten Ton des Lustspiels Caroline Müller und Therese Peche 1830, so muß man dem Burgtheater einen Reichthum an ausgezeichneten Talenten zugestehen, wie kein anderes Theater sie besaß.

Das bürgerliche Drama und das Lustspiel bildeten fortdauernd den Grundstock des Repertoirs, jenes wurde von den Veteranen in musterhafter Naturtreue und inniger Lebenswärme erhalten, während die jüngeren Talente dem Conversations- oder Salonstück, wie es genannt wurde, eine ausgezeichnete Leichtigkeit und Eleganz, eine ausnehmende Freiheit und schlagende Präcision des Ausdrucks gaben, ohne die Bescheidenheit der Natur, die Anspruchslosigkeit des ächten Geschmacks im Mindesten zu verletzen. So wurde das Wiener Burgtheater, unter Schreyvogels Leitung, in seiner eigenthümlichen Gattung, dem Lustspiele und dem bürgerlichen Stücke, zu einem Muster anmuthigen, feinen Zusammenspieles, das selbst kein französisches Theater übertraf.

---

*) Er starb 1822.
**) Vortrefflich in naiven und heiteren Rollen.

Diese Kunstfertigkeit, an den Stücken von Schröder, Iffland und Kotzebue — welche länger als
irgendwo auf dem Repertoir erhalten und immer wieder
neu studirt wurden —, an denen von Ziegler, Fr. v.
Weissenthurn, Steigentesch, Schall, Con-
tessa und an den Uebersetzungen der besseren französischen
Autoren — gewachsen, verführte sogar Wiener Schriftsteller
wie Töpffer und Bauernfeld, Lustspiele zu schreiben,
die lediglich auf diese Fähigkeit der Darstellenden basirt
waren; aneinandergereihte Scenen, in denen die concer-
tirende Productionskraft der Darsteller sich herausforderte
und doch einander bequemte, Lustspiele, die aber dadurch
freilich zu bloßen Virtuosenstücken wurden.

Lebhafte Bemühungen wandte Schreyvogel daran, dem
Trauerspiel — das von jeher die schwache Seite des
Burgtheaters gewesen*) — mehr Raum auf dem Reper-
toir, vollkommenere Darstellung und größere Liebe im
Publikum zu verschaffen. Langsam, verspätet und mit
einer gewissen Scheu hatte das Burgtheater Goethe's und
Schiller's Werke, sowie die metrischen Uebersetzungen
Shakespeare's aufgenommen, und schnell wieder verschwin-
den lassen. So wenig nun auch Schreyvogel mit der
Richtung einverstanden war, welche Schiller und beson-
ders Goethe in einigen ihrer Gedichte eingeschlagen,
so sehr er es beklagte, daß diese größten deutschen Dichter

---

*) III. Band S. 317.

sich oft absichtlich von dem realen Boden der Bühne entfernt, dem unseligen Bücherdrama wieder durch ihr Genie eine Berechtigung gegeben und durch ihr Experimentiren die gesunde natur= und volksgemäße Entwicklung der Schauspielkunst verwirrt hatten*), so scharf er auch erkannte, welche Schwierigkeiten es für die Schauspielkunst habe, sich dieser idealen, oft abstrakten Werke vollständig bemächtigen zu können, so dringend und unerläßlich forderte er doch auch, daß um des hohen poetischen Werthes dieser Werke willen die Bühne keine Anstrengungen scheuen dürfe, sie sich zu eigen zu machen und mit nachhaltigem Eifer zu erhalten. Er ließ die vom Repertoir verschwundenen Gedichte von Lessing, Goethe und Schiller wieder einstudiren, er verschaffte durch seine Bearbeitung Calderon'schen und Shakespeare'schen Stücken Verständniß und Beifall des Wiener Publikums. Er brachte 1819 Lessing's Nathan, 1827 Shakespeare's Kaufmann von Venedig und Schiller's Wilhelm Tell neu heraus und war sorgfältig bemüht, diese bedeutendsten Werke gegen den fluthenden Andrang der neuen deutschen und französischen Erzeug-

---

*) Seine dramaturgischen Briefe enthalten hierüber und über das Verhältniß der Poesie zur Schauspielkunst überhaupt die werthvollsten und reifsten Ansichten, die jedem Theaterangehörigen dringend empfohlen sein müssen. Man findet sie in den gesammelten Schriften von Thomas und Karl August West (Braunschweig und Wien) 1829.

nisse auf dem Repertoir zu schützen. Er erklärte es für Pflicht der Directionen, „der allzuweit getriebenen Schaulust des Publikums und dem unmäßigen Hange zu Neuigkeiten entgegen zu wirken u. s. w."

„Auf klassische Werke", sagte er an einer Stelle, „muß das Theater einer Nation gegründet werden, wenn es seiner Bestimmung werth sein soll. Ohne ein bleibendes Repertoir solcher Stücke werden wir weder eine tragische noch eine komische Schaubühne, noch ein Publikum, das sie zu würdigen verstände, noch endlich darstellende Künstler dafür haben."

Schreyvogel hatte für diese Zwecke Talente gewonnen: wie Heurteur, der, von männlicher Energie, zuerst als Hugo in Müllner's Schuld glänzte. Sophie Schröder, damals auf dem Gipfel ihrer Meisterschaft, freilich auch auf ihrem Wendepunkt zur Manier, Anschütz, dessen ebenso herzgewinnender als gewaltiger Ton dem natürlichen Ausdrucke der Empfindungstiefe ebenso wie einer sehr wirksam berechneten Deklamation diente. Sophie Müller, dieses Musterbild schöner Weiblichkeit, die, von dem Silberklange der einnehmendsten Sprache unterstützt, ihre größten Triumphe in bescheidenen Rollen, wie Emilie Galotti, Olga, Desdemona feierte, durch den Zauber der Sanftmuth, Reinheit und stillen Hoheit des Weibes. Endlich Ludwig Löwe, dessen hinreißendes Feuer und unverwelkliche Frische meistens vergessen machte, daß er überall seine eigne, ganz im Theaterleben gebildete

Individualität ausspielte. Solche Talente schienen unläugbar fähig: der ernsten Muse eine allgemeine Beliebtheit zu verschaffen. Zum Theil aber war das Wiener
Publikum schlechterdings nicht geneigt, seine Vorliebe für
Darstellungen der Wirklichkeit, im Lustspiel und bürgerlichen Drama, gegen die ideale Welt der Tragödie aufzugeben, theils gelang es nicht, den Darstellungen derselben jene vollendete Uebereinstimmung zu geben, in welcher die anderen Gattungen glänzten, jene Uebereinstimmung, welche den unmittelbar gewinnenden Zauber auf
das Publikum ausübt, ohne daß es davon weiß. Die
aus Nord- und West-Deutschland hinzugetretenen Talente
hatten den Deklamationston mitgebracht, und wenngleich
er in so lebenswarmen Talenten wie Sophie Schröder,
Anschütz, Sophie Müller nicht die Monotonie und Kälte
seiner Weimar'schen Ursprungsstätte zeigte, ja der Deklamationston hier eine eigenthümliche Wiener Färbung er-
hielt*), so unterschied er sich doch von dem natürlichen,
oft prosaischen Tone, der am Burgtheater herrschte, so
merklich, daß ein übereinstimmender Vortrag, der Styl,
den die Verstragödie für ihre Ausdrucksfähigkeit erfordert, nur in längerer Zeitdauer, oder durch den meistern-
den Einfluß eines Künstlers — wie Iffland ihn in Berlin
ausgeübt — herbeizuführen gewesen wäre.

Schreyvogel's Einsicht, Geschmack und poetischer

---

*) Ausführlich davon im V. Kap.

Sinn hätten hier durch die praktische Vermittelung eines Schauspieltalentes, eines ganz mit ihm einverstandenen Regisseurs, unterstützt sein müssen*), diesem Hülfsmittel war aber die, in Analogie mit dem alten Josephinischen Ausschusse, bestehende Einrichtung der Regie entgegen**). Eine einheitliche Wirkung war von ihr nicht zu hoffen. Fünf Regisseure wechselten noch immer monatlich in der Amtsführung ab. Natürlich war ihre Ueberzeugung von dem Styl des höheren Drama's nicht die gleiche und in jedem Monate kam eine andere zur praktischen Leitung. Was an Harmonie der Darstellung an einem Stücke erreicht war, wurde bald, da es aus einer Regie in die andere ging, bei Besetzungsveränderungen, Wiederholungsstudien u. s. w. in guter oder böser Absicht wieder aufgehoben.

In Schreyvogel allein wohnte der einheitliche und individuelle Geist des Burgtheaters, und ihm fehlte, wo es am nothwendigsten war, die Fähigkeit zu unmittelbar praktischer Einwirkung.

Er durfte von seinem blos geistigen Einflusse mit der Zeit die Verständigung seines ausgezeichneten Personals über den Styl der Tragödie hoffen, leider aber verließ Sophie Schröder, in einer ihrer leidenschaftlichen Verirrungen, 1827 Wien, die unvergleichliche Sophie

---
*) Holtei sagt treffend: daß es bei der künstlerischen Leitung in vielen Dingen zuletzt auf's Vormachen ankomme.
**) S. II. Band S. 401.

Müller kränkelte lange und starb 1830, Julie Gley (später Frau Rettich) trat für sie ein, aber neue Verständigung sollte dem unermüdlichen Schreyvogel durch die Natur der Hofchargenverwaltung erspart werden.

Lange genug hatte der Respect vor seiner anerkannten Capacität, vor der unläugbaren vortheilhaften Wirkung seiner Amtsführung, ihn auf seinem Posten erhalten. Er war ein fähiger Mann und verhehlte nicht, daß er sich dessen bewußt sei, persona grata konnte er also um so weniger sein, als er sich oft in durchfahrenden Aeußerungen vergaß. Man hatte, nachdem er unter Palfy die Geschäfte fast allein geleitet, Directoren aller Art über ihn gesetzt, er war dennoch immer die Hauptperson in der Direction geblieben, und nach und nach waren all diese Chargen wieder vor ihrer eignen Unnöthigkeit verschwunden. Nun aber stand Schreyvogel in unmittelbarem Rapporte mit dem obersten Director Graf v. Czernin, der unglücklicherweise, der herrschend gewordenen Neigung der Hofintendanten zufolge, sich ebenfalls für berufen hielt, in die künstlerischen Angelegenheiten einzugreifen. Die Conflikte, welche daraus hervorgingen, wuchsen mit jedem Tage. Schreyvogel war wenig geneigt, seine Einsicht und Erfahrung dem bloßen Range des Obristkämmerers unterzuordnen, im Gegentheile behauptete er sie oft mit einer rücksichtslosen Heftigkeit. Was das Ende solchen Verhältnisses sein mußte, war leicht vorauszusehen. Als Schreyvogel sich eines Theaterabends so weit hatte hinreißen lassen, vor dienstfertigen Zeugen den Grafen Czernin mit einem Ausdrucke zu bezeichnen, der dessen Verstand in den stärksten Zweifel stellte, so fand er am nächsten Vormittage, als er auf das Theaterbureau gehen wollte, vor der Thür den Canzleidiener, der ihm sein Pensionsdecret einhändigte, zugleich aber auch verwehrte, das Bureau wieder zu betreten. Selbst den am vorigen Tage dort vergessenen Regenschirm durfte er sich nicht selbst herausholen. So scheiterte im Jahre 1832 Schreyvogel's achtzehnjährige Leitung, der das Wiener Burgtheater seine Bedeutung zu danken hatte, an der Suprematie der Hofchargen, der allgemeinen Ursache des allgemeinen Kunstverfalls.

Er selbst überlebte diese Kränkung nur vier Monate; die Aufregung, die sie ihm erzeugte, die rücksichtslose Hintansetzung der nöthigen Gesundheitsregel beim Auftreten der Cholera in Wien, machte ihn zu einem der ersten Opfer dieser Seuche.

Schreyvogel's dramaturgische Wirksamkeit hat Alles geleistet, was von einer solchen gefordert und erwartet werden kann und ist durchaus als musterhaft zu betrachten; schon darum, weil er, das Wesen der Dramatik richtig erkennend, die Förderung der Schauspielkunst als seinen vornehmsten Zweck betrachtete, die Literatur nur als ein Mittel zu diesem Zweck; wohl wissend, daß im Erfolge dann die Schauspielkunst wieder der Förderung der Literatur diene. Er zeichnete sich hierin von allen Literaten-Directoren aus, daß ihm nicht darum zu thun war, eine

Reihe merkwürdiger Experimente mit Aufführung von Gedichten, die man noch nicht gewagt, zu machen, ihm war die Harmonie der Spielweise, das Wachsthum und die Entfaltung der schauspielerischen Talente, und damit das Gedeihen des Theaters auf die Dauer, seine wichtigste Aufgabe. Mit großem Takte leitete er dafür die Zusammensetzung des Kunstpersonals und die Beschäftigung der einzelnen Talente, er bot ihnen solche dichterische Stoffe und in so geschickter Einrichtung, daß sie sich derselben zu bemächtigen und daran zu wachsen im Stande waren.

Die dramaturgische Leitung konnte in den meisten Fällen hier ausreichen, weil das Burgtheater, dem so ziemlich die Wahl unter den ausgebildeten Talenten Deutschlands freistand, sich mit dem Heranbilden von Anfängern nicht zu beschäftigen brauchte.

Für die Hebung des Repertoires hat er auf diesem Wege wie keiner seiner Vorgänger gewirkt. Dem Wiener Geschmack wußte er nachzugeben, indem er ihn erhob, den Censurbedingungen sich zu fügen und doch mit dichterischer Gewandtheit die wichtigen Momente des Drama's zu retten. Wir haben gesehen, daß er das Lustspiel aus der bürgerlichen Sphäre bis zu der vollendeten Grazie der Darstellung der Donna Diana zu verfeinern verstanden, dazu wehrte er den nichtigen und flachen Tageserzeugnissen, die vor ihm in Fülle auf dem Repertoir waren, den Zugang und hielt die Fluth der Uebersetzungen aus dem Französischen zurück. Der neuromantischen Richtung, welcher Müllner die Bühne eroberte und die in Grillparzer einen reichbegabten Vertreter fand, widersetzte er sich mit Ernst und Spott, bis die Sympathie des Publikums ihn überzeugte, daß diese Productionen ein unausweichbares Resultat der Zeitstimmung waren. So im richtigen Maaß der Strenge wie der Nachgiebigkeit gegen das Publikum, brachte er das Burgtheater auf seinen Höhepunkt. Es kam ihm dabei allerdings zu Statten, daß während seiner Leitung diese Bühne ihre abgeschlossene Stellung gewann, aber er hat diesen Moment trefflich benutzt und aus der Bühne gemacht, was irgend die österreichischen Verhältnisse und der Bildungs- und Geschmackszustand seines Publikums zuließ.

Eine andere dramaturgische Wirksamkeit ist werth, nach der Schreyvogel's genannt zu werden, es ist die von August Klingemann in Braunschweig. Seine Leitung der Walther'schen Gesellschaft*) hatte so großes Vertrauen erworben, daß 1818 eine Actiengesellschaft von den angesehensten Personen zusammentrat und ein stehendes Nationaltheater unter Klingemann's Direction errichtete, dem der Hof Schauspielhaus und Kapelle freigab und eine Subvention von jährlich 4000 Thlrn. gewährte. Das Comité der Actionäre, größtentheils aus Kaufleuten bestehend, war verständig genug, sich nur auf ökonomische Beaufsichtigung zu beschränken und Klinge-

---

*) III. Band S. 332.

Die Verhältnisse der andern Hoftheater. 95

mann die unbedingteste Leitung der künstlerischen Angelegenheiten zu überlassen. Ihr verdankte Braunschweig seine beste Theaterperiode.

Unter den Künstlern, welche Klingemann um sich sammelte, zeichnete sich Haake in reifen Liebhaberrollen und Gedankenhelden aus — in diesem Fache, das die deutsche Schauspielkunst mit Vorliebe ausgebildet hat, wohin Posa, Tasso, Hamlet, der standhafte Prinz u. s. w. gehören. Ein Künstler von gewissenhaft ernster Richtung, wenn schon in seiner Deklamation manierirt, der in seiner Regieführung Klingemann's Intentionen mit Einsicht und Praxis vermittelte. Meck im Charakterfache, Gerber im heitren, Günther als Komiker beliebt. Marr entwickelte frühzeitig ein vorragendes charakteristisches Talent, Klingemann's Frau bekleidete das tragische Fach, Frau Schmidt mit frischem Humor das der Soubretten.

Der Ruf von Klingemann's Einsicht und sorgsamem Eifer, von der trefflichen künstlerischen Disciplin, welche er erhielt, zog strebsame junge Talente zu ihm. So übergab Ludwig Devrient seine beiden Neffen Karl und Emil, wie seine einzige Tochter ihm zur Leitung ihrer ersten Schritte auf der Bühne.

Dies dauerte bis zum Regierungsantritte des jungen Herzogs Karl 1826, der die Braunschweiger Nationalbühne zum Hoftheater machte. Nun wurde der Oberstallmeister des Herzogs, Herr von Oeynhausen, zum

Intendanten ernannt, und der achtzehnjährige Fürst griff persönlich in die Leitung der theatralischen Angelegenheiten ein, besuchte sogar die Proben und corrigirte gelegentlich Klingemann's Anordnungen nach seinem höchsten Ermessen.

Was aus solchen Zuständen hervorgehen mußte, ließ nicht lange auf sich warten. Achtungswerthe Talente verließen die Bühne, das Favoritenwesen verwirrte das Personal. Klingemann sah sein Wirken paralysirt.

Merkwürdig ist es, daß die Unterhaltung, welche der junge Herzog sich mit den Theaterangelegenheiten machte, die Neckereien, welche er mit Klingemann zu treiben liebte, zum Anlaß wurden, daß Goethe's Faust auf die deutsche Bühne kam. Bei Gelegenheit der Aufführung von Klingemann's Faust hatte der Herzog ihn geneckt: warum er den von Goethe nicht aufführen lasse, er fürchte doch wohl den seinigen dadurch verdunkelt zu sehen? Klingemann erwiederte, daß er sein Gedicht nicht im Entferntesten dem Goethe'schen vergleiche, daß dieses aber nicht für die Bühne gedacht, also nicht wohl aufzuführen sei. Der Herzog ermüdete nicht, versicherte ihm beim Nächsten: er habe sich das Stück darauf angesehen, es sei ganz gut aufzuführen, sei in Scenen abgetheilt und die Personen sprächen mit einander wie in allen andern Stücken. Klingemann endlich, der unaufhörlichen Neckereien überdrüssig, die bald von den Umgebungen des Herzogs getheilt wurden, richtete das Gedicht für die

Die Verhältnisse der andern Hoftheater. 97

Darstellung ein, wie es eben ging und führte es am 18. Jan. 1829 auf.

Begreiflich ist es, daß Klingemann unter solchen Verhältnissen der Führung des Institutes, das er geschaffen und mit Liebe und Eifer gepflegt, ebenso müde wurde, als der junge Herzog wünschte, sich des lästigen ernsten Directors zu entledigen. Seine Versetzung zum Collegium Carolinum als Professor war verfügt, als die politischen Bewegungen den Regierungswechsel herbeiführten. Herzog Wilhelm erhielt Klingemann beim Theater und ernannte ihn zum Generaldirector, in welcher Stellung er 1831 starb.

Das Theater in Hannover erhielt 1816 den Titel eines Königlichen, verschiedene Unterstützungen vom Hofe, dagegen aber auch ein Theater-Comité, aus mehreren Hofchargen zusammengesetzt. Da indessen der Principal der Gesellschaft Pichler ökonomischer Director blieb, Franz von Holbein — der sich mit Frau Renner nach seiner zweijährigen Gastspielreise hier fixirt hatte und das Fach der reiferen Helden bekleidete — als Oberregisseur — eine Eigenschaft, welche jetzt erst aufkam — die künstlerischen Angelegenheiten lenkte, so gingen sie gut.

Das Personal zählte einige treffliche Talente, wie die der Frau Renner und des merkwürdigen Charakteristikers Leo, dessen melancholische, unstäte Gemüthsart leider die Kunst um einen Meister gebracht, der auf einen Kreis, dem er dauernd angehört, hätte wirken können*).

1819 aber übernahm eine Actiengesellschaft Pichler's Inventarium. Holbein**), Frau Renner und andre wichtige Talente verließen Hannover, das Theater verfiel, bis H o l b e i n — der indeß aus der Reihe der Schauspieler getreten war — 1825 als Director zurückberufen und mit unbedingter Vollmacht in allen künstlerischen Angelegenheiten bekleidet wurde. Nun wurden alle natürlichen Vortheile einer kunstverständigen, sachkundigen Leitung, Ordnung und Pünktlichkeit, angemessene Ausstattung bei geringem Aufwande, eine richtige Stellung und Verwendung der Talente zu übereinstimmenden Wirkungen dem hannöver'schen Theater zu Theil, das hier in seine künstlerisch bedeutendste Periode trat.

In dem Personale dieser Jahre war die merkwürdigste Erscheinung der Charakterspieler P a u l m a n n, der dem Danziger, Königsberger und Petersburger Theater angehört hatte, seit 1822 wieder in Deutschland bei verschiedenen rheinischen, dann dem Kasseler Theater war und endlich in Hannover einige Stätigkeit gewann. Schauspieler mit jedem Gedanken und jeder Regung, vollendete sich sein Leben auch mit einem jähen Tode auf der

———

*) Er erschoß sich zuletzt auf Wieland's Grabe.
**) Sie gingen nach Prag, wo Holbein bald Director wurde, Frau Renner starb.

Bühne. Er wurde 1831 während einer Probe, in Folge eines heftigen Verdrusses, den ihm seine Kunstgenossen, mit denen er nie gut stand, bereitet, vom Schlage getroffen.

Paulmann gehörte der Gattung von Künstlern an, wie sie die neuere Zeit erzeugt hat, die sich in ihrem Eifer nur durch die streng errungenen und peinlich berechneten Studien genügen können. Die musterhafteste Gewissenhaftigkeit, der unermüdliche Fleiß und die Begeisterung für die Kunst, welche allein solche Aufopferung hervorbringen können, bleiben des größten Lobes werth, während es immerhin bedauert werden muß, daß die Darstellung selbst, unter der Last ihrer Vorstudien, an freier und unmittelbarer Lebendigkeit allzuviel verliert. Paulmann rühmte sich: an der Rolle des Lear acht volle Jahre studirt zu haben, bevor er sie gespielt u. s. w. An historische Rollen wandte er das ausgedehnteste Quellenstudium, wobei dann die Sucht begreiflich wurde: Züge von individuellen Seltsamkeiten, die er aufgefunden, in seinem Spiele anzubringen. So nahm er z. B. keinen Anstand, in der Rolle Karl's XII. (in Bender) die rohe Manier dieses Helden nachzuahmen und dem türkischen Gesandten, bevor er ihm, wie vorgeschrieben, verächtlich den Rücken wandte, die Zunge weit herauszurecken.

Diese Richtung auf ein arbeitsvolles Ringen in Bewältigung des künstlerischen Stoffes, diese peinvolle Emsigkeit im Zusammentragen der oft übelverstandenen Naturstudien, die Lemm und Paulmann auszeichneten, decken die ganze Verwandlung auf, welche in dieser Periode mit der künstlerischen Schöpfung (vielleicht in allen Künsten) vorging, indem die Intuition von der Verstandesreflexion, als vorwiegendem Factor, abgelöst wurde. In keinem Künstler dieser Periode äußerte diese Richtung sich aber so fruchtbringend, brachte so erstaunliche Wirkungen hervor, als in Karl Seydelmann, der deßhalb, der ganzen bisherigen Kunstentwicklung gegenüber, als die merkwürdigste Persönlichkeit hervortritt.

Sein Talent machte sich zuerst in seiner Bedeutung von 1822 bis 1828 am Kasseler Hoftheater geltend.

Seydelmann war der Sohn eines Materialhändlers und Kaffeewirthes in Glatz; 1793 geboren. Schon frühzeitig hatte er seinem ausgesprochenen Hange für die Bühne bei Gesellschaftskomödien, wie auf dem Liebhabertheater der Officiere, die ihn an seines Vaters Billard kennen lernten, genug gethan. Im Jahre 1810 hatte er die militärische Laufbahn bei der preußischen Artillerie eingeschlagen, aber im Ueberdrusse an derselben im nächsten Jahre schon seinen Abschied gefordert, und war, da ihm dieser verweigert worden, mit Hülfe falscher Pässe und geschickt nachgeahmter Unterschrift seines Majors, desertirt. Anfangs hatte er die unpatriotische Absicht, nach Frankreich zu gehen, wurde aber genöthigt, sich nach der österreichischen Grenze zu wenden, wo er in Troppau bei einem, ihm von Glatz her bekannten Schauspieler

Schmidt sich aufhielt und nahe daran war, hier schon Schauspieler zu werden. Zu seiner Pflicht zurückgekehrt, war er während der Feldzüge, seiner überaus schönen Handschrift wegen, ausschließlich im Bureau beschäftigt worden*), hatte 1815 seinen Abschied genommen, im Sommer dieses Jahres durch Holtei Gelegenheit gefunden, auf dem Schloßtheater des Grafen Herberstein in Grafenort sein Talent zu üben, und war demzufolge im Herbste bei dem Breslauer Stadttheater mit einem Wochengehalte von zehn Thalern angestellt worden.

Da er als Ersatzmann für den nach Wien abgegangenen jungen Schauspieler Kettel eintrat, so mußte er vornehmlich Liebhaberrollen spielen, in denen seine unvortheilhafte Begabung ihm sehr nachtheilig wurde. Seine Gestalt war von mittler Größe, regelmäßig, bis auf etwas eingebogene Beine, seine Gesichtszüge hatten nichts Auffallendes, aber auch nichts Anziehendes, das Haar war röthlich, der Blick des blauen Auges oft von großer Energie, aber kalt und hinterhältig. Es mangelte seiner ganzen Erscheinung natürliche Anmuth und Wohlgefälligkeit. Am übelsten war er mit dem Wichtigsten, der Sprache, daran. Seine dicke und lange Zunge machte die Rede unverständlich, unbehülflich und zischend, dazu

---

*) Der active Dienst war ihm so fremd geblieben, daß, wie er sehr komisch erzählte, er bei einer Inspection nicht verstanden habe, eine Kanone abzufeuern.

war seine Stimme rauh und stumpf, von wenig Umfang, spröde, ohne Weichheit und Uebergänge, glitt auch in leidenschaftlichem Ausdruck leicht zu gewissen pfeifenden Lauten aus, die an das Wuthstöhnen wilder Thiere erinnerte.

Was war natürlicher, als daß eine Persönlichkeit, die so entschieden zur Darstellung scharf markirter schroffer und furchtbarer Charaktere von der Natur bestimmt war, sich in Liebhaberrollen im allerungünstigsten Lichte zeigen mußte; daß daher selbst Karl Schall nur in einzelnen Versuchen im Fache der Dümmlinge und Gecken Spuren künstlerischen Berufes bei ihm fand, der Director Prof. Rhode dagegen gänzlich daran verzweifelte und, schon um seiner Sprachmängel willen, Seydelmann vom Verfolgen der theatralischen Laufbahn abmahnte. Dieser aber hatte eine so starke Neigung für das Theater, eine so tiefe Ueberzeugung von seiner Fähigkeit und eine so hartnäckige Willenskraft, daß er im tiefsten Schmerze seiner Lage dennoch nicht wankte, und als nach einer abermals mißlungenen Rolle ihm von mehreren Altersgenossen der Rath wiederholt wurde: die Bühne zu verlassen, rief er, vor Schmerz und Grimm in Thränen ausbrechend und zähneknirschend mit dem Fuße stampfend aus: „und Ihr sollt sehen, ich werde doch noch ein Schauspieler."

Er hat Wort gehalten; dieser Moment aber giebt

gewissermaßen den Schlüssel zu Seydelmann's ganzem
Entwicklungsgange.

Seine nächste Arbeit war gegen die Mängel seiner
Sprache gerichtet. Er übte, flache Steine auf der
Zunge, „mit unsäglicher Mühe, in heißem Trotz", wie
er seinem Sohne später erzählte*). „Was Demosthenes
(ein Mensch —!) gekonnt hatte, mußte ich auch können!"
So gelang es ihm wenigstens, Deutlichkeit zu gewinnen.
Indessen erkannte er zu wohl, daß seine Breslauer Stel=
lung ihm keine freie Entwicklung verschaffen konnte, wie
sein Ehrgeiz es forderte, er nahm daher im März 1819
eine Anstellung am Theater zu Grätz in Steyermark an,
welche ihm sein alter Gönner Graf Herberstein bei den
dortigen dirigirenden Cavalieren, dem Grafen Thurn und
dem Baron Born, ausgewirkt hatte. Hier fand er freie=
ren Raum, seine Kräfte zu regen. Die künstlerische Ein=
sicht, die ihn vor den meisten seiner Kunstgenossen aus=
zeichnete, seine früh entwickelte Geschicklichkeit die Men=
schen zu behandeln und für seine Zwecke zu nützen, ver=
schaffte ihm schnell das Vertrauen der dirigirenden Cava=
liere und damit das Amt der Schauspielregie. Sein lei=
denschaftlicher Ehrgeiz, der brennende Trieb, sich auszu=
zeichnen und Andere zu überragen, ließen ihn dies Ver=
trauen durch einen so ungestümen Eifer, einen so ange=

---

*) Seydelmann's Leben und Wirken von Rötscher. Berlin
1845.

strengten Fleiß rechtfertigen, daß seine Gesundheit dadurch den ersten Stoß erhielt. Er übte sich hier vielfach in komischen Rollen, in denen er den Mangel der natürlichen komischen Kraft durch charakteristische Naturnachahmung zu ersetzen strebte. Nach Verlauf seines ersten Contraktjahres fallirten die Cavaliere, die Direction gerieth in die Hände eines Fiakers und eines Drechslermeisters, worauf denn Seydelmann seinen Stab auf gut Glück weiter setzte.

In Wien gelangte er nur dazu, dem Grafen Palfy und seinen Regisseuren den jungen Ehemann in Kotzebue's „Häuslichen Zwist" im Zimmer vorzuspielen, in Preßburg, einige Gastrollen zu geben, immer noch im Fache der Liebhaber und jungen Helden: Graf von Burgund u. s. w. Seine geschmolzene Reisekasse nöthigte ihn darauf, in Olmütz eine Anstellung anzunehmen, welche ihn die sittliche und künstlerische Erniedrigung bei kleinen Comödiantentruppen so gründlich kennen lehrte, daß er schon nach wenigen Monaten verzweiflungsvoll Franz von Holbein, der damals dem ständischen Theater in Prag vorstand, um Errettung anrief. Sie wurde ihm im August 1820, und damit seiner ganzen Laufbahn die entscheidende Wendung. Holbein erkannte die Eigenthümlichkeit von Seydelmann's Talent, lehrte sie ihn selbst erkennen, leitete die Erweiterung seines Rollenkreises im Charakterfache in so fruchtbringender Weise, daß es Seydelmann's, selbst durch Krankheit nicht zu lähmenden Anstrengungen gelang, sich binnen kaum zwei Jahren schon für die Uebernahme der ersten Fächer zu befähigen, eine Stellung, welche der durch Prag reisende Director des Kasseler Hoftheaters ihm antrug.

Holbein, der sich seiner wahrhaft väterlich angenommen, unaufgefordert seinen Gehalt zweimal erhöht hatte, trieb ihn selbst, jenen Ruf anzunehmen, weil er ihm eine lebenslängliche Versorgung verhieß, die des Künstlers gestörte Gesundheit dringend wünschenswerth machte.

In Kassel hatte sich das Theater nach der französischen Zwischenherrschaft 1814 wieder organisirt, vorläufig jedoch nur als eine Privatunternehmung des Kapellmeisters Guhr, 1815 des Regisseurs Feige. Erst 1819 war es auf kurfürstliche Rechnung, unter Intendantur des Geheimraths von Apell, übernommen, beim Regierungswechsel 1821 unter General=Intendanz des Ober=Polizeidirectors Manger neu und glänzender organisirt. Ludwig Spohr als Dirigent der Oper gewonnen worden, während verständiger Weise die eigentliche Direction dem Regisseur Feige überlassen blieb.

Dieser führte das Institut — allerdings ohne künstlerischen Geist, sondern je länger je mehr mit starrem Beamtenformalismus, dennoch mit Geschicklichkeit, Sachkenntniß und Sparsamkeit, erhielt die Theaterpraxis in pedantischer Ordnung und wußte ausgezeichnete Talente — zum Theil die ersten ihres Faches in Deutschland —

zu gewinnen *) — zu Anfang dieser Periode: Leo, Karoline Lindner, Ferdinand Löwe und Rhode, späterhin Gaßmann, Gerber, Paulmann, Ludwig Löwe, dann Seydelmann. Bis 1831, wo die politische Bewegung das Theater erschütterte, stand dasselbe daher in großer Achtung.

Hier nun erlangte Seydelmann's Kunst ihre ausgesprochene Eigenthümlichkeit. Sie ging aus seiner individuellen Begabung und, genauer als bei irgend einem andern Künstler, aus den Eigenheiten seines Charakters, aus seinem starken und erbitterten Ringen mit dem Strome der Theaterwelt hervor.

Mitglied eines Hoftheaters geworden, hatte er nunmehr die Staffel der verschiedenen deutschen Kunstanstalten durchlaufen und ihr Zustand hatte ihm herzliche Verachtung eingeflößt. Daß dem Schauspieler Nichts als der Egoismus übrig gelassen sei, daß in diesem Wirrsal, dieser Zerstörung des gemeinsamen großen Interesses, jeder nur für sich zu sorgen habe, dies hatte seinem selbstsüchtigen Ehrgeiz nur allzu schnell eingeleuchtet. Dazu fühlte er sich in seiner persönlichen Stellung von rücksichtsloser Starrheit feindselig berührt, die geistige Oede und dürre Kälte des Lebens in Kassel, seine besorgniß-

---

*) Er selbst spielte komische Rollen, Dümmlinge u. s. w., seine Frau tragische Liebhaberinnen, dann Heldinnen und Mütter.

Die Verhältnisse der andern Hoftheater. 107

erweckende Kränklichkeit*), alles das scheuchte ihn nur immer mehr in sich selbst zurück, nährte seinen Hang, sich zu isoliren, gab ihm die Berechtigung, oder doch den Schein davon: allein auf sich zu stehen, für sich allein zu wirken und zu gelten.

Wenn die Ausübung der Schauspielkunst sonst darauf ausgeht — oder doch darauf ausgehen sollte — alle einzelnen Rollen aus dem Verständniß mit den Mitspielern zu gestalten und das Studium so früh als möglich an der Totalwirkung zu prüfen, wenn deshalb die Pariser Theaterpraxis — in ächt schauspielerischem Geiste — das Studium der Rollen sogleich mit Ensembleproben, die Rollen in der Hand, beginnt, damit kein Einzelner sich vom Totalverständniß entfernen könne; wenn Künstler, wie Ludwig Devrient, das Bedürfniß hatten, in unausgesetzter Mittheilung mit Andern ihre Rollen zu studiren — so zog Seydelmann dagegen sich in grüblerische Einsamkeit zurück. Ja, er gestand, daß seine Rollen ihm nur so lange lieb seien, als er sie so in Einsamkeit gestalte; der Contact mit seinen Mitspielern auf der ersten

---

*) Die frühe Anwendung starker geistiger Getränke während der Theatervorstellungen hatte großen Antheil daran und solchen bis zu seiner Todeskrankheit behalten. Es war nicht der gewöhnliche Hang zum Trunke, der ihn dazu verleitete — denn er trank zu keiner andern Zeit —, sondern nur das ehrgeizige Verlangen, all seine Nerven für seine Production aufs Höchste anzuregen.

Probe — der für andere Schauspieler so erweckend und belebend wirkt — sei ihm schon Verletzung und Zerstörung seines Kunstwerkes.

Wenn andere Meister darnach getrachtet hatten, ihr eignes Selbst an die Charaktere, welche sie darstellten, gänzlich aufzugeben, so mußte Seydelmann seine Rollen sich förmlich zum subjectiven Eigenthum zu machen, um die ganze Energie seiner Persönlichkeit darin zur Geltung bringen zu können. Er begann dies Verfahren schon mit einem mechanischen Mittel, er schrieb sich alle seine Rollen — auch die kleinste — mit seiner schönen Handschrift auf das Sauberste ab. Er konnte fremde Handschrift nicht memoriren, schon hierbei mußte er sich selbst wiederfinden und besitzen. Das Memoriren wurde ihm sehr sauer, er producirte überhaupt mühsam — wie denn Nichts im Leben ihm leicht geworden ist —, darum hielt er auch alle Erfindungen seiner Studien ängstlich fest und bedeckte mit den Notizen von den Details seines Spieles die Ränder seiner Rollen.

Dies scheint dem Verfahren Lemm's ganz ähnlich und war doch sehr verschieden davon. Lemm trachtete in seinen schriftlichen Auseinandersetzungen sich über die organische Entwicklung seines Spieles, über dessen Treue gegen die Natur und den Dichter, gewissenhafte Rechenschaft abzulegen, er wollte bei der Darstellung sich vom Augenblicke keinen Effect eingeben lassen, der nicht aus der Natur und Nothwendigkeit der Sache nachweislich hervorging; diesem Princip der alten Schule stand dasjenige Seydelmann's schnurstracks entgegen. Seine ausgesprochene Absicht war: „jede Rolle zur größtmöglichen Wirksamkeit zu bringen." Darum trug er bei seinen Studien wirksame Momente wie Waffen in das Arsenal seiner Rollen zusammen, Waffen, mit denen er siegen wollte, die er mit erfinderischem Scharfsinn auf der consequent geschlossenen Schlachtlinie seiner Darstellung vertheilte und, mit kluger Berechnung der Stärke und der Schwächen des Publikums, gegen dasselbe wandte, um es sich zu unterwerfen. Wenn er in der Schöpfung seiner Rollen an der Intention der Dichter vorbei ging und in der, auf Uebereinstimmung berechneten Bewegung der Gesammtdarstellung eine eigenwillige Kometenbahn verfolgte, so durfte ihn das nicht kümmern.

Seine Rolle zur größtmöglichen Wirksamkeit, seine Persönlichkeit, die Ueberlegenheit seines Geistes zur Anerkennung zu bringen, seine Kunstgenossen um jeden Preis zu übertragen, das Gebiet des Lebens, das er betreten hatte, sich zu unterwerfen, dahin drängte jeder Tropfen seines Blutes, spannte sich jede Faser seines Organismus. „Das Theater ist ein Schlachtfeld" sagte er in einem seiner Briefe, „auf dem man siegen oder sterben muß. Wer meinem Erfolge darauf im Wege steht, ist mein Feind, der zu Boden muß." Sein persönlicher Sieg also war ihm Kunstzweck. Er hat schon in dieser Periode sehr schön und treffend über die Nothwendigkeit der Treue gegen den Dichter geschrieben, aber nur geschrieben, geübt hat er sie nur da, wo sie ihm persönliche Vortheile, und die Mittel bot: seine Rolle zur größtmöglichen Wirksamkeit zu bringen *).

Sein Rollenfach wies ihn auf das Studium der wirklichen menschlichen Natur und ihrer charakteristischen Eigenheiten, er spürte ihnen nach mit unablässiger Sorgfalt und Spannung; aber die Bescheidenheit der Natur, die Shakespeare vor Allem dem Schauspieler empfiehlt, war es nicht, die ihn dabei leitete. Für seinen Zweck brauchte er Züge, die dem übersättigten und abgestumpften Publikum noch eine Sensation machen konnten. Das Frappante, Pikante, Ueberraschende, das noch nicht Dagewesene war es, worauf er ausgehen mußte. Aber er bildete diese frappanten Gestalten mit so reichen und übereinstimmenden Details, mit so überzeugender Folgerichtigkeit aus, daß ihre unleugbare Individualität in die Augen sprang. Wir erkennen in seiner Richtung die des entschiedensten Realismus, im Gegensatze zu dem Rückstand des Idealismus dieser Periode. Auch der Vortrag, nicht nur die Conception seiner Kunst, war dem verderbten Zeitgeschmacke angepaßt. Er lieferte Portraits, aber mit breiten, derben, fernwirkenden Pinselstrichen, sein Spiel war ausgeführt wie Miniaturbilder, aber mit grellen blendenden Farben.

*) Z. B. wie in Bezug auf die Rolle des alten Dallner, s. Rötscher: Seydelmann's Leben. S. 256.

Seydelmann war kein Idealist, der sein Leben an eine begeisterte Ueberzeugung gesetzt hätte, auf die Gefahr, daran zu scheitern und sich bedauern oder verlachen zu lassen, — er war ein Genie der Realität, er nahm die Theaterwelt, wie er sie vorfand; und wie er sie auch schalt und verachtete, er benutzte sie doch geschickt für seinen Zweck. Er wußte, daß, wer die Welt beherrschen will, sie nicht muß bessern wollen.

Die Verkehrtheit der Theaterorganisation, die Auflösung des künstlerischen Ensembles, die übergroßen Schauspielhäuser, der ebenso erschlaffte als überreizte Zustand des Publikums, der Verfall der dramatischen Dichtkunst, der Einfluß der Journalistik, alles das mußte entsprechende Elemente in seinem Verfahren finden, und bewußter und wirksamer, als das bei andern Schauspielern der Fall war.

So waren nicht zehn Jahre vergangen, und er hatte den Zweiflern an seiner Fähigkeit schon bewiesen: daß er doch ein Schauspieler geworden war, einer, den man schon in ganz Deutschland einen der interessantesten und merkwürdigsten Künstler nannte und der es für die Kunstgeschichte immer bleiben wird, weil mit ihm die Schauspielkunst die entschiedene realistische Richtung mit Bewußtsein einschlägt.

Seydelmann fühlte jetzt die Nothwendigkeit eines weiteren Wirkungskreises um so dringender, je verhaßter ihm das Leben in Kassel wurde. Er hatte wiederholentlich, aber vergeblich um seinen Abschied angehalten, war inzwischen in Folge seines Gastspiels in Hamburg 1826 auf ein Engagement am dortigen Theater eingegangen, hielt es aber schließlich für seine Gesundheit, wie für seine künstlerische Stellung vortheilhafter, einen Ruf an das Hoftheater zu Darmstadt anzunehmen, zu dem seine vierte Kurreise nach Ems im Jahre 1828 Veranlassung gab und um dessentwillen er seine Verpflichtungen gegen Kassel und Hamburg brach.

In D a r m st a d t hatte die Vorliebe des Großherzogs für die Oper das Schauspiel in durchaus untergeordnetem Zustande erhalten. F r a n z G r ü n e r (v. Akats), welcher der Goethe'schen Schule nicht lange treu geblieben*), sondern sich in den Heldenrollen der Spektakelstücke bei den Theatern des Kaiserreiches gefallen, zugleich aber am Theater an der Wieden sein hervorragendes Talent für Scenerie und theatralische Arrangements ausgebildet hatte, schien, 1816 hier als Regisseur des Schauspiels angestellt, demselben aufhelfen zu können. Da aber der Großherzog, eifersüchtig auf die beginnende Hebung des Schauspiels, Grüner sehr bald zum Sceneriedirector der Oper ernannte, so begriff dieser vollständig, was er sollte und verlieh nicht nur der Oper durch seine erfindungsreiche und geschmackvolle Scenirung den höchsten Glanz, sondern hielt auch das Schauspiel in der geringfügigen

---

*) III. Band S. 367.

Stellung nieder, in welcher der Großherzog es zu sehen wünschte; denn obschon derselbe für Anstellung von Schauspielertalenten, wie Grua, Porth u. A., auch für Ausstattung der Stücke keine Geldmittel versagte, um damit seine Unparteilichkeit an den Tag zu legen, so lähmte er durch andere Mittel alles Leben des Schauspiels*).

Dieser Zustand schien eine totale Veränderung zu erfahren, als der Großherzog der jungen schönen Schauspielerin Peche bei ihrem Gastspiele besonderes Wohlgefallen zuwandte und ihr eine glänzende Anstellung gab. Sie glaubte, bei ihrem Zusammentreffen mit Seydelmann in Ems, in diesem den kräftigsten Schöpfer einer neuen Schauspielperiode zu finden, Seydelmann theilte die sanguinischen Hoffnungen der Kunstgenossin und nahm die Berufung, die sie vermittelte, an. Sehr bald sah er sich enttäuscht. Die Eifersucht, mit welcher der Großherzog die Erfolge der Oper bewachte, veranlaßte ihn nach den ersten Erfolgen, welche das Schauspiel unter Seydelmann's Anregung errang, der Schauspielerin Peche zu empfehlen: zur Schonung ihrer Gesundheit eine Zeit lang nicht zu spielen. Das Repertoir war gelähmt, und nach einigen Versuchen Seydelmann's, seiner Thätigkeit ein Feld zu bereiten, mußte er das vergebliche Mühen auf-

---

*) Unter Andern pflegte er die Stücke, welche dem Publikum zu sehr gefallen hatten, nach der Vorstellung im Austheilungsbuche mit einem großen Kreuze zu bezeichnen, unter welchem sie dann für alle Zeit stillschweigend begraben waren.

geben und sich nach einem anderen Wirkungskreise umsehen. In Stuttgart wurde dieser ihm, nach einem Gastspiel im Frühjahr 1829, geboten und der Großherzog war so froh den Mann los zu werden, der dem Publikum das Schauspiel interessant machte, daß er ihm bereitwillig die Entlassung und noch Reisegeld dazu gab.

Diesem wunderlichen Zustande des Darmstädter Hoftheaters machte der Tod des Großherzogs 1830 ein Ende, zugleich aber auch seinem hervorragenden Glanze.

Am Stuttgarter Hoftheater war 1814 der eifrige Intendant Herr v. Wächter entlassen worden. Drei Excellenzen bildeten fortan die Königliche Hoftheater-Ober-Intendanz: ein Generallieutenant und Vice-Oberstallmeister, ein Minister und Staatssecretär und ein Minister und General-Director der Finanzen. Diesen war, für die artistische Leitung, ein Dichter, der Geh. Legationsrath v. Mathisson, beigegeben worden. Der gute alte Mann hielt aber nicht länger als drei Monate dabei aus. Was dem Dichter zu schwer geworden, übertrug man nun einem Kammerherrn v. Wechmar, der sich die Sache leicht zu machen wußte.

Im Jahre 1816 schien mit dem Regierungsantritt König Wilhelms die Idee eines Nationaltheaters von den schwäbischen Ständen ergriffen zu werden. Sie anerkannten, daß das Theater der Hauptstadt eine Landessache sei und übernahmen es auf Staatskosten. In der Natur der Sache hätte es nun gelegen, daß der Staat, der die Mittel dazu gab, auch die Leitung übernommen hätte — wie dies die Höfe bisher aus demselben Grunde gethan hatten —, daß von Staatswegen eine sachverständige Direction eingesetzt und deren principielle und wohlfeile Verwaltung überwacht worden wäre. Bis zu dieser natürlichen Consequenz drang man nicht vor, sondern überließ den Hofchargen nach wie vor das Institut, unter dem Titel eines Hof- und Nationaltheaters. Unter der Intendanz des Barons von Maucler erhielt Herr v. Wächter die Direction wieder, dessen Begünstigung der kostspieligen Oper denn nach Ablauf der Jahre 1818 bis 1819 einen Zuschuß von 115000 Fl. erforderte. Das war den Ständen zu theuer; sie wollten jährlich 7 bis 8000 Fl. ersparen und, ohne den Versuch zu machen, ob eine sachverständige Leitung das nicht vermocht hätte, überließen sie, um sich aus dem Handel zu ziehen, das Theater wieder ganz dem Hofe auf seine Gefahr, indem sie die Civilliste um 50,000 Fl. erhöhten. Das Nationaltheater war somit von den Nationalvertretern aufgegeben, es erhielt den Titel Hoftheater wieder, Herr von Wächter trat von der Direction zurück, die von 1820 an der Intendant Hofrath von Lehr neun Jahre lang führte. Dieser ließ sich mit der alten, am württembergischen Hofe heimischen Vorliebe, vornehmlich die Pflege des Ballets angelegen sein, das der berühmte Balletmeister Taglioni organisirte und ihm durch seine unvergleichliche Tochter Marie einen poetischen

Glanz verlieh. Das Schauspiel schleppte fort und fort ein untergeordnetes Leben hin, Eßlair, der ihm noch Ansehen gegeben hatte, verließ 1820 Stuttgart, um nach München zu gehen, gerade als mit dem Eintritt Maurer's und seiner Frau frische jugendliche Kräfte gewonnen waren, die nun auch den allgemeinen Kunstzustand wenig verändern konnten. Von großer Wichtigkeit war es daher, daß Seydelmann im Herbst 1829 in die Kunstgenossenschaft trat, bald auch einen vielversprechenden Antheil an der Regie erhielt, daß die Damen Stubenrauch und Peche den weiblichen Fächern gewonnen wurden. So erhob das Schauspiel sich endlich zu einer — wenngleich kurzen — Periode der Bedeutung, die es in Stuttgart noch nicht gehabt hatte.

Mit der Reihe der hier betrachteten Hoftheater ist der Einfluß der Höfe auf die Schauspielkunst bis zum Jahre 1830 abzuschließen und läßt sich in seinen Wirkungen deutlich genug übersehen. Was von den kleineren Höfen geschah, beschränkte sich auf Unterstützung von zeitweilig erscheinenden Prinzipalschaften und kann für die eigentliche Kunstentwicklung nicht in Betracht kommen.

III.

Die Verhältnisse der städtischen und Privatunternehmungen.

Man wurde in der hier betrachteten Epoche nicht müde, Tieck's Behauptung nachzusprechen: die Kunst müsse und werde sich an denjenigen Theatern wieder innerlich kräftig aufrichten, welche, frei von den Vortheilen und Nachtheilen des Hofeinflusses, nur von der Gesetzgebung des Publikums abhängig, zu unablässigem Eifer das Beste zu leisten, angespornt würden; von der Kreuzerbude aus werde wieder neues Leben und frisches Blut in die Kunst kommen. Diesen Behauptungen und Prophezeihungen wollte der thatsächliche Zustand der Dinge auch nicht im Mindesten entsprechen.

Unabhängig von dem Einflusse der reichbemittelten und darum tonangebenden Hoftheater war schon gar keins, kaum das kleinste Privatunternehmen mehr. Die Opulenz der Ausstattung übte einen Zwang der Nach=

ahmung, die reichlichen, oft hohen Gehalte der Hoftheater
machten alle Talente theuer, das Publikum, — von dem,
jener prophetischen Behauptung zufolge, die künstlerische
Belebung ausgehen sollte — wurde mit jedem Tage gie=
riger nach kostbaren Schaustücken und Opernreiz, worauf
nun alle Mittel gewandt werden mußten. Die Finanz=
verlegenheit erzeugte ein planloses Umhertappen nach ge=
winnbringenden Maßregeln, und brachte in die Kunst
die wildeste Zerfahrenheit und Effektjagd. Die städtischen
Behörden kannten nirgends einen andern als den in=
dustriellen Gesichtspunkt, die höhere Kulturbedeutung lag
ihnen noch ferner als den Behörden der Hoftheater, —
was konnte da von Privatdirectoren verlangt werden? So
sehen wir in allen ehemals theatralisch bedeutenden Städ=
ten die Schauspielkunst, nach ihren letzten besseren Re=
gungen, der Geldherrschaft der Massen, also dem Unge=
schmack und der Verderbniß verfallen.

Unter den Wiener Privatunternehmungen blieb das
Theater an der Wieden freilich nur seiner ursprüng=
lichen Richtung getreu, indem es nach Beendigung der
Epoche, in welcher unter Graf Palfy die Verbindung mit
dem Burg= und Kärthnerthortheater es den edleren Gat=
tungen genähert hatte — von 1817 ab —, die Schau=
spielkunst nur als den Kitt behandelte, welcher die Dekora=
tions= und Maschinenstücke, die Reiterkünste und die Lei=
stungen des bewunderten Horschelt'schen Kinderbal=
lets zusammenhielt. Von dieser, der Schaulust eigens

und Privatunternehmungen. 119

gewidmeten Bühne — die in einer so volkreichen Stadt, als Wien, ihre volle Berechtigung hat — durfte für die Entwicklung der Kunst Nichts gefordert werden. Natürlich war es, daß die hervorragenden Talente, wie der Intriguant Küstner, Demmer, der gesetzte Liebhaber spielte, und der Heldenspieler Rott — welcher von 1821 an sechs Jahre hier in großem Ansehen stand —, sich an einen ebenso starken als raffinirten Reiz der Effecte gewöhnen mußten, den das Publikum nun einmal bei dieser Bühne suchte. In der Posse erhielt der alte Hasenhut noch einige Jahre seine Popularität, dann zogen Korntheuer und Spitzeder an, die beiden langen Gestalten, mit der ähnlichen trocknen Komik von so intensiver Kraft, indessen Scholz zu allgemeiner Beliebtheit heranwuchs, um die alte echt locale Wiener Komik zu erhalten. Als 1829 die Administratoren des gräfl. Palfy'schen Vermögens das Theater schließen mußten, erschien der pensionirte Münchner Komiker Karl mit einer Gesellschaft, gastirte mit derselben erfolgreich und pachtete alsbann das Theater. Wie er schon in München gezeigt*), besaß er alle Fähigkeiten, um die alte Richtung dieser Bühne auf's Vortheilhafteste auszubringen. Spectakelstücke, Staberliaden, neue scenische Effekte, unter denen das von ihm eingeführte lebendige Theater, mit Springbrunnen und Kaskaden ic., brachten dem Unter-

---

*) S. 88.

nehmer, was er allein suchte: Gewinn, wie noch nie ein deutscher Schauspieldirector ihn in dem Maaße zu erlangen verstand. Er gab z. B. die Räuber; aber in der Gartenscene Amaliens mit Karl vernahm man kein Wort von den Darstellern vor dem Rauschen eines großen Springbrunnens, dessen Beschauung indessen das Publikum über hundert Mal herbeizog. Das Gefecht der Räuber mit den Soldaten, in welchem Roller fällt, wurde nach einem förmlich strategischen Plane dargestellt; Karl Moor mit mehreren seiner Freunde erschien dabei zu Pferde. So verstand Karl mit wenigen ausgezeichneten Talenten durch die vollkommenste Regiegeschicklichkeit ein wirksames Ensemble herzustellen und seine fruchtbare Erfindungskraft wußte immer neue Reizmittel für das Publikum zu ersinnen. Wie sehr muß es bedauert werden, daß eines der geschicktesten Directionstalente so, vom Zeitstrome erfaßt, keine andern als industrielle Zwecke verfolgte und so in der Geschichte der Kunstentwicklung nur als Moment der Auflösung und Verderbniß zählt.

Das Josephstädter Theater, das an der Grenzenlosigkeit seiner Concession eine unheilbare Krankheit hegte, das mit seinen Versuchen in allen Gattungen, gegenüber den andern Wiener Theatern, deren jedes seine bestimmte Gattung mit ganzer Kraft ausbildete, immer zu kurz kommen mußte*), hatte von 1822 an, unter

---

*) Wie das Königstädter Theater in Berlin.

Karl Gensler's geschickter Direction, eine Periode
großer Beliebtheit, die aber mit seinem Leben abstarb.
Auch hier wurde für die Schauspielkunst nichts Erwäh=
nenswerthes gewirkt.

Anders verhielt es sich am Leopoldstädter
Theater, das freilich in dieser Periode seinen Unter=
gang und leider damit auch den Untergang der ächten al=
ten Wiener Volkskomik erleben sollte; dafür aber auch
noch einmal in voller Frische und in sprudelndem Reich=
thum sich hervorthat. Der Volkshumor konnte nicht
mannigfaltiger und zugleich harmonischer vertreten sein,
als durch die Veteranen Sartori und Ignatz Schu=
ster, denen sich die jüngeren: Raimund 1817, Korn=
theuer 1821 anschlossen. Die weiblichen anmuthig
drolligen Rollen wurden von den liebenswürdig heiteren
Damen: Raimund, Ennöckel und Krones, die äl=
teren charakteristischen von Frau Huber gespielt.

Kornteuer besaß eine possenhafte Individualität,
die den bisher beliebten Volkskomikern wenig ähnlich war,
er brachte in seiner Persönlichkeit gleichsam eine neue
Maske in die Lokalposse. Castelli sagt von ihm: „An
seinem Körper war Alles lang, Gesicht, Nase, Arme,
Hände, Füße, und er verstand Alles, besonders Gesicht
und Hände, noch länger zu machen, als sie waren. Sein
Vortrag war langsam, schleppend, faul, seine Bewegun=
gen phlegmatisch, er war die kurzweilige Langweiligkeit.

Bornirte Alte, Pantoffelhelden, Karikaturen von Würde und Grandezza und dergleichen waren daher seine Forcen. Er improvisirte mit vielem Glück und war an Lazzi's reich, an jenen seit 200 Jahren in der deutschen Posse heimisch gewordenen, gar nicht zur Handlung gehörigen Späßen. Korntheuer stand z. B. in einer Ecke der Bühne, hielt sich plötzlich, wie von hinten selbst die Augen zu und schien sich alle Mühe zu geben zu errathen, wer ihm das thue. Er foppte sich auch, indem er sich mit der rechten Hand auf die linke Schulter tippte, und sich dann umsah, verwundert Niemand hinter sich zu sehen. Während einer zärtlichen Liebesscene vertrieb er sich die Zeit, alle Knöpfe seines ganzen Anzuges, an Rock, Weste und Beinkleidern zusammenzuzählen und konnte nicht damit zu Stande kommen u. s. w. Von der Eigenheit seiner Improvisation möge ein Moment in der Rolle des Bürgermeisters in der falschen Primadonna zum Beispiel dienen; an einem Abende, wo er, bei plötzlicher Erkrankung des Besitzers der Rolle, dieselbe rasch übernommen und völlig aus dem Stegreif spielte. Da Sperling dem Bürgermeister meldete: die berühmte Sängerin käme schon, sagte er: „Kommt schon? Kommt schon? Was thun? Was machen? Was anfangen? und — was hernach wiederum beginnen?" Als Sperling sagte: „Ich habe, um ihr Blumen zu streuen, alle Gärten geplündert, aber da die Blumen nicht zureichten, habe ich auch Salat streuen lassen;" reckte sich Korntheuer höchst ernsthaft lang auf und erwiederte: „Recht Sperling, recht! Und lassen's von mir zwölf hartgesottene Eier auf den Salat legen."

Wenn Korntheuer aber nur eine neue Maske in die Posse brachte, so brachte Raimund einen neuen Geist hinein, sowohl seinen Darstellungen nach, als durch seine dramatischen Gedichte. Dieser merkwürdigste unter den Wiener Komikern war der Sohn eines armen Wiener Handwerkers, hatte die Zuckerbäckerei erlernt, war aber in seinem achtzehnten Jahre (1808) seinem Lehrherrn davongelaufen, um seinem angeborenen Darstellungs= triebe bei kleinen Comödiantenbanden genug zu thun. Seine sehr undeutliche, zugleich abgestoßene und ver= wischte Aussprache, die ihm auch bis an sein Ende eigen blieb, machte ihm sein theatralisches Fortkommen sehr schwer, um so mehr, als er darauf bestand, Intriguants und Tyrannen zu spielen. Im Jahre 1813 nach Wien zurückgekommen, wurde er in das komische Fach gedrängt und gewann auf dem Josephstädter Theater, als Adam Kratzerl in Gleich's „Musikanten am hohen Markt", die Gunst des Publikums. Von 1817—1830 gehörte er dem Leopoldstädter Theater; die productivste Periode sei= nes Lebens, die bedeutendste dieser Bühne.

Bei einem durch Nichts ausgezeichneten Körper zeigte sein Gesicht, seine Sprache und Geberde die ausgeprägs teste Individualität, die sich auch nie verläugnen ließ. Bei der Heftigkeit seiner Geberde, dem Herumwerfen der Hände und des Kopfes, dem Rollen der großen, lebhaften

Augen, bei der, mit vorgeschobenem Unterkiefer herausgestoßenen Rede, hätte man ihm einen fortwährenden Ingrimm zutrauen sollen, wenn nicht in Alledem sich zugleich ein tiefes und weiches Gemüth kundgethan hätte. Sein phantastisch, fahriges Wesen, seine grimmige Manier wurde durch einen unverkennbaren Zug geheimer Wehmuth gemildert, es war, als ob er tiefen Schmerz empfände über die menschliche Verkehrtheit und Lächerlichkeit, die er darstellte.

Diesen Charakter tragen auch alle seine Gedichte *). Sein humoristisches Genie streift darin mit eigenthümlicher, aber immer ächt dramatischer Combination an tiefsinnige Ideen, während oft die ernsthaft und erhaben gemeinten Dinge läppisch und kindisch erscheinen, aber durch den offenbar guten Glauben des Autors dabei eine anziehende Naivetät bewahren. Er wußte den Darstellungen der gemeinsten Wirklichkeit eine versöhnende Gemüthswärme und Innigkeit zu geben, seine Lächerlichkeiten hatten etwas Bedauernswerthes, der Zuschauer wußte oft nicht, ob er vor Lachen oder vor Rührung Thränen in den Augen habe. Raimund war der tiefste Humorist der deutschen Volksposse.

---

*) In den sieben Jahren bis 1830, schrieb er: „Der Barometermacher auf der Zauberinsel"; „der Diamant des Geisterkönigs"; „der Bauer als Millionär"; „Moisasur's Zauberfluch"; „die gefesselte Phantasie"; „der Alpenkönig und der Menschenfeind"; „die unheilbringende Zauberkrone".

und Privatunternehmungen.

Wenn schon bei allen dichterischen Arbeiten von
Schauspielern der Schauspieler den Dichter wesentlich
interpretirt und ergänzt, so mußte dies bei Raimund
vornehmlich der Fall sein. Den eigenthümlichen Reiz
seiner Stücke lernte man nur kennen, wenn er darin
spielte und die ganze Darstellung bis aufs Geringste
förmlich eingeschult hatte; eine Arbeit, die er mit der
peinlichsten Genauigkeit, mit dem eigensinnigsten Bestehen
auf jedes Wort und jeden Ausdruck nach seinem Sinne
vornahm, und unverdrossen überall wiederholte, wo er
auf seinen weiterhin ausgedehnten Gastspielreisen in sei=
Stücken spielte. Es ist dies ein Umstand, der mit dem
Skizzenhaften und Sprungweisen in Raimunds ganzer
Individualität, dem Anschein des Improvisirten in allen
seinen Leistungen, in Widerspruch zu stehen scheint.
Seine geniale Erfindungskraft war aber mit dem emsig=
sten Fleiße und fast pedantischer Genauigkeit gepaart. Er
memorirte auf das Gewissenhafteste, darüber brachte ihn
aber auch jeder Gedächtnißfehler seiner Mitspieler, jede
Aushülfe mit Herkömmlichkeiten in wahre Verzweiflung.
Er konnte an den holzschnittmäßigen Conturen seines
Dialogs nichts einbüßen, nichts abändern lassen, weil
der ganze Geist in diesen Conturen lag. Dieser Rai=
mund'sche Geist aber trieb, ohne die zeitgemäße Virtuosi=
tät in der sogenannten schönen Sprache, aus dem Kerne
des dramatischen Lebens hervor eine dichterische Blüthe,
die eigenthümlich und stark, wie keine andere dramatische

dieser Periode, der Zauberposse eine poetische Berechtigung gegeben und dieser ächt deutschen Gattung hoffentlich eine noch höhere Entwicklung vorbereitet hat. Denn die alte Verschmelzung des Ernsten mit dem Burlesken, der gegenwärtigen, ja lokalen Wirklichkeit mit dem Wunderbaren, hat Raimunds phantastische Individualität aufs Neue künstlerisch natürlich gemacht, und gezeigt: wie geschickt diese Verschmelzung der Symbolik sittlicher und poetischer Ideen zu dienen vermag.

Gleichermaßen hat Raimund der Darstellungskunst der Posse einen außerordentlichen Fortschritt angebahnt, ohne ihr Wesen zu verändern. Er hat die alte Hanswurstgrimasse verbannt, in welche der Volkskomiker bei den Auswüchsen seiner Laune zu gerathen gewohnt war, und ihm bei den muthwilligen Sprüngen der Zauberposse — von der niederen Wirklichkeit in das schrankenlose Gebiet der freien Laune — einen noch mehr phantastischen und doch anmuthigen und gemüthlichen Aufschwung gelehrt.

Das alte Kasperletheater in der Leopoldstadt wurde durch Raimund auf eine poetische Höhe gehoben und blieb sich dennoch treu in seiner Volksthümlichkeit und in der harmlosen Stimmung seines Publikums, so lange sie demselben gegönnt war.

Noch florirte hier die unbefangene Lust am Lächerlichen, ihr eigenthümliches Product: die Wiener Dummheit war noch in vollem Schwange. Diese eigenthümliche Art von Spässen, dieser liebenswürdige

Unsinn, naiv und harmlos, dessen Lächerlichkeit fast unerklärlich ist, der uns immer mit dem Reiz eines geheimen tieferen Sinnes täuscht und darum die wahre Poesie des Possenhaften ausmacht. Der Wiener Komik hat es zwar an eigentlichem Witz nie gefehlt, darin aber konnte sie von der norddeutschen Ironie übertroffen werden; jene sogenannten Dummheiten aber gingen ganz aus der wohligen, süddeutschen Lustigkeit hervor, welche bis 1830 die Wiener Lokalkomik charakterisirte. Raimund hatte ihr die Weihe der Innerlichkeit gegeben, und so blühte die ächte Volkskomik in allem Reichthum des deutschen Humors, innigen Gemüthes und dem Hange zum Wunderbaren der Erschöpfung ihrer Kraft entgegen.

Das ständische Theater zu Prag hatte mit Liebich's Tode, der bald nach Karl Maria von Weber's Abgang nach Dresden erfolgt war, seine vorleuchtende Bedeutung verloren. Die Unternehmung wurde für Rechnung der Wittwe Liebich's fortgeführt, von Holbein übernahm die Direction 1820, und führte sie vier Jahre bis zu seiner Rückkehr nach Hannover, ohne dem matten Zustande, der Mittelmäßigkeit der allgemeinen Leistungen, aufzuhelfen. 1824 traten auf 10 Jahre drei Directoren ein: Der Kassirer Stepanek, der Bassist Kainz und der treffliche Schauspieler Polawsky, dessen Talent, Kenntniß und Weltmanier doch auch nicht im Stande waren, im deutschen Schauspiel ein achtunggebietendes Ensemble zu erhalten. Das vorherrschende Opernverlangen des Publikums —, das die einflußreichen Cavaliere vertraten, welche Wiener Geschmack und Luxus hierher verpflanzt wünschten —, endlich die Forderung: neben den deutschen auch böhmische Vorstellungen zu sehen, zersplitterten Kräfte und Mittel. Das war die Ursache, weshalb die ausgezeichneten Talente Prag verließen. Bayer und Polawsky, der Komiker Allram und Frau Brunetti blieben Prag getreu. Ludwig Löwe und Wilhelmi verließen es 1822. Der junge Seydelmann ebenfalls nach nur zweijährigem Aufenthalt; Frau Renner, Holbeins treue Gefährtin, starb hier 1824 nach langem Siechthum. Neue Erwerbungen machte das Theater in dieser Periode an Pistor, als gesetztem Liebhaber, seiner Tochter, im naiven und sentimentalen Fache, an dem Lokalkomiker Feistmantel und an Moritz, der von 1826—1833 das Liebhaberfach, besonders im Lustspiel, bekleidete.

Prag hatte aufgehört, ein Stützpunkt für die Entwicklung der Schauspielkunst zu sein, dagegen nahm das neue Stadttheater in Leipzig den Anlauf, eine solche Stelle wieder zu gewinnen.

Die Errichtung desselben war 1816 von angesehenen Bürgern der Stadt in Angriff genommen, ein Umbau des Schauspielhauses nach Weinbrenners Angabe bewerkstelligt worden. Die eigentliche Triebfeder zur Unternehmung war der Dr. jur. Theodor Küstner, Theilhaber eines angesehenen Handlungshauses. Er hatte bei gesellschaftlichem Comödiespielen in Leipzig, auch in der dramatischen Literatur mehrfach dilettirt und ging schon seit 1812 mit dem Plane um, einem Theater in Leipzig vorzustehen. Jetzt hatte er den Hofrathstitel vom Coburg'schen Hofe erworben und übernahm die Direction des neuen Stadttheaters, das am 26. August 1817 mit einer Rede von Mahlmann und der Aufführung von Schillers „Braut von Messina" eröffnet wurde.

Es war der vornehmste Vortheil dieser Unternehmung, daß Küstner's Glück und Geschick ein Personal von ergiebigen und meistens jungen, strebsamen Talenten versammelte und erhielt. Für die Regie gewann er **Wohlbrück** von München, der aus der Hamburger Schule und im bürgerlichen Charakterfache sehr geachtet war; die beiden Schwestern **Böhler**, **Christine** als sentimentale und heroische Liebhaberin und **Dorothea** als Soubrette, beide verglich man — bei ihrer Jugendfrische und Begabtheit — wohl mit den Schwestern Ackermann. Frau **Miedke** nahm 1820 das Fach der Anstands- und Mütterrollen ein, Ferd. **Löwe** (bis 1819) und **Stein** (eigentlich von Treuenfeld) das der Liebhaber. Der Komiker **Koch** erlangte Beliebtheit, von **Zahlhas**, der zugleich Theatersecretär und Theaterdichter war, versuchte sich hier zuerst unter dem Namen Neufeld im Fache der Intriguants. Ihn ersetzte 1820, als er nach Dresden ging, **Ziethen-Liberati**, der auch, als Wohlbrück zwei Jahre später starb, die Regie übernahm. Besonders wichtige Mitglieder aber wurden: Genast (der Sohn des alten Weimar'schen Regisseurs), der außer dem Baritonfache der Oper, auch Helden, Heldenväter und Charakterrollen im Schauspiel spielte, und Emil Devrient, der von 1823 an, nachdem er in Braunschweig und Bremen in Oper und Schauspiel sich die erste Uebung verschafft hatte, hier in seinem eigenthümlichen Fache, dem der ersten Liebhaber und jugendlichen Helden, sich festsetzte und seinen Ruf zu verbreiten begann. Unter den Talenten, welche nur kurze Zeit dem Leipziger Stadttheater angehörten, sind Wurm, Jerrmann und Moritz hervorzuheben.

Wenn diese für das neue Institut wohlgestimmte Kunstgenossenschaft sich auch nicht durch hervorragende Unternehmungen auszeichnete — wie deren überhaupt in dieser Periode nicht gewagt wurden —, so blieb sie doch im Repertoir hinter keiner anderen Bühne zurück, und die Direction suchte in der Ausstattung sich den ersten zu nähern, sogar mehr, als es die Kräfte des Institutes erlaubten. Küstners Leipziger Direction behielt bis an ihr Ende den Charakter einer befriedigten Liebhaberei, der man gern Opfer bringt.

Seine eifrige Hingebung an die Sache, seine Freude am Gelingen, sein näherer Umgang mit einem Theil des Personals, erzeugte ein belebendes gutes Einvernehmen, das sich z. B. bei seinen Geburtstagen durch heimlich einstudirte Privatvorstellungen u. s. w. äußerte. Daneben nahm man sich, seiner nicht gerade Achtung gebietenden Persönlichkeit gegenüber, wohl auch manchen Uebermuth heraus, den er sich aber gefallen ließ, ja manche unermüdliche Nachgiebigkeit und Opferbereitwilligkeit zeigte, um nur einen Künstlerverband festzuhalten, an dem die Freude und der Glanz seines Unternehmens hing. So geschah es, daß der jugendliche, strebsame Geist des Kunstpersonales die eigentlich bewegende und belebende Kraft dieser jungen Bühne wurde; sie schoß zu einem kräftigen Kerne zusammen, als die vier unläugbar ausgezeichnetsten Talente sich mit einander verschwägerten.

Genast hatte 1820 Christine Böhler geheirathet, Emil Devrient heirathete drei Jahre später die jüngere Schwester Dorothea; damit wurde der Ring eines familienhaften Zusammenspieles geschlossen, dessen unermeßlichen Werth und Einfluß auf das Total der Darstellungen schon die verschiedenen Perioden des Hamburger Theaters unter Schröder dargethan haben, und der sich auch hier wieder bewährte. Das Leipziger Schauspiel brachte Vorstellungen, die dem damals sinkenden Berliner Schauspiel als Muster vorgerückt wurden.

Nun hätte man doch glauben sollen, daß Leipzig auf's Aeußerste bemüht gewesen wäre, den Besitz eines stabilen Theaters von so erfreulicher Beschaffenheit sich zu bewahren. Keineswegs. Alle die Uebel und Hindernisse, welche das Gedeihen der Stadttheater im Allgemeinen bis auf den heutigen Tag verhindert haben, traten hier auf das

Bestimmteste hervor. Auch das Leipziger Stadttheater wurde von Regierung und Magistrat lediglich als eine lukrative Vergnügungsanstalt betrachtet, die man auf's Beste schröpfen, oder ihr doch wenigstens nicht das Geringste schenken müsse. Ein Grundsatz, der von jeher alle Unternehmer solcher Theater ihrerseits in die Nothwendigkeit getrieben hat, auch auf Nichts als ihren Gewinn bedacht zu sein.

Küstner hatte in der That in seiner Leipziger Theaterführung dies Verfahren verschmäht, er hatte seine Freude und seinen Stolz darin gesucht, seiner Vaterstadt ein gutes Theater zu schaffen. Er hatte die Einnahme auf das Höchste ausgebracht, und dieselbe uneigennützig gänzlich wieder auf das Theater verwendet*), auch 1822 einen Pensionsfond gestiftet; er hatte bedeutende Summen für bauliche Verbesserungen des Schauspielhauses ausgegeben, die der Stadt allein zu Gute kamen. Dagegen nun hatte die Regierung das Unternehmen mit einem Concessionsgelde von 500 Thalern, die Stadt es mit einer Hausmiethe von 2500 Thalern belastet. Erst spät erlangte Küstner eine Verminderung um die Hälfte, und endlich,

---

*) Sein Buch: „Rückblick auf das Leipziger Stadttheater", das den vollständigen Nachweis über seine Verwaltung führt, stellt auch die Thatsache fest, daß er für seine Direction keinen Gehalt oder Tantieme, sondern lediglich die Zinsen für das aufgewendete Kapital bezogen habe. Seine Aufstellungen in diesem Buche sind niemals angefochten worden.

nachdem ungünstige Conjuncturen der Direction bedeutende Verluste gebracht, scheiterte ihr Fortbestand doch noch an dem kleinlichsten Streit um die Theatermiethe. So beschloß Küstner sein Unternehmen am 11. Mai 1828 und Leipzig büßte ein Theater ein, das es mit allen später gebrachten Opfern nicht wieder hat zurückerkaufen können. Der Kern des Personals ging auf ein Jahr nach Magdeburg, spielte auch im Herbst wieder in Leipzig, zerstreute sich aber dann.

Man darf nicht übersehen, daß bei diesem hartnäckigen Feilschen mit Küstner, das einer der reichsten Städte wenig anstand, die Aussicht auf Erlangung eines Hoftheaters im Hintergrunde lag. In der That wurde, nachdem eine, von dem Berliner Schauspieler und ersten Director des Königstädter Theaters, Bethmann, gesammelte Gesellschaft den Winter über in Leipzig gespielt hatte, der Stadt ein neu errichtetes Hoftheater zu Theil, das im August 1829 seine Vorstellungen mit: „Julius Cäsar" eröffnete; um binnen drei Jahren die Stadt zu lehren: für welche täuschende Hoffnungen sie einen sicheren Besitz hingegeben hatte.

Auch das Breslauer Theater büßte in dieser Periode die Bedeutung ein, die es in der vorigen gewonnen. Prf. Rhode hatte 1813 noch einmal aus Streit's Händen das Amt des künstlerischen Directors übernommen. Er ahmte Schröder's Versuch nach: das Theater von der kostspieligen Oper zu befreien, und scheiterte damit, wie jener gescheitert war. Nichtsdestoweniger führte er die dramaturgische Direction bis 1819 mit Ehre und Vortheil, und erhielt das Institut in künstlerischem Geiste. Sein Nachfolger, der Regierungsrath Heincke, vermochte dies nicht in vollem Maaße, trotz des edelsten Willens. 1822 übernahm der Bauraeh Langhans sein Amt und stattete die Vorstellungen nach der Richtung hin, die er beherrschte, d. h. mit malerischen Wirkungen, auch durch sehr geschmackvoll angeordnete „Lebende Bilder" aus. Damit war freilich der Schauspielkunst nicht geradehin geholfen, aber der künstlerische Geist war doch nicht gewichen, bis nach einem halben Jahre die Direction in die Hände eines Kammerherrn, des Barons von Forkade, kam, womit denn auch der Verfall sich reißend schnell vollendete, und eine der würdigsten deutschen freien Kunstanstalten zu einer bloßen Waare für Geschäftsspeculationen wurde.

Die künstlerischen Arbeiten lagen in der Hand der machtbeschränkten Regie, welche von Nagel (der Heldenrollen u. s. w. spielte) bis 1822 geführt wurde, dann vier Jahre von Stawinsky, der 1816 in Ludwig Devrients Stelle getreten war, Kenntniß und Talent zur künstlerischen Leitung besaß, die aber theils durch seine unvollkommene Gewalt, theils durch seine Indolenz dem Sinken dieser Bühne nicht Einhalt zu thun vermochte.

Hier begann Karl von Holtei in das theatralische Leben einzugreifen, der durch seine haltungslose

Persönlichkeit — die er in seiner Selbstbiographie „Vierzig Jahre", unbefangen genug, öffentlich dargethan — dem Theater nirgends den Nutzen wirkte, der von seiner Talentbegabung gehofft werden durfte. Er hatte 1819 auf der Breslauer Bühne als Dichter mit Glück, als Schauspieler mit Unglück sich versucht, fast ein Jahr als Deklamator und Schauspieler umhergeabentheuert und die junge L u i s e R o g e r, am Berliner Hoftheater, zur Frau erlangt. Diese wurde 1821 in Breslau als erste Liebhaberin, Holtei als Theatersecretär und Dichter angestellt.

Die Beliebtheit der jungen Frau stieg ebenso rasch, als die Unbeliebtheit des Mannes. Wie alle beim Theater angestellten Literaten von je her, konnte er den Gelüsten: öffentliche Theaterkritik zu üben, nicht widerstehen, und erregte dadurch im Personal wie im Publikum Aergerniß. Einen der auffallendsten Theaterskandale führt er aber 1823 herbei. Veranlaßt durch ein zärtliches Verständniß, das er mit der Frau des Kunstreiters Tournière unterhielt*), wollte er dem Gatten Gelegenheit schaffen, seine Reiterkünste aufs Theater zu verpflanzen und in Verbindung mit den Schauspielern Spektakel-Pantomimen, nach Art der Vorstellungen am Theater an der Wiedn, geben. Direction und Ausschuß der Actionäre gewann Holtei durch Aussicht auf gute Einnahmen, und hatte den Vertrag mit den Kunst-

---

*) Siehe seine „Vierzig Jahre".

reitern bereits abgeschlossen, als die Schauspieler sich weigerten, mit Equilibristen und Pferden gemeinschaftliche Sache zu machen. Vergebens bot Holtei Alles auf, das Personal zu zwingen oder zu bewegen, vergebens trug er sogar seine Frau zum Mitspielen an — deren hochgeachtete Person somit die Unternehmung decken sollte, welche er zum Triumphe seiner Geliebten bereitete —: die Breslauer Kunstgenossenschaft zeigte ein so standhaftes Zusammenhalten, wie es bei Schauspielern selten gefunden wird. Die Kunstreiter waren verständig und reisten ohne weitere Ansprüche ab, Holtei war unverständig und leidenschaftlich genug, mit den heftigsten Schmähartikeln gegen Personal und Direction in der Zeitung aufzutreten, die das ärgerlichste Aufsehen in der Stadt machten, und, von Holtei's Anhange mit ausschweifender Zügellosigkeit geführt, einen Sturm der Parteien erregten. Eine gegen Holtei erhobene Klage des Personals wie der Direction führte, wie es sich von selbst verstand, die sofortige Entlassung eines solchen Theaterbeamten herbei. Holtei knüpfte den gleichzeitigen Rücktritt seiner Frau daran, ihre Unentbehrlichkeit zum Schild seiner Sache machend. Dies Manöver wurde durch allabendliche Theatertumulte seines Anhanges von Offizieren und Studenten unterstützt. Abend für Abend wurden die geachtetsten Mitglieder ausgepfiffen, insonderheit die Damen, welche in Rollen, die Frau von Holtei bis dahin gespielt hatte, aufzutreten genöthigt wurden. Endlich

setzte das Publikum diesem wochenlangen Treiben energisch
und handgreiflich ein Ziel, und dem Unruhstifter blieb
nun nichts Anderes übrig, als seine Frau mit sich hinweg zu aussichtslosen Kreuz= und Querzügen zu führen*).
Leider hatten diese Vorgänge eine weitreichende Wirkung
für die Breslauer Bühne, sie verlor nicht nur eine Künst=
lerin, die in naiven und sentimentalen Rollen mit vollem
Rechte der größte Liebling des Publikums geworden war,
sondern dieser Theaterskandal hatte den Actionären die
Direction des Theaters dergestalt verleidet, daß der Plan
einer Verpachtung hier zuerst Boden gewann. Auch
vielen Künstlern war der Aufenthalt in Breslau zuwider
geworden und einige ergriffen darum die Gelegenheit,
welche die Errichtung des Königstädter Theaters in Ber=
lin ihnen bot, Breslau zu verlassen. Dies waren: der
treffliche Komiker S ch m e l k a, der junge, viel ver=
heißende B e ck m a n n und der Regisseur N a g e l. Der
Antheil des Publikums fing an zu sinken, ebenso die
Anregungen, welche der literarische Kreis Holtei's, dessen
Mittelpunkt K a r l S ch a l l war, bisher ausgeübt. An

---

*) Die Abneigung, mit dem Talent der Frau zugleich
den unheilstiftenden Mann aufzunehmen, war bei allen
Theatern begreiflicher Weise gleich groß. Wolff's Einfluß am
Königlichen Theater in Berlin gelang es, ihre Wiederanstellung
1821 in Berlin zu vermitteln, wo sie nach kaum einjährigem,
ehrenvollen Wirken starb.

Unterstützungen, wie sie früher bei Finanzkrisen von angesehenen Männern geleistet worden waren, durfte nicht mehr gedacht werden und so entschloß sich der Actienverein zu dem Schritte, der gewöhnlich das Todesurtheil für allen besseren Geist einer Bühne ist: zur Verpachtung. Der Musikdirector **Bierey** war der Erste, der das Theater im Jahre 1824 übernahm, um es in fünf Jahren dergestalt blos zu seinem Vortheil auszubeuten, daß sogar die Regierung — die doch nur eine Polizeiaufsicht über die Bühne in Anspruch nahm — sich herbeiließ: eine Ermahnung zu einer weniger ärgerlichen Führung auszusprechen; **Stawinsky** fühlte endlich doch auch, daß die Regie eines solchen Theaters beflecke und verließ Breslau. So kam 1829 ein Wechsel in die Pacht. Der Schauspieler **Piehl** und der Schriftsteller **von Biedenfeld** traten sie an, aber nur um eine Abwechslung in die industrielle Unruhe zu bringen. Eine erschöpfende Thätigkeit brachte Neuigkeit über Neuigkeit, Oper, Ballet, Redouten und unaufhörliche Gastspiele machten aus dem Theater eine Marktbude, in welcher nach der Kunst der Menschendarstellung wenig mehr die Frage sein konnte.

Eine würdigere Haltung behauptete noch die alte Schulstätte **Hamburg**, wo unter **Herzfeld's** und **Schmidt's** Direction der alte Geist, die alte Achtung für das Ensemble aufrecht erhalten wurde. Künstler wie **Herzfeld, Schmidt, Costenoble** (bis 1818)

spielten humoristische Charakterrollen, Karl Schwarz
und Lenz (von Kühne) Helden und Väter, Jakoby
die jugendlichen Helden, Schäfer und Schrader
zweite Rollen. Dazu gewonnen wurden Talente wie
Gley (1815), der in ernsten und komischen Rollen die
Natur selbst war; Weiß (1816), für bürgerliche Intriguants und gemüthlich humoristische Rollen vortrefflich;
Lebrün 1818, einer der lebensvollsten, gewandtesten
Schauspieler für heitere Liebhaberrollen, Chevaliers und
humoristische Charaktere, der Geist und Leben um sich zu
verbreiten verstand; zu Ende dieser Periode Jost für
Intriguants und Charakterrollen. Die Damen Lebrün
und Reinhold, Unzer, Lenz und Le Gay*) spielten die jugendlichen und Repräsentationsfächer, Frau
Marschall die humoristischen alten Rollen in der Lebenswärme der guten Zeit. Den vollsten Glanz erhielt
die Zusammensetzung des Personals, als 1829 Emil
Devrient mit seiner Frau ihm beitrat.

Von ihm schrieb August Lewald damals: „Emil Devrient ist jetzt vielleicht einer der vorzüglichsten Künstler
im Fache der ersten Liebhaber. Schon seine Erscheinung
ist durch und durch poetisch. Diese edle, lancirte Gestalt,
mit dem etwas deutsch gesenkten Haupte, dieser anmuthige
tiefe Brustton, der seelenvolle Blick des blauen Auges:
nichts glänzt hier, Alles zieht an, es ist kein mannhafter

---

*) Später Frau Dahn.

Held, aber ein poetischer Jüngling. So haben wir uns den Max gedacht und Posa und Tasso und alle Lieblingsgestalten unserer Poeten. — Emil's Vortrag ist etwas schleppend, er menagirt die Momente, wo er feurig, hinreißend werden soll, um seine Mittel zu schonen, da seine Brust zu heftigen, anhaltenden Anstrengungen unterliegen würde. Dieses Aufsparen der Effecte thut übrigens dem sinnigen Zuhörer wohl, da es bei Emil nie auf Kosten der Wahrheit geschieht; und nur ein ganz rohes Publikum wird seinen Darstellungen Mangel an Kraft vorwerfen."

In der That muß diese Hamburger Epoche von Emil Devrient's Laufbahn als die vollste Blüthe seines künstlerischen Wesens betrachtet werden.

Die Schönheit und maaßvolle Anmuth seiner Gestalten war durch volle Jugendfrische und energischen Enthusiasmus getragen. Die maaßvollen Wirkungen seines Spieles zielten noch mit unbefangener Hingebung nur auf das künstlerisch Vorzügliche. Durch gewissenhaftes und detailirtes Studium — das der Ausbildung und Kräftigung seines Organes besonders zu Gute kam — gaben seine Darstellungen schon damals dem Zuschauer die Zuversicht, daß der Künstler seine Aufgabe vollständig beherrsche; und doch war die Wahrnehmung alles Apparates dazu durch das jugendfrische, anmuthige und seelenadlige Colorit entzogen. Wer in dieser Periode Emil Devrient in seinen

Glanzrollen gesehen, der hat das Jugendideal des deutschen Theaters kennen gelernt.

Das künstlerische Zusammenleben mit seiner Frau mag ihm nicht wenig förderlich gewesen sein. In der springenden Laune ihres unmittelbaren humoristischen Talentes und dem warmen innigen Ton ihrer naiven Rollen lagen wohlthuende Anregungen für ihn. Franziska und Margaretha stellte sie vortrefflich dar. Das Zusammenspiel dieses jungen Ehepaares war ein überaus glücklicher Reiz für die Hamburger Bühne.

Ueberblickt man dies Kunstpersonal und seine großen Fähigkeiten, so wird es begreiflich, daß Hamburg in dieser Zeit noch ein mächtiger Pfeiler am morschen Kunsttempel war, obschon die Wellen der Zeitbewegung, der modernen Begehrlichkeit, auch ihn unterwühlten.

Die Concurrenz war es, welche zunächst die alte Hamburger Schauspielkunst von ihrem bescheidenen Wege ablenkte. In dem Apollotheater, das mit großem Erfolge im August 1817 eröffnet wurde, entstand der alten Bühne am Gänsemarkte eine gefährliche Nebenbuhlerin, aber ihr Leben währte nur vier kurze Monate.

Im December des nächsten Jahres aber wurde das Theater in der Steinstraße eröffnet, das von Jahr zu Jahr in der Gunst des Publikums wuchs. Ja in den Vorstädten St. Georg und St. Pauli entstanden Bühnen, welche immerhin als Abzugskanäle für das

Theaterpublikum zu betrachten waren. Herzfeld und Schmidt, um ihrer Bühne die Suprematie in Hamburg zu sichern, faßten daher den Plan: das alte Ackermann-Schröder'sche Theater auf dem Gänsemarkte, in dem die schönsten Erinnerungen der deutschen Kunst lebendig waren, gegen ein größeres, das den Forderungen der Zeit, d. h. einer Annäherung an die luxuriösen Hoftheater, angemessener sei, zu vertauschen.

Herzfeld erlebte die Ausführung nicht, er starb im October 1826. Lebrün ersetzte ihn in der Direction und seine Thätigkeit, sein erfindungsreicher Geist würde an diese Wendung der Dinge vielleicht nur neue Impulse geknüpft haben, wenn nicht die unselige Leidenschaft des Trunkes die Wirksamkeit seiner trefflichen Gaben, seiner liebenswürdigen Persönlichkeit aufgehoben hätte.

Das neue große Stadttheater, in welchem die Direction zur Miethe hausete, wurde am 2. Mai 1827 mit einem Prologe von Praetzel und einer Vorstellung des Egmont eröffnet.

Daß die Oper, namentlich die heroische, in diesem großen Theater sich vortheilhafter ausnähme, besonders da die Musik vortrefflich darin klang, daß Decorationspomp und Costümaufzüge, kurz alle Schaustellungen vortheilhafteren Raum gewonnen hatten, das war bald über allen Zweifel erwiesen. Aber ebenso zweifellos erwies es sich auch, daß dem Edelsten und Besten der Schauspielkunst, der natürlich bescheidenen Charakteristik, der leisen,

und Privatunternehmungen.

innigen Seelenschilderung, dem feinen, durch Blick und Miene verständigten Zusammenspiele, kurz gerade dem, was Hamburgs Ruhm seit beinahe 100 Jahren ausgemacht hatte — durch diesen zeitgemäßen colossalen Tempelbau das Todesurtheil gesprochen war. Das Beispiel München's hatte der Schauspielkunst keine Rücksicht erwirkt. Die personenkargen Situationen der bürgerlichen Stücke, welche, wie am Wiener Burgtheater, so auch hier, noch die wahren Kleinodien der Schauspielkunst waren, wie wurden sie auf dieser breiten Bühne auseinandergerückt! Und wenn sie sich naturgemäß sammelten, wie verschwanden sie auf der weiten Arena dieses Podiums! Der Schauspieler wußte nicht mehr, ob er Mienenspiel und Stimmausdruck für den Zuschauer auf den nahen Parquetbänken, oder den in der Tiefe der Logenreihen, oder gar der oberen Ränge einrichten sollte. Er hatte damit zwischen einer Entfernung von 10 oder 50 Fuß und darüber die Wahl. Schröder mit seinem schwachen und hohen Organ hätte auf dieser Bühne niemals wagen dürfen, seine tragischen Rollen zu spielen. Von nun an war den Talenten ein ungleich größeres Maaß von physischer Begabung und die Geltendmachung der Stimmstärke durch ein gesteigertes rhetorisches Pathos abgefordert. In Lustspielen aber mußten in Redeton, Miene und Geberden ungleich grellere Farben gebraucht werden.

So lange der unermüdlich rührige Schmidt noch die Direction im alten Style fortführte und befeuernd und belebend in Mitte der Thätigkeit stand, so lange die obengenannten Talente zusammenstanden, so lange die Meister aus der alten Schule noch den Ton des Ganzen beherrschten, fanden diese sich mit den hindernden Umständen so gut es ging ab, ohne dem alten Tone zu viel zu vergeben, die Uebel traten also noch nicht in ihrer ganzen Verderblichkeit an's Licht; aber sie schlichen sich ein, sie erkälteten allmälig und lockerten das Band des innerlichen Lebens in den Darstellungen. Tröstlich waren also auch in Hamburg nicht die Aussichten auf die Zukunft der deutschen Schauspielkunst; um so weniger, als die ungleich größeren Räume des Theaters einen ungleich größeren Kostenaufwand nach allen Richtungen hin erforderten und ihn zu beschaffen andere Hebel in Bewegung gesetzt werden mußten, als die bescheidene Menschendarstellungskunst.

Eine besondere Aufmerksamkeit fordert noch das Frankfurter Theater. Nicht weil seine Haltung im Ganzen von Bedeutung für die Kunst gewesen wäre, aber weil einige Talente ihm angehörten, merkwürdig in dem Entwicklungsgange der Schauspielkunst.

Caroline Lindner muß voran genannt werden, das Muster des reinsten Naturausdrucks in allen rührend weiblichen, naiven und ländlichen Charakteren, wie der drolligsten Erfindungskraft in komischen Rollen; durch die reinsten und einfachsten Mittel über die Thränen wie über das herzlichste Lachen ihrer Zuschauer gebietend. Die Fülle ihrer Körperformen wurde ihr, gegen Ende dieser

Periode, namentlich in idealen Rollen hinderlich, die sie dessenungeachtet die Schwachheit hatte mit Vorliebe zu begehren. Für die Tragödie mangelte ihr überhaupt die Gewalt und Höhe des Ausdrucks, nur in sanften Rollen wirkte der unwiderstehliche Zauber ihres Tones und ihrer rührenden Innerlichkeit. Käthchen, Suschen im Bräutigam aus Merico, die Rollen in den Frankfurter Localstücken u. s. w. blieben ihre vorzüglichsten Schöpfungen.

Wie Caroline Lindner die Naturpoesie der früheren Theaterepoche forterhielt, so konnte Weidner, der die Tyrannen, Intriguants und ähnliche Charakterrollen mit ausgezeichneter Virtuosität und vielem Verstande spielte, für einen Repräsentanten des uralten Comödiantengeistes gelten, unter dessen Herrschaft der Mensch ganz in sein Rollenfach aufging. Weidner hätte sich gern noch „Herr Tyrannenagent" u. s. w. tituliren gehört. War schon Brückl zu Ende des vorigen Jahrhunderts eine barocke Erscheinung, um wieviel mehr Weidner, der bis in die Mitte des neuen Jahrhunderts aushielt. Er ließ sich an den Tagen, da er Könige, z. B. den Philipp in Carlos, spielte, zu Haus von seinen Kindern knieend bedienen. Ein ungewohntes Costüm, eine besonders neue Maske (z. B. den König Friedrich II. im Herzogsbefehl) legte er tagelang vor der Vorstellung in seinem Hause an und spielte sich den Charakter in den verschiedensten Lebensäußerungen durch, um sich ganz darin bequem und zu Hause zu fühlen. Zieht man von diesen Dingen ab, was Narrheit war, so bleibt ein nachhaltiger Ernst und Eifer für die Sache übrig, dessen Verschwinden die Kunst eben nicht gefördert hat.

Nächst diesen beiden vorragenden Talenten war, nach Werdy's und der Frau Vohs Abgange nach Dresden, noch die elegante Frau von Busch, dann Haas und Otto im Fache der Väter, die älteren Komiker Lur und Leißring, dann der jüngere Hassel, der in Frankfurter Localstücken seinen Ruf zu begründen begann, und Becker, in jugendlichen Heldenrollen, zu nennen. Im Uebrigen herrschte ein unausgesetzter Wechsel im Personal, was nie ein Kennzeichen gedeihlicher Zustände ist. Die Regie war nach Werdy's Abgange Weidner übertragen gewesen, dem sie aber der wüsten, unsittlichen Wirthschaft wegen, die er dabei trieb, bald wieder abgenommen werden mußte, obschon er die Vorstellungen tüchtig zusammenhielt. Seitdem lagen die Zügel lose in schlaffen Händen. Die Direction wurde außer von einem Actienausschusse von Dr. Ihlee und dem Kapellmeister Guhr, für die Verwaltung von Malß im Geleise der Tagesforderungen erhalten. Darüber ging es nicht hinaus.

Von allen übrigen Stadttheatern und Privatunternehmungen überhaupt ist nicht zu sagen, daß sie sich in irgend einer Weise oder durch den Besitz irgend eines hervortretenden großen Talentes der besonderen Betrachtung werth gemacht hätten. Zeigen doch schon die ersten Theater sämmtlich einen sehr übereinstimmenden Zuschnitt, wie sollten die untergeordneten, die sich für nichts als indu=

strielle Unternehmungen gaben, mehr thun, als den tonangebenden Bühnen nachahmen? Die Talente, welche sich hervorthaten, wurden schnell zu den größeren Bühnen gezogen.

Die Zahl der **Wandertruppen** hatte sich durch die Errichtung so vieler stehenden Theater durchaus nicht vermindert und ihr Charakter war kein anderer geworden, als er seit 100 Jahren gewesen. Aber die Disciplin des Zunftzwanges war daraus gewichen und damit Alles, was diesen Banden, bei ihrer Bettelhaftigkeit, eine achtungswerthe Haltung gegeben. Unter den einzelnen Ausnahmen von Wanderbühnen, welche die Tradition des alten Geistes erhielten, ist die Faller'sche Gesellschaft hervorzuheben, welche Frankfurt an der Oder und einige schlesische Städte zu besuchen pflegte und schon mehrere Generationen hindurch die Prinzipalschaft bei dieser Familie erhalten hatte. Im Allgemeinen war das Wesen dieser ambulanten Theater treffend durch den jetzt gebräuchlichen Beinamen der Schmieren bezeichnet; nichts als der Schmutz der alten Zustände war ihnen geblieben. Die Regierungen und Magistrate fuhren fort, durch Concessionsertheilungen ohne Maaß und Bedenken den Unfug zu nähren und die Augen gegen alle Uebel zu verschließen, welche nothwendig daraus entstehen mußten.

Hatte sich in diesem allgemeinen Zustande gar nichts geändert, so muß es um so merkwürdiger erscheinen, daß die Lust an solchen untergeordneten Theaterverhältnissen bis in die höchsten Stände hin persönliche Theilnahme zu werben vermochte. Dieser Zeitabschnitt bietet das erstaunliche Beispiel dar, daß einer der größten Standesherren Mecklenburgs, der Landmarschall Graf Karl von Hahn-Neuhaus, Director von Wandertruppen wurde und es gegen vierzig Jahre, bis in sein höchstes Alter, blieb.

Der Graf hatte zu Anfang dieses Jahrhunderts auf seinem Gute Remplin ein Liebhabertheater mit dem Kostenaufwande von 60,000 Thlrn. eingerichtet und die Vorstellungen mit verschwenderischen Festen gefeiert, wie das andere reiche Edelleute früher gethan, z. B. der Graf von Brühl auf Pforten, und hatte wie jener sein Vermögen damit zerrüttet. Berühmte Künstler, so Iffland, Eßlair u. a., waren zu Gastspielen auf sein Schloßtheater eingeladen und fürstlich beschenkt entlassen worden. Daß er dabei mitgespielt, versteht sich von selbst. Er war von Eßlair's stattlicher Gestalt, jagte dessen Vorbilde nach, obschon er eine schwache Stimme und aristokratisch zurückhaltende Sprache hatte. Er spielte dessen Ritterrollen in einer gediegenen Silberrüstung, wie er denn mit dem Costüm, nach Art aller Theatersüchtigen, die luxuriöseste Liebhaberei trieb.

Nicht nur die Geldbeschränkung, welche ein Familiencuratel dem Grafen schon in seinem sechsundzwanzigsten Jahre auferlegen mußte*), machte diesem verschwenderi-

---

*) Er wurde auf eine Jahresrente von 6000 Thlrn. gesetzt.

schen Vergnügen ein Ende, der Theatermanie des Grafen
selbst genügten diese opulenten und sauberen Verhältnisse
seiner Schloßbühne nicht. Die Sättigung der Theaternarrheit von echtem Schrot und Korn verlangt das Va-
gabundentreiben und den Plunder der untergeordneten
Bühnenverhältnisse, ihr eigentliches Ideal ist die
Schmiere. Die echte Theaternarrheit berauscht sich
an dem Lampenduft, an der dumpfen Atmosphäre
schmutziger Coulissen und dem Staubathem einer verrum-
pelten Requisitenkammer; sie entzückt sich am Anblick eines
Ritterstiefels und an der Möglichkeit: aus tagesscheuem
Lumpenflitter eine abendliche Herrlichkeit herauszuputzen;
endlich hegt sie eine rührende Vorliebe für verwilderte
Comödianten, als den Märtyrern der Genialität.

Darum genügte dem Grafen auch das Coulissentrei-
ben am Schweriner Hoftheater nicht lange, nicht seine
vielfache Theilnahme an dem Theater in Altona unter Dr.
Albrecht's Direction. Kaum daß die Befreiungskriege
ihn der herrschenden Leidenschaft seines Lebens auf einige
Jahre zu entfremden im Stande gewesen waren, benutzte er
1815 die Gelegenheit, mit dem Schauspieler Ruhland
das Altonaer Theater zu übernehmen, um seiner Lust an
Ausstattung von Spektakelstücken genug zu thun, wobei
er gern bei allen dazu nöthigen Arbeiten selbst Hand an-
legte*). Schon nach Jahresfrist zwang ihn die aufge-

---

*) So schnitt er selbst sein kostbar gesticktes Sammetkleid,

laufene Schuldenlast, das Unternehmen aufzugeben und sich jahrelange Entbehrungen aufzuerlegen. Derselbe Vorgang wiederholte sich, als er im Jahre 1820 sich an die Spitze einer halbversprengten und nothleidenden Truppe in Lübeck stellte. Geduldig ertrug der Graf aber die Einschränkungen, welche zur Abtragung der aufgelaufenen Schulden nöthig waren, ohne im Mindesten von seiner Neigung abzukommen. Der Verkehr mit Theatermitgliedern war ihm Bedürfniß; was er jedoch immer dabei bewahren wollte, seine vornehme mäcenatische Stellung, war oft nur kümmerlich durchzusetzen*). Von nun an ließ ihn der Dämon seiner Liebhaberei auch nicht mehr periodisch los, er trieb ihn an, sich mit der Führung von weniger kostspieligen Wanderbühnen zu befassen, deren Treiben ihm zumeist zusagte, bei denen auch die Geldfrage nicht so gewichtig ist, daß sie öftere Unterbrechungen seines Vergnügens herbeigeführt hätte. So schwärmte er denn in Mecklenburg, Pommern und Hol-

---

das er als Landmarschall an Gallatagen getragen hatte, zu einem Waffenrock für Wetter von Strahl zu.

*) Das Curatel hatte ihm diesmal jede Geldverfügung entzogen und nur seinen geziemenden Unterhalt im ersten Gasthofe Lübecks gesichert. Um nun dessenungeachtet Schauspieler tractiren zu können, gab er immer eine Reihe von Tagen vor: unwohl zu sein, begnügte sich mit geringer Nahrung, um dann, zu der indessen aufgesammelten Berechtigung auf Speisen und Wein, Theatergäste einladen zu können.

und Privatunternehmungen. 151

stein umher, zu Zeiten nur Director und Acteur der Bühne eines Wirthshausgartens. Dann sah man ihn in den dreißiger Jahren in Mitteldeutschland mit zusammengerafften Truppen in Lauchstädt, Rudolstadt, Altenburg, Gera, Chemnitz, Meiningen, Magdeburg, Erfurt, endlich wieder 1837 in Altona, wo eine gefährliche Erkrankung seinen Wanderzügen auf einige Jahre Halt gebot.

Wie empfindlich auch die Prüfungen solcher Prinzipalschaften für einen Mann seines Ranges und seiner Verwöhnung gedacht werden müssen, er fand Geschmack daran, ertrug jede Entbehrung mit seiner Truppe in Selbstverläugnung und auf noble und gutherzige Weise*), scheute sich vor keiner Bedrängniß seiner unaufhörlichen Geldverlegenheiten.**) Ihn beglückte ein zigeunerhaftes Leben, der Verkehr mit dem leichtgesinnten Völkchen, das er um sich sammelte, das er wie seine Kinder liebte, sie auch so nannte, ihnen Undankbarkeit und Täuschung

---

*) Einem Schauspieler, der seinen Gehaltsrückstand begehrte und, da er ihn vertröstete, ihn rauh anfuhr: er habe nichts zu essen, entgegnete der Graf wohlwollend: „Ah, dann bin ich ja reicher als Sie und Sie müssen mein Mittagessen mit mir theilen." Er brachte es herbei, es bestand aus einigen kalten Kartoffeln und einem Stück Hering. Der Schauspieler entfernte sich beschämt.

**) Sein Theaterdiener mußte ihn einstmals, um ihn dem Personalarrest zu entziehen, zum Fenster hinaus an einer Waschleine zwei Stock hoch hinablassen.

leicht vergab, sie mit glänzender Garderobe herauszuputzen jeden glücklichen Gewinn vergeudete, die Tüchtigen unter ihnen auf's Höchste ehrte *). Wenn er jetzt noch mitspielte, so geschah es in Rollen, die seinem vorgerückten Alter entsprachen, aus Erinnerung an Ifland's und anderer Celebritäten Vorbilde: Herrn von Langsalm im Wirrwar, Thomas im Geheimniß u. s. w.; besondere Vorliebe behielt er für die Rolle des Samiel im Freischütz. Sein Steckenpferd blieb es aber, Donner und Blitz zu machen, Schüsse hinter der Scene abzufeuern u. dgl., den Statisten Schnurrbärte zu malen und sie zu schminken, gelegentlich zu souffliren oder Theaterbesuchern die Eintrittskarten abzunehmen.

Selbst sein höchstes Alter erkältete ihn nicht für seine Theaterwuth, die Bitten und Abmahnungen seiner Familie brachten ihn nicht davon ab**). Man hatte schon früher versucht, ihn zur Annahme einer Hoftheater-Intendanz zu bewegen, damit er in anständigen Verhältnissen seiner Neigung leben könne, immer hatte er es verschmäht, weil er nicht vom Einspruch eines Hofes oder einer Behörde abhängig sein wolle, eigentlich wohl: weil geregelte Bühnenverhältnisse ihm nicht zusagten. Dem Könige von Dänemark, der ihm sehr gewogen war, antwortete er

---

*) Der Leiche des Schauspielers Plock folgte er zu Fuß in seiner Gallauniform mit allen Orden, barhäuptig trotz des Regens.

**) Sein Sohn hatte längst die Güter angetreten, seine Tochter war die als Schriftstellerin bekannte Ida von Hahn-Hahn.

auf dessen Abmahnungen vom Theater: „Majestät! mein einziger Wunsch ist, auf der Bühne zu sterben."

Es ist wohl zulässig, eine so merkwürdige Episode in der Kunstgeschichte gleich an dieser Stelle bis zu ihrem Ende zu begleiten.

In den vierziger Jahren hat der Graf von Hahn die letzte Epoche seiner Prinzipalschaft betreten. Er übernahm 1842 das Theater in Kiel, ein Jahr später das in der Vorstadt St. Pauli in Hamburg, wo er mit der Kobler'schen Tänzergesellschaft und einer Oper in glänzender Ausstattung eine kurze Sensation erregte, aber bald wieder von seinem Sohne mit einer großen Summe ausgelöst werden mußte. Trotzdem findet man ihn wieder als Prinzipal im hannover'schen Lande umherschweifend, endlich 1856, den vier und siebenzigjährigen Greis, als Director eines Sommertheaters in Sommerhude bei Altona. Da entrückte ihn ein heftiger Anfall seines Gichtleidens dem Theater. In Altona von seinem Sohne standesmäßig und wohl versorgt, blieb er auch im Krankenzimmer seiner Liebhaberei getreu, schrieb zum Zeitvertreib Gesangparthien und Rollen ab, bis man ihn im Mai 1857 eines Morgens vom Schlage getroffen im Bette fand.

Auch diese merkwürdige Persönlichkeit, die mehr von der bunten, äußeren Gestalt der Schauspielkunst gefesselt wurde, nicht von dem Geist, der selbst in ihrer bettelhaftesten Gestalt Leben zu athmen vermag, zeigt uns die

Richtung, welche das Bühnenleben genommen hatte. Die Nachahmung des Hoftheaterluxus ruinirte auch die Unternehmungen des Grafen Hahn. Wäre er für die Pflege des eigentlichen Wesens der Schauspielkunst ebenso aufopfernd bemüht gewesen, so würden seine Mittel hingereicht haben, in kleinen Verhältnissen Musterhaftes zu leisten.

So ersieht man aus den Vorgängen bei städtischen wie Privatunternehmungen, daß das Beispiel der Hoftheater eine unausweichbare Wirkung auf alle hatte. Der äußere Glanz überwucherte und ertödtete das innere Gedeihen der Kunst, und wie die Hofintendanz die künstlerische Direction hinabgedrückt hatte, so war überall die Verwaltung zur Hauptfrage, die künstlerische Thätigkeit zu einer untergeordneten geworden.

IV.

Einfluß der Literatur auf die Schauspielkunst.

(1830.)

Wenn die Veränderung der Organisation bei den tonangebenden Theatern der deutschen Schauspielkunst so nachtheilig geworden war, behielt sie denn nicht in sich selbst Kraft und Mittel zu selbstständiger Aufrechthaltung ihrer Würde? Fand sie zunächst in der Dichtkunst, aus der sie den befruchtenden Geist in neuen Stoffen zu empfangen hatte, keine Kräftigung, Sammlung und Erhebung?

Unläugbar ist, daß in diesen ersten Jahrzehnten des neuen Jahrhunderts unsre dramatische Literatur eine Ergiebigkeit der Production gezeigt hat, wie bisher niemals, aber die beliebte Behauptung: daß große dramatische Dichter aus großen Zeitstimmungen hervorgehen, hatte sich auch hier nicht bewährt.

Die große Erhebung der Nation in den Freiheits-
kriegen hatte keine großen Dichter erweckt. Neue Impulse
hat daher die Schauspielkunst in dieser Periode nicht
empfangen; indessen hat es ihr an merkwürdigen dichterischen Talenten und an einer Menge von Anregungen
durch sie sowohl, wie durch Erneuerung älterer Dichtwerke, niemals weniger gemangelt.

Shakespeare hatte sich in der Schlegel'schen Uebersetzung immer mehr verbreitet, ebenso die spanischen
Trauer- und Lustspiele, diese hatten außerdem entscheidenden Einfluß auf die neueren Schöpfungen ausgeübt.
Kleist's Werke stellten sich auf der Bühne fest, wenn
auch noch in verkümmerter Gestalt, Grillparzer
brachte seine besten Gedichte, Müllner seine letzten.
Houwald's ganze so beliebte Productionszeit fiel in
diese Epoche, ebenso der andern lebenden Dichter, welche
schon gelegentlich des Berliner Repertoirs aufgezählt worden*), endlich hatte das französische Melodram hier seine
Glanzepoche, und die Fluth der französischen Lustspiele in
Uebersetzungen von Castelli, Hell, Curländer,
Blum u. A. war kaum zu dämmen.

Mannichfaltig und reich genug war also die dichterische Nahrung dieser Epoche, aber das Neue brachte der
Schauspielkunst des wahrhaft Gedeihlichen nur wenig.

Die Weimar'schen Impulse waren zu stark gewesen,

---

*) S. 14—20.

als daß das nachwachsende Dichtergeschlecht nicht, davon hingerissen, alle eigenthümliche Kraft hätte einbüßen sollen.

Tieck erhob dagegen in seinen dramaturg. Blättern, zu Anfang der zwanziger Jahre, seine Stimme. „Daß der Götzendienst mit Schiller's Werken," sagt er, „wie jeder Götzendienst, unsrer Literatur großen Schaden gethan hat, ist von Verständigen längst anerkannt und ausgesprochen worden. Die jüngeren Dichter haben fast alle seinen Ton nachzusingen versucht. Hätten sie nur auch seinen tiefen, ernsten Geist überkommen! möchten sie wenigstens seine Lust am Studium geerbt haben! Aber die Nachahmung besteht darin, links und rechts, mit vollen Händen Reflexionen und Sentenzen auszustreun. Schilderungen, Phantasien, Bilder, Einfälle erfüllen jenen Raum, der von Liebe, Schmerz, Empfindung und Gedanken sollte durchdrungen sein. Späterhin haben sie diese kalte Redseligkeit mit dem Allegorienspiel des Calderon verbinden können, ohne von dessen Begeisterung etwas zu fühlen; sie haben sich mehr von dem elegischen Tonfall der Trochäen hinreißen lassen und haben gefühlt, wie dieser — eben weil er weniger Gesprächsart hat — deklamatorische Schilderungen, umständliche Darstellung leidenschaftlicher Stimmungen begünstigt, deren isolirte, übertriebene Ausmalung man — von undramatischen Tönen getäuscht — weniger klar vernimmt und kritisch unterscheidet. Es giebt vielleicht unter den neusten Autoren Talente, denen es geradezu am leichtesten würde in Stanzen oder gar

Sonetten ein Schauspiel zu schreiben, weil ihnen die noch festere Form am schnellsten zuführte, was sie könnten zu sagen haben. Das Drama würde aber auf keinen Fall dadurch besser werden. Alle Künstelei ist überhaupt gar nicht so schwer, als sie beim ersten Anblick aussieht. Die ächte Kunst, die sich verbirgt, die den Schein des Zufälligen annimmt, die ganz wie Natur erscheint, ist weit schwerer zu erreichen."

Aus dieser Kritik entnimmt man allerdings schon, wie sehr der höhere Inhalt, die lebendig dramatische Kraft der menschlichen Seelenzustände in diesen zum Theil schiefen Nachahmungen abgeschwächt und verweichlicht waren und wie der Nachtheil davon sich an der Menschendarstellungskunst, gleich einer Rechnungsprobe, erweisen mußte. Das Weimar'sche Schönheits-Ideal hatte sich zu entschieden in die Form geworfen, der menschlich sittliche und Charakter-Inhalt der Goethe-Schiller'schen Muster war darüber der Schauspielkunst empfindlich verkürzt worden.

Daß die Nachahmung der spanischen Dichter hieran den entscheidendsten Theil haben mußte, thut uns das Urtheil Julian Schmidt's dar, indem er sagt*): „Calderon hat einen höchst nachtheiligen Einfluß auf unsre Bühne gehabt. Sein außerordentliches dramatisches Talent geht in seinem ästhetischen Eindrucke nicht mit

---

*) Geschichte der deutschen Literatur seit Lessing's Tode.

dem sittlichen Hand in Hand. Die Motive, sittlichen Grundsätze und Ideale seiner Helden müssen oft absurd und abscheulich erscheinen. Der Charakter der germanischen Literatur ist sittliche Autonomie, Herleitung der Schuld und des Schicksals aus dem Inneren der Menschen; der Charakter der romanischen Dichter dagegen ist die Unfreiheit. Sie stellen ihrer Poesie keine sittlichen Probleme, sie lassen nur die überlieferten Regeln an einem bestimmten Beispiele zur Geltung kommen. Ihre Tragik wie ihre Schuld liegt lediglich in den äußerlichen Situationen, von einem Kampfe im Innern der Seele wissen sie nichts, und darum ist die Leidenschaft, die sie darstellen, nur ein Rausch, das Schicksal ein Traum, die Versöhnung ein Act der Gnade, die Entwicklung ihrer Charaktere eine Reihe von Wundern oder auch ein Rechenexempel*). Ihre Figuren sind stereotyp, ihre Ideale geprägte Münzen, ihr Sittengesetz ein sinnloser Katechismus der fixen Idee. Freilich schmeichelt sich diese frostige Welt durch eine bilderreiche phantastische Sprache und durch den wunderbaren Duft einer glühenden Atmosphäre, die allen Gestalten einen zauberischen Reiz verleiht, den Sinnen ein, und man sucht um so mehr hinter dieser räthselhaften Märchenwelt, je trüber und verworrener sie aussieht."

---

*) Das spanische Drama bewahrt hierin seinen Ursprung aus dem Mysterium und die Verwandtschaft mit dessen frühesten Verhältnissen zur Schauspielkunst. S. Band I. S. 74, dann 87—88.

Was konnte die Schauspielkunst bei Reproduction dieses Dichters und gar seiner Nachahmer werden? unter denen wir selbst einen so kräftigen, ächt deutschen Dichtercharakter wie Immermann, in dem phantastischen Zauber befangen, nur Unfertiges hervorbringen sehen; unter denen aber die schwachen Talente in ihrem romantischen Idealismus ebenso trivial, wie die Nachfolger Lessing's in der naturalistischen Richtung geworden waren?*) Zur bloßen Repräsentation und Recitation mußte die Schauspielkunst sich aushöhlen, wenn die tiefste, redlichste Wahrheit der menschlichen Natur darzustellen nicht mehr ihre Aufgabe war.

Schon früh haben wir gesehen**), daß das Bewußtsein der sittlichen Freiheit, der individuellen Zurechnungsfähigkeit, also die Kraft des selbstständigen Gewissens, besonders befruchtend in den Entwicklungsgang der Schauspielkunst eingriff, haben beobachtet, daß darum Dicht- und Schauspielkunst vornehmlich im Protestantismus gewachsen waren; so hängt es denn damit zusammen, daß gegentheils die Kunst der Menschendarstellung — wie die Menschheit selbst — ihren Halt verliert, wenn ihr das sittliche Ideal mit einem bloßen Schönheitsideal ausgetauscht und ihr die Naturwahrheit verdächtigt wird.

Und die Schauspieler hatten es jetzt viel schwerer als vor hundert Jahren, da Gottsched ihnen die französische Manier

---

*) Man denke an Schenk's Belisar u. s. w.
**) I. Band S. 136.

der Alexandrinertragödien als Ideal auferlegte. Damals hatten sie doch bestimmte Muster vor sich: die französischen Schauspieler. „Das ist Schönheit, Erhabenheit, Idealität," sagte man ihnen, „dem strebet nach!" Sie wußten doch wenigstens genau, was man von ihnen wollte.

So glücklich waren die Schauspieler seit Beginn des neunzehnten Jahrhunderts nicht. Die idealen Forderungen der Weimar'schen Schule sind noch heutigen Tages ebenso viele Streitpunkte in der Aesthetik, wie mochte man verlangen, daß der an Bildung gänzlich vernachlässigte Schauspielerstand sie verstehen, und so sicher verstehen sollte, daß er ihnen lebendig sinnliche Gestalt zu geben vermöchte! Haben doch die Weimar'schen Meister sich selbst nicht einmal ihrer Aufgabe gegenüber zu genügen vermocht, denn sie gehen bei Allem, was sie der Bühne zumuthen, versuchsweise zu Werke. Welche Verschiedenheit unter den Schiller'schen Stücken und gar unter den Goethe'schen, deren fast keines dem andern in Ton und Auffassung gleich ist! Mit jedem Stück eine neue Welt, mit neuen Wesen, also neuen Aufgaben für die Schauspieler. Diese hätten in ihrer Bildung Schiller und Goethe überragen müssen, um alle die neuen Forderungen prüfen und nur die besten davon sich zu Nutze machen zu können.

Die sittliche Tendenz der Kunst, als Spiegel der Lebenswahrheit, und die daraus hervorgehende Bedingung der Naturtreue, beide wichtigen Glaubensartikel, die auch dem Kurzsichtigsten einleuchten und dem Begabtesten feste Stützpunkte auf dem Wege zur wahren Idealität — nämlich zur Darstellung der edelsten, schönsten Natur — bleiben konnten, wurden dem Schauspieler unter den Füßen hinweggezogen; dagegen sollte er sich an den schwankenden Begriff eines über die Natur hinausgehenden Ideal's halten*).

Muß eine Kunst, deren Material die Person des Künstlers ist, nicht verwirrt werden, wenn sie von Fleisch und Blut abstrahiren und in unbestimmbaren Schönheitsregionen einen idealen Leib erlangen soll? War es zu verwundern, daß in dieser Periode die Schauspieler experimentirten, um das über die Natur hinausgehende Ideal zu erfassen und daß sie zuletzt dahin kamen, es vor allen Dingen in möglichster Entfernung von der Natur zu suchen? Die schreiendste Affectation prunkte nun mit dem Bestreben zu idealisiren.

Ueberblickt man die Verwirrung der dramatischen Kunst in dieser Periode, so kann man sich bei aller Bewunderung unseres großen Dichterpaares des Erkenntnisses nicht erwehren, daß der Weimar'schen Schule eine zu dauernde Mustergiltigkeit zugeschrieben worden ist, ja daß es ein ästhetischer Fehler war, sie für den Gipfel der Vollendung auszugeben. Man darf sich vor dem Be-

---

*) Man vergleiche damit, was Bd. III. S. 235—36 von der Weimar'schen Schule gesagt ist.

kenntnisse nicht scheuen, daß im Verlaufe eines Viertel-
jahrhunderts schon, die Vernunft der Weimar'schen Schule
zum Unsinn, ihre Wohlthat zur Plage geworden war.

Die Schauspielkunst war — wie die bildenden Künste
in einer etwas früheren Periode — auf eine akademische
Manier gerathen, und suchte ihr Ideal in conventioneller
Verallgemeinerung, im Vorübergehen an ausgeführter
charakteristischer Natur. Keine Zeit hat soviel inhalt-
lose Routine hervorgebracht, als diese. Die Formen-
seligkeit, in welche die dramatische Literatur gerathen
war, mußte die Schauspielkunst nach sich ziehen. Wenn
die poetische Sprache oft nichts, als eine schwülstige Um-
schreibung und Umgehung des gewöhnlichsten Gedankens
war, wenn der sinnliche Eindruck wechselnder Versrhyth-
men die innere Eintönigkeit verbergen und durch diese
Annäherung an musikalischen Opernreiz den Hörer gewinnen sollte, mußte da die Deklamation des Darstellers
nicht auch hohl und leblos und auf bloß sinnliche Klang-
effekte hingedrängt werden?

Hinzu kam, daß der gänzliche Mangel an Schule in
Behandlung des Verses die Mehrzahl der Schauspieler
zu den verkehrtesten Verfahrungsarten brachte. Denn wie
sie sich anfangs gegen den Vers gesträubt hatten, so setzten sie jetzt ihre Ehre darein, sich im Verssprechen hervor-
zuthun. Wie man zur Zeit der Neuber mit der Skan-
sion des Alexandriners zu glänzen suchte, so hing man
sich nun an die wohlgefällige Spielerei mit wechselnden

Rhythmen und ließ das Publikum in einem Concerte mannichfaltiger Tonkadenzen schwelgen. Man glaubte der Bemühung des Dichters und dem poetischen Geschmacke besonders gerecht zu werden, wenn man alle Silbenmaaße, Cäsuren, Reime möglichst hervorhob, gerade als ob der Maler an seinen Gestalten die anatomischen, an seinen Landschaften die perspektivischen Hülfslinien sehen lassen wollte. Die von der Dichtkunst hereingeschleppte Künstelei machte den Schauspieler uneingedenk: daß das Kunstwerk nicht an seine Regeln erinnern, sondern sie vergessen machen solle.

Nun war es dahin gekommen, daß allgemein geschätzte Talente so weit ab von der Natur geriethen, daß sie den Redeaccent von dem wiederkehrenden Tonfalle des Versrhythmus regieren ließen, wodurch Wörter betont wurden, denen es nach dem Sinn der Rede nicht gebührte, sondern nur weil die Tonkadenz der Deklamationsmelodie darauf fiel. Und weil denn die Tonspielerei durch die Versspielerei eingeführt war, warf man unwillkührlich selbst auf die leichten Silben den Gesangaccent. Von ersten Talenten hörte man gēbēn, nēhmēn, ja um noch mehr Klang zu erzielen: gēbȫn, nēhmȫn u. s. w. sprechen.

Es konnte nicht fehlen, daß diese deklamatorischen Unarten auch auf die Prosa-Rede übertragen wurden, ja daß die Tonspielerei wieder bis zu den abgeschmackten Hülfsmitteln der ältesten Budenpraxis zurückkam: von den einzelnen Wörtern den Wechsel kräftiger und sanfter

Töne regieren zu lassen und überall — die eigentliche Stimmung der Rede mochte sein, welche sie wollte — die Wörter: Kraft, Gewalt, Zorn, Haß, Rache u. s. w. mit starker oder heftiger Stimme, dagegen: Herz, Liebe, Freude, Gemüth u. s. w. mit gerührtem Flötentone zu sprechen.

Zu allen solchen rednerischen Künsteleien und Verirrungen reizten die Dichter. Jene Monologen in wechselnden Versmaaßen, jene isolirten Schilderungen, die Paradestücke der Erzählungen, die Gebete, die aus dem dramatischen Dialog hervortretenden lyrischen Ergüsse oder Effektstellen*), die eingestreuten Sonette gar, die nach Calderon's Beispiele von Körner, Klingemann, Müllner, Grillparzer, Houwald, Raupach u. s. w. geboten wurden — sind sie nicht förmliche Virtuosenstücke für den Deklamator? Sind sie nicht den Arien der Oper zu vergleichen, isolirt wie diese aus dem Recitativ hervortretend, ganz geschickt, gelegentlich hinweggelassen oder wo andershin eingelegt zu werden?**) War es dem Schauspieler nicht zu verzeihen, wenn er sich diese Effectstücke zu Nutzen machte und darüber das eigentliche

---

*) Wie die in der Ahnfrau: „Ja ich bin's Du Unglücksel'ge" u. s. w.

**) Welch bedenkliches Beispiel hatte Schiller mit den Monologen der Beatrice und der Maria Stuart, in Don Manuel's Einkaufsbeschreibung, selbst mit Max Piccolomini's Rede vom Frieden gegeben!

dramatische Leben ebenso vernachlässigte, als es die Dichter gethan?

Das unverstandene Weimar'sche Ideal hatte die Schauspielkunst um die charakteristische Kraft und Naturtreue gebracht, die allein sie stark machen konnte, Lessing's ehrenvoller Aufforderung zu genügen und für den Dichter zu denken, wo diesem etwas Menschliches widerfahren war — also wie Schröder und Fleck bei Darstellung des König Philipp und des Wallenstein, nur die Charaktere, nicht ihre Rhetorik hervorzuheben.

Gerade in den Dichterschwächen suchte die Schauspielkunst jetzt ihre Stärke, im Nachtheil der Weimar'schen Schule ihren Vortheil. Die Rollen des Philipp, besonders die des Wallenstein, wurden jetzt von den angesehensten Darstellern in zahlreiche tönende Declamationsstellen zerlegt, um jede bis zu einem Klatscheffecte aufzubauen.

Der Weimar'schen Schule getreu, begrenzte man das Idealisiren auf die Tragödie und das Versstück. Man hatte sich einen besonderen poetischen oder tragischen Ton angeeignet, in dem denn auch die geringfügigsten Dinge gesprochen wurden; es wiederholten sich die Manieren aus den Haupt- und Staatsactionen, wie aus dem französischen Alexandrinerpathos.

Um so stylloser erschienen dann die größeren Vorstellungen, in denen Talente, welche zumeist im Lustspiele beschäftigt waren, und die ihren natürlichen Ton nicht aufgaben, sich zu betheiligen hatten.

Merkwürdig, daß gerade im Wiener Burgtheater, wo das bürgerliche Stück und das Lustspiel noch immer in einer Vollendung anmuthiger Natürlichkeit gespielt wurde, und unter Schreyvogel's Augen, im ernsten Drama der Deklamationseffect des gedehnten Crescendo sich zu bilden begann, welcher wegen seiner wohlerprobten Wirksamkeit bis in die neueste Zeit ausgebildet und verbreitet worden ist.

Der Anlaß dazu ist wohl Sophie Schröder zuzuschreiben, welcher es in der zweiten Hälfte ihrer Laufbahn wie Eßlair, oder wie fast allen Meistern in allen Künsten erging, daß ihre schönsten Effecte zuletzt zur Manier ausarteten. Nun aber lehrt leider die Erfahrung, daß das Publikum den Virtuosen erst dann auf die höchste Woge des Beifalls hebt, sobald er anfängt manierirt zu werden, weil das wahrhaft Schöne, anspruchslos Natürliche bei Weitem nicht so sehr zum Beifall reizt, als die über die Natur hinaus, auf starken Reiz und Effect gehende Manier, in deren deutliche Aufforderung zum Beifall sich auch das Publikum viel bequemer zurecht findet. So verlockte denn auch die stürmische Bewunderung, welche Sophie Schröder in Wien erwarb, ihre Kunstgenossen zur Nachahmung.

Bei so kräftigen und lebenswarmen Talenten nun, wie Sophie Schröder, Anschütz, Kunst, Rott und

Sophie Müller, einem so sinnlichen und gemüthvollen Publikum gegenüber, unterschied sich diese Deklamationsmanier von dem kalten, förmlichen und monotonen Charakter, der sich von Weimar aus verbreitet hatte; in Wien bekam sie wärmere Accente, einen empfindungsvoll gemeinten Tonfall.

Man wußte sich sehr viel damit, daß man die vornehme, imponirende Prätension von kalter, griechischer Idealität verschmähte, aber man verfiel statt dessen in eine Koketterie mit dem Ausdruck von Gemüthswärme, Innigkeit und Leidenschaft.

Die Wiener Manier jagte viel mehr dem Beifall nach als die Weimar'sche, sie war populär, dem Geschmack der Massen schmeichelnd, während jene ursprünglich sich gelehrt und aristokratisch geberdete. Die Wiener Manier baut den Vortrag der Sentenzen, Maximen und lyrischen Ergüsse der modernen Tragödie so effectvoll auf und gipfelt sie so geschickt zum Beifallssignal, daß sie die Darstellung zu einem Virtuosenconcert von sogenannten schönen Stellen macht, von brillanten Momenten, deren recht viele hervorzubringen für ein Zeugniß künstlerischer Trefflichkeit gilt, weil es eine ebenso große Anzahl von Applausen einträgt. Das Publikum, „immer zufrieden, wenn es nur gereizt wird," nimmt eine Reihe von rhetorischen Kunststücken willig anstatt dessen an, was es von der Kunst der Menschendarstellung eigentlich zu fordern hätte. Zufrieden, wenn ihm Beifall abgelockt wird, mißt es seltsamer Weise nach dem Maaße des eignen Beifalls — den es bei ruhiger Ueberlegung oft wieder zurücknehmen möchte — den Werth der Kunstleistung. Diesen Beifall aber lockte die Wiener Deklamationsmanier besonders durch ein Mittel hervor, das noch von Iffland datirte: die D e h n u n g nämlich.

Die Sache ist genauerer Erörterung werth. Es ist natürlich, daß der Sprechende, wenn er in seiner Rede etwas hervorzuheben hat, auch seine Stimme erhebt, den Ausdruck steigert, wenn er zu Ende der Rede mit einem bestimmten summarischen Eindruck abschließen will. Erregung des Gefühles dabei, Begeisterung, leidenschaftliche Bewegung gar, werden eine noch größere und äußerste Steigerung hervorbringen. Gewöhnlich nun wird die Rede dadurch befeuert, beschleunigt werden, oft bis zum Sturm der Eile und des Ueberstürzens der Worte. Auf dies Naturmotiv gestützt überboten von jeher die Schauspieler, um Effect zu machen, oft ihre Stimme bis zum Ueberschreien, die Befeuerung der Rede bis zur künstlichsten, athemlosen Geschwindigkeit, bis zum Ueberpoltern in Undeutlichkeit und Krafterschöpfung; wie Lessing es in der Dramaturgie rügt.

Iffland aber, dessen mangelhafte Begabung für das Trauerspiel ihn zur Erfindung so manchen Auskunftsmittels trieb, vermochte dieser Verwöhnung der Darsteller wie des Publikums nur ein Extrem entgegenzustellen, um Eindruck zu machen. Seine Kurzathmigkeit ließ die leidenschaftliche **Beschleunigung** der Rede nicht zu, so verfiel er auf ihre **Dehnung***). In der Wirklichkeit wird die Rede in solchen Stimmungen, in denen der Sprecher selbst hingerissen ist, nicht gedehnt, gleichviel! Iffland wußte, daß das Publikum immer zufrieden ist, wenn es nur gereizt wird, daß Eiseskälte ebensowohl auf den menschlichen Organismus reagirt, als Gluthhitze, und steigerte also seinen Vortrag da durch Dehnungen, wo dies bisher in Beflügelung der Worte gesucht worden war. Der Erfolg war derselbe: Applaus.

Auch hierin war der Nachtheil seines Beispiels dauernder gewesen als der Nutzen seiner Lehren. Nicht als ein Auskunftsmittel hatte Sophie Schröder den Effect der Dehnung sich angeeignet, sondern zur Bereicherung des Arsenales ihrer hinreißenden rhetorischen Wirkungen; verführte aber die Gewalt ihrer Stimme dabei schon zur Nachahmung, so hatte man auch sehr bald ausgefunden, daß die Dehnung der Effectstellen ungleich weniger Kraftaufwand erfordert, als die Befeuerung, und daß die Wirkung gleichwohl unfehlbar. Viel sicherer als durch natürliche Erwärmung des Vortrags wird das Publikum durch dessen Breiterwerden darauf vorbereitet, daß es jetzt aufmerken solle: es komme ein Effect, der nun den Ohren sich ebenso gewiß aufdrängt, wie auf einem Bilde dem Auge der breite Pinselstrich einer outrir-

---

*) III. Bd. S. 297.

ten Lichtwirkung. Ja, gilt es den Schluß einer Rede zu
steigern, so wächst die Dehnung immer mehr, die Wörter werden immer gewichtiger, jede Sylbe wird schwerer
als die andere, der Ton steigt immer höher — immer
höher — immer breiter — bis endlich — das Schluß-
wort centnerschwer hinabstürzt und den Einschlag des
Beifalls, durch diese unwillkürliche akustische Reizung,
herbeiführt. Bei diesem Seiltänzermanöver sieht die
Menge den rhetorischen Equilibristen das Seil hinauf-
gehen, die Fahnen breiter und immer breiter ausschwin-
gen, mit dem letzten breitesten Auswehen hinabwerfen,
das Kunststück ist zu Ende, der Triumphator steht oben
— welches Publikum klatschte da nicht in die Hände!
Eine Analogie dieses Effectes findet sich in der neueren
Musik; Beethoven kann für dessen Erfinder gelten: Das
Breiterwerden des Rhythmus, in Verdoppelung des No-
tenwerthes beim Crescendo, gehört zu seinen schönsten
Wirkungen. Daß sie in der neuen Oper verwendet worden, ist natürlich, in der Redekunst steht sie als ein
Operneffect da.

So hatte die pathetische Deklamation in Wien eine
sinnlich-gemüthliche Schminke bekommen, war jedoch
dadurch um nichts natürlicher und lebendiger geworden.

Der Aufmerksamkeit Schreyvogel's kann die Gefahr
davon nicht entgangen sein; warum er auf die künstlerische
Technik nicht leicht einwirken konnte, ist schon besprochen*)

---

*) S. 89—90.

und als diese Manier in ihre volle Blüthe trat, wurde er entfernt.

Aber die hier aufgeführten Uebel waren es nicht allein, welche auf dem Sprachgebiete der Schauspielkunst durch die herrschende Richtung in der dramatischen Literatur entstanden; auch der Hang zum Fremdländischen sollte deren bringen. Ahmten unsre Dichter schon Shakespeares und Calderons Periodenbau in ihren Originaldichtungen nach, so suchten sie um so mehr besondern Ruhm darin: bei allen Uebersetzungen die fremdländischen Sprachformen so genau als möglich wiederzugeben und darüber der deutschen Sprache Gewalt anzuthun; der Schauspieler zerbrach sich fast die Zunge über den geradebrechten Periodenbau und vermochte dennoch nicht die Rede zu verständlichen.

War man im vorigen Jahrhundert beim Nationalisiren der ausländischen Dramen platt geworden, so wurde man jetzt bei der ausländischen Verkünstelung der Sprache absurd, und die Schauspielkunst büßte hierbei unendlich mehr ein, als bei jenem Verfahren; sie verlor immer mehr an gesundem nationalem Boden. Sogar im Lustspiele sollte ihr derselbe nicht mehr die altgewohnte reiche Nahrung der Naturwahrheit bieten, im Lustspiele, von dem Lichtenberg sagt: daß Publikum und Schauspieler immer am meisten darin zu Hause seien.

Auf diesem Gebiete war man in der Richtung verblieben, die Kotzebue angegeben, und alle Uebel, die sich schon am Schlusse des vorigen Jahrhunderts damit angekündigt*), hatten fortgewuchert. Das Gebiet des Charakterlustspiels, von Molière und Holberg eröffnet, auf dem Lessing das Muster der Minna von Barnhelm aufgestellt, dies Gebiet war fast verödet. Die Stücke dieser Dichter, sowie ihrer Nachfolger: Schröder und Iffland, waren von den Bühnen um 1830 — mit Ausnahme des Wiener Burg- und des Hamburger Stadttheaters — verschwunden. Man verstand sie nicht mehr zu spielen, nicht zu sehen. Nach französischen Mustern waren überraschende Verknüpfung der Handlung, Reiz der Situation und leichte witzige Conversation als allein geltende Elemente der Comödie übrig geblieben. Die gediegeneren Autoren dieser Gattung: Contessa, Schall, Steigentesch, Müllner, Ludw. Robert waren um das Jahr 1830 auf dem Repertoir höchst selten geworden; was sich darauf erhielt, waren möglichst genaue Copien Kotzebue's, so die von Töpfer, Bauernfeld, Holbein, Karl Blum, Vogel, Lebrün, Clauren u. A. Die abgeschwächten Charakterzeichnungen konnten nur durch höchstbegabte Darsteller zu wirklich individuellem Leben selbstschöpferisch ergänzt werden**). Die Mehrzahl der mittleren oder unerfahrenen Talente

---

*) III. Bd. S. 224—30.
**) Wie durch Ludwig Devrient s. S. 27.

suchte vergebens bei den Dichtern des Tages anregende und zurechtführende Aufgaben.

Der Mangel an durchgeführter Charakteristik, an frischen Naturmotiven — die nur wiederaufgewärmte Theatergestalten und Wirkungen ersetzen sollten — drehte die Darstellung sämmtlicher Rollenfächer in einem Kreise von theatralischen Conventionen herum. Nicht das Leben spiegelte das moderne Lustspiel ab, sondern nur Reflexe schon dagewesener Spiegelbilder. In einer Periode, in welcher Clauren der beliebteste Autor war, konnte die Schauspielkunst aus der Lustspielliteratur keine Krafterneuerung schöpfen. Die Darstellung wurde hohl, wie die des Trauerspiels, eine gewandte verallgemeinernde Routine, gesuchte komische Effecte und Karikaturen bezeichneten hier die Idealitätsperiode, wie in der Tragödie die Deklamationsmanier.

Aber es sollte noch Schlimmeres dazu kommen.

Deutschland hatte das politische Joch der Franzosen abgeschüttelt, doch das ihres leichtfertigen Geistes nahm das deutsche Theater wie eine Zierde auf sich. Das Lustspielrepertoir war ganz vorbereitet, sich den durch Scribe jetzt lebhaft bewegten Productionen der Pariser Boulevardstheater zu öffnen, die nun wie ein Heuschreckenschwarm auf alle unsre Bühnen niederfielen. Tieck sagte davon: „Diese frivolen Schriftsteller der Franzosen, die täglich dem übersatten und stumpfen Gaumen des Publikums etwas Neues liefern sollen, nehmen in Eil und Ueber=

eilung zu allen Mitteln, die ihre Imagination anbietet, ihre Zuflucht. Bald ist es liberale Opposition, so viel sie die Polizei umgehen können, bald grobe Schmeichelei des Hofes, heut eine Wundergeschichte, morgen eine anstößige Begebenheit, dann ein Geklätsch der Stadt, eine neue Verordnung, eine Anecdote, Hoffnung und Furcht, Krieg und Friede, was nur eben ein Interesse — sei es auch nur auf achtundvierzig Stunden, sei es selbst nur bei den oberflächlichsten und gemeinsten Menschen — erregen kann, alles das wird ergriffen, um daraus ein Theaterstück mit oft sehr eindeutigen Zweideutigkeiten zu arbeiten, um zu leben, Geld einzunehmen, und es morgen — die leichtsinnigen Zuschauer sowohl als die Dichter — zu vergessen.

„Aber wir Deutsche geben uns dazu her, uns alles dies in schlechten Uebersetzungen vorspielen zu lassen, ohne die Schauspieler zu besitzen, für deren besondere Fähigkeiten oft diese Stücke geschrieben sind, ohne daß uns die Armuth durch das Verständniß der Localbeziehungen und witzigen Anspielungen gewürzt würde, und ohne diesen matten Producten, — wie der Pariser es vermag — in besseren Theatern ausweichen zu können.

„Und je leichter und unbedeutender die Stücke, um so schwerfälliger und undeutscher die Uebersetzungen. Oft kaum über die Lippen zu bringen ist das vorgebliche Deutsch, in welchem sie sich vernehmen lassen. Wie könnte aber auch die Eil, mit der jeder der Verdeutscher dem andern voranlaufen will, sich die Zeit lassen gut und mit Vorbedacht zu übertragen, die Stücke selbst zu sonden? In mehr als einer Stadt erwartet man die Post, um schnell, schnell die erste Scene zu übertragen, wenn man vielleicht die letzte noch nicht kennt."

So wurde dem deutschen Publikum auch im Theater das Neueste aus Paris gezeigt, wie man ihm die Kleidermoden brachte. Es geschah dies in Vorstellungen, welche weit hinter den französischen zurückstehen mußten. Denn die Pariser Theater haben wirklich den Vorzug, welchen ihnen Richard Wagner zuspricht: „Vollkommene Originaltheater zu sein, bei deren Productionen Zweck und Mittel, wie deren Uebereinstimmung, genau in Betracht gezogen werden." Was dort aufgeführt wird, ist gerade nur für dieses Theater, seine Richtung, sein Personal, seinen Ton und sein Publikum erfunden. So bestimmt ist dort der innere Zusammenhang der in der Dramatik wirkenden Elemente begriffen *).

Und von so begünstigten Theatern nahm Deutschland das Unbedeutendste ihrer Vorstellungen: ihre Gedichte herüber, löste den Reiz der witzigen Vaudeville's in gesprochene Prosa auf, tilgte alle Localfarben und mußte die meisten Anspielungen fallen lassen. Die Rollen,

---

*) Einen so vollkommen geschlossenen Charakter, wie die Pariser Theater, hatte in Deutschland nur das Leopoldstädter Theater in Wien.

Einfluß der Literatur auf die Schauspielkunst. 177

welche den Pariser Darstellern auf den Leib geschrieben waren, in denen ihre Persönlichkeiten, Virtuosenforcen, ja ihre Mängel benutzt waren, sollten nun deutschen Schauspielern gelingen. In Paris wurde ein solch unbedeutendes Stückchen mit 12 bis 15 Proben zur äußersten Präcision, Glätte und Eleganz des Ensemble's gebracht, das nun in Deutschland mit höchstens drei Proben nur in den nothdürftigsten scenischen Zusammenhang kam. Nimmt man die Angely'schen Bearbeitungen aus, welche einige dieser Vaudeville's für das Königstädter Theater in Berlin vollständig localisirten, so dienten die übrigen nur dazu, die deutschen Schauspieler mit nachlässiger Flüchtigkeit und oberflächlicher Routine aus einer Neuigkeit in die andre zu jagen, an deren keiner das Talent wachsen oder sich bereichern konnte. Ein bloßer Tagesverbrauch der künstlerischen Kräfte.

Selbst die ausgeführteren, oft mit vielem Talent geschriebenen französischen Lustspiele wirkten nicht zur eigenthümlichen Entwicklung der deutschen Kunst, weil sie auf eine durchgeführte Darstellung von Schwächen, Leidenschaften, Charakteren nicht ausgingen, überall mehr durch Situationen und epigrammatischen Dialog wirkten und von den menschlichen Zuständen nur den Schaum vom Becher abschöpfen wollten; und dies wohl noch mit einer Frivolität, welche Zucht und Sitte der bürgerlichen Gesellschaft unterwühlten.

Noch zu keiner Zeit in der ganzen Kunstgeschichte war

bisher die Schauspielkunst so zum bloßen Modezwecke und zur Geschmacksvergiftung gemißbraucht worden.

Es fehlt nur noch, das französische Melodrama zu nennen, um den Ring des literarischen Einflusses zu schließen, an dem die Schauspielkunst krankte.

Diese Gattung hatte seit ihrem Erscheinen mit Rousseau's Pygmalion*), sich nur in ganz vereinzelten Vorstellungen erhalten; jetzt, wo das französische Drama der Despotie des unnatürlichen Canons in der Tragödie loszuwerden trachtete, kamen — als Vorläufer der Schreckensepoche unter Victor Hugo und Dumas u. s. w. — die Criminalgeschichten auf die Boulevardstheater; die begleitende Musik mußte den Nervenreiz der gewaltsamen Vorgänge, die Spannung, die Furcht und den Schrecken verstärken. Es handelte sich dabei nicht, wie bei dem älteren Melodram, um Entfaltung plastischer Schönheiten.

Diese Melodramen gingen ebenso wie die Mordspektakel des 17. Jahrhunderts**) auf übermannende, packende, und Entsetzen erregende Wirkungen aus, sie vermieden sichtbare Folter- und Blutscenen nur, weil der weichlicher gewordene Sinn des Publikums diese nicht mehr ertrug. Daß es in diesen Dramen ebenfalls nicht auf durchgeführte Charaktere, auf natürliche Uebergänge in den Sce-

---

*) Band II. S. 252.
**) Band I. S. 170.

lenstimmungen ankam, sondern auf grelle, grasse und unvermittelte Effecte, liegt am Tage. Die Schauspielkunst mußte hier zur Uebertreibung genöthigt werden, die gewöhnliche Begleiterin innerer Leere und Leblosigkeit.

Ein schlimmes Resultat, das uns die Ueberschauung des Literatureinflusses dieser Periode liefert, in der Lessing's Richtung, die deutsche und natürliche, verlassen war. Wir sehen die Schauspielkunst von der Verstragödie zur Deklamationskünstelei geführt, vom Original- wie Uebersetzungslustspiele auf dem Kotzebue'schen Verflachungswege erhalten, in hohler Routine das Hergebrachte durch Uebertreibung würzend und endlich durch das Melodram in's Fratzenhafte gerissen. Diese Verlockung zum falschen, vortheilbringenden Effect, wie empfänglich mußte sie die Künstler gerade bei den obwaltenden theatralischen Verhältnissen, bei der kunstfremden Leitung finden!

Die Gerechtigkeit fordert, von diesem nachtheiligen Einflusse der modernen Literatur einzelne Erscheinungen derselben auszunehmen, voran die reiferen Gaben Grillparzer's, des bedeutendsten Dichters dieser Periode, wie sehr dabei auch zu bedauern ist, daß auf dem beengenden und entnervenden Boden Wien's — diesem Capua siegreicher Dichterkraft — sein Talent der Bühne nicht erfüllte, was es in Sappho, Medea und Ottokar verheißen. Ebenso muß die Betrachtung bei dem Schriftsteller verweilen, welcher beinahe zwei Decennien lang das deutsche Repertoir beherrschte, und durch den Cha=

rakter seines Wirkens, ja selbst durch seine Mängel, vortheilhaft auf die Schauspielkunst dieser Epoche reagirte.

Ernst Raupach, von dem hier die Rede ist, wurde zunächst um seiner Vielschreiberei willen angefochten, und unläugbar ist es, daß er durch diese Ueberproduction den Werth seines Talentes und dessen dauernde Wirkung sehr beeinträchtigt hat, aber er dämmte auch dadurch die vollständige Ueberschwemmung mit französischen Stücken, der die deutsche Bühne verfallen schien. Aus dieser bestimmt ausgesprochenen Absicht benutzte er sein am Berliner Hoftheater erlangtes Ansehen, um fast alle vier Wochen eines seiner neuen Stücke auf das Repertoir zu bringen, von wo aus sie sich rasch verbreiteten und den Uebersetzungen den Raum verwehrten. Um dieses Manövers willen muß ihm diese Vielschreiberei als ein Verdienst angerechnet werden, dies um so mehr, wenn man betrachtet, daß seine Stücke durchaus deutschen Geistes waren, daß er selbst in seinen Lustspielen und Possen sich fern von französischen Mustern, viel eher zu den stammverwandten Shakespeare's und Holberg's, hielt. Allerdings ging sein Bemühen dahin, sich auf der Woge des Tagesbeifalls zu erhalten, er versuchte sich deshalb in allen Gattungen, benutzte alles, was gefiel; aber in seinen meisten und hauptsächlichsten Unternehmungen hat er der Schauspielkunst nur würdige, ja großartige Gegenstände zur Behandlung gegeben, sie ihres erhabenen Berufes eingedenk erhalten.

Man nannte Raupach oft den modernen Kotzebue

und hat ihm damit fast ebenso sehr geschmeichelt, als zu nah gethan. Er besaß nichts von Kotzebue's Leichtigkeit, Gewandtheit und Grazie, dagegen ist er rein von dessen verunsittlichendem Einflusse, von der Verflachung in der Charakteristik und überall hat er auf den Gedankeninhalt, auf das Tiefbedeutende der Dinge hingewiesen.

Wenn er in Einzelfällen auch der literarischen Mode Concessionen gemacht, so hat er doch durch den Gesammtcharakter seiner Werke, wie gegen den französischen Geschmack, so auch gegen die verschwebelnde Romantik und die falsche Idealität ein Gegengewicht abgegeben; und gerade durch das, was man an ihm vermißte. Die Verstandespoesie, die trockne Professorlogik seiner Diction, die man ihm vorwarf, brachte die Schauspielkunst in Etwas aus dem Rausche des Deklamationsgesanges zur nüchternen Vernunft des Sprachgebrauches zurück.

Auch gab er wieder das erste Beispiel von einem naturgemäßen Anschlusse an die Schauspielkunst, von dem Bestreben: von ihr selbst zu lernen, wie der Dichter ihr zu Hülfe zu kommen, sie zu fördern, zu erheben habe. Er folgte hierin nur Lessing's Beispiele und dem praktischen Erfahrungsresultate Goethe's in seinem Alter, welches dieser in seinen letzten Lebensjahren gegen Eckermann dahin aussprach: „Ein Stück auf dem Papier ist gar nichts, der Dichter muß die Mittel kennen, mit denen er wirken will, er muß seine Rollen den Figuren auf den Leib schreiben, die sie spielen sollen."

Ein System, das Shakespeare und Molière augenscheinlich bis auf's Wort befolgt haben, Raupach nur mit großem Vorbehalt beobachtete. Nichtsdestoweniger hat man Raupach deshalb zu blamiren gesucht, als schriebe er nur Virtuosenstücke den Berliner Schauspielern zum Munde, während ganz bestimmt nachzuweisen ist, daß er die Talente nicht nur benutzt, und sich ihnen accommodirt, sondern durch seine Aufgaben ihre Entwicklung und Erweiterung entschieden gefördert hat. Zweifellos steht dies in Bezug auf Frau Crelinger, auf Lemm, Eduard Devrient u. A. fest. Seine heftigsten Verfolger dagegen haben später im Uebermaaße gethan, wessen sie ihn beschuldigt.

Daß aber ein Dichter von so angefochtener Stellung in der Literatur, von so vorübergehendem Renommé wie Raupach, als ein besonderer Wohlthäter für die Schauspielkunst anerkannt werden muß, beweist, wie wenig diese überhaupt von der Literatur dieser Periode empfangen hat. Daß man Raupach seinen Anschluß, seine Verständigung mit der Schauspielkunst zum Vergehen anrechnen konnte, deckt den fortzeugenden Keim zu vielen Uebeln dieser Epoche auf: es war die durch die Weimarsche Schule wieder aufgerissene alte Spaltung zwischen dem gelehrten und dem Volksdrama, zwischen Literatur und Schauspielkunst*).

Seitdem Goethe und Schiller der Dichtkunst die

---

*) Band III. S. 257.

Suprematie über die Schauspielkunst erworben hatten,
glaubten die Schriftsteller sich zu jedem Mißbrauch dieses
Verhältnisses berechtigt und nahmen vor allen Dingen
die abgesonderte vornehme Stellung des gelehrten Dra=
ma's wieder ein. Goethe und Schiller hatten bei so
vielen ihrer dramatischen Gedichte auf deren Aufführbar=
keit nur secundäre Rücksicht genommen, Goethe bei dem
größten seiner Werke „Faust" ganz von der Bühnenrea=
lität abgesehen. Ludwig Tieck hatte in seinen dramatischen
Gedichten die Schrankenlosigkeit liebenswürdig, Grabbe
die Ungeheuerlichkeit und die Fratze imponirend gemacht,
und die Behauptung war immer noch nicht widerlegt: daß
es nur auf die angemessene Darstellung ankomme, um
diese Gedichte der Bühne zu gewinnen. Der formelle
Zwang, welcher in Weimar über die Schauspielkunst ge=
lungen war, ließ sich immer noch als Musterschule empfeh=
len, und so hielten denn die meisten Schriftsteller es unter
ihrer Würde, sich über die Natur der Schauspielkunst, ihre
Erfordernisse und Bedingungen Aufschluß zu verschaffen;
oder nur auf den lebendigen Pulsschlag des Volksantheils
zu achten, der sich vor der Bühne so verständlich äußert.
Das gelehrte Studium, die Nachahmung fremder Muster,
die unsre dramatische Literatur so vielfach irregeleitet, waren
wieder ihre Grundlage geworden; das **Bücherdrama**
stand mehr als jemals in Flor. „Auf einem Abwege",
sagt West (Schreyvogel) in seinen dramaturgischen Brie=
fen, „auf welchem Geister von Goethe's und Schiller's

überlegener Urtheilskraft, Verirrungen nicht vermeiden konnten, mußten Köpfe von weniger Geistesstärke und Selbstständigkeit nothwendig in's Ungereimte und Geschmacklose verfallen, bis endlich der große Haufe unfähiger Nachahmer in seinen ebenso geist- als formlosen Produkten, die Gipfel des Unsinns und der Abgeschmacktheit erstieg. Von dem Zeitpunkte an, wo eine Kunst sich von ihrer natürlichen Bestimmung entfernt und die Gegenprobe der praktischen Anwendung verschmäht, muß sie in das Willkürliche und endlich in das ganz Zweckwidrige ausarten *).‟

Aber nicht genug, daß auf dem unfruchtbaren Abwege des Bühnendrama's, der Schauspielkunst manch schöner poetischer Stoff verloren ging, die Schriftsteller glaubten sich auch zu der Prätension berechtigt, daß ihre — ohne Rücksicht auf die Bühne gefertigten Gedichte — dennoch von derselben verlebendigt werden sollten. Hatten sie sich doch jetzt gewöhnt, die Schauspielkunst nur als eine Vermittelung der literarischen Interessen, als einen Herold des Dichterwortes, als ein bloßes Organ der Veröffentlichung, gleich der Buchdruckerpresse, zu betrachten. Hörte man doch nun die Behauptung: die Theater seien wesent-

---

*) „Das Willkürlichste wurde den Dichtern nun zum Nothwendigsten; je unabhängiger von den Bedingungen der sinnlichen Erscheinung, desto mehr durfte die Dichtkunst sich nur dem Sichselbstwollen, der absoluten Selbstbewunderung überlassen.‟ (Richard Wagner.)

lich für die Dichtkunst errichtet, sie müßten also auch jedem dichterischen Versuche zu Dienste stehen; es sei das Zeugniß eines unpoetischen Kopfes, einer bloß empirischen Praxis, wenn man sich nach den Bedingungen der Bühne und der Schauspielkunst — die man nur materielle Bedingungen nannte — richte; im Gegentheile habe nur Schauspielkunst und Bühnenpraxis sich in die Forderungen der Dichtkunst zu fügen, die aus höherer, absoluter Berechtigung stamme. Man bürdete damit der Schauspielkunst eine Menge der thörichtesten und abgeschmacktesten Arbeiten auf, die, wie schnell sie auch — kaum genannt — wieder vom Repertoir verschwanden, doch die Begriffsverwirrung und die Abspannung unter den Darstellern vermehrte, welche sich in der That zu bloß mechanischen Kunstmitteln oder gar durch die Autoren zu dem Gebrauch erniedrigt sahen, den der Chemiker von Kaninchen und Katzen macht, indem er an ihnen den Grad der Unschädlichkeit seiner Präparate probirt*).

Die Hofintendanz war ihrer Natur nach weder geeignet noch geneigt, die Schauspielkunst gegen diesen Mißbrauch zu schützen. Sie war nachgiebig gegen die Autoren aus Furcht vor journalistischen Angriffen derselben, auch lag es wenig im Interesse ihrer Autorität, die selbstständige

---

*) Seydelmann schreibt: „Ach was für Zeug muß man oft hinunter kauen und den Köchen gegenüber noch lächeln und sich glücklich preisen."

Eigenthümlichkeit der Schauspielkunst anzuerkennen, und so wehrte nichts, daß die Dichtkunst als der absolute Inhalt, als der einzig schöpferische Geist in der dramatischen Kunst proklamirt wurde.

Wie der geschichtliche Entwicklungsgang dieser Behauptung entgegensteht, faßt Richard Wagner treffend zusammen: „Aus der Genossenschaft der Darsteller war der dramatische Dichter naturgemäß hervorgegangen; in thörichtem Hochmuthe wollte er sich nun über seine Genossen erheben und ohne ihre Liebe, ohne ihren Drang, ganz für sich hinter dem Gelehrtenpulte, das Drama denen dictiren, aus deren freiem Darstellungstriebe es doch einzig erwachsen, und deren gemeinsamem Wollen er nur die einigende und bindende Intention zuweisen konnte. So verstimmte der Dichter — der den künstlerischen Lebensdrang b e h e r r s c h e n, nicht mehr nur a u s s p r e c h e n wollte — die zu dienenden Sclaven erniedrigten Organe der dramatischen Kunst. Wie der Virtuos die Tasten des Claviers auf- und niederdrückt, so wollte der Dichter nun das aneinandergefügte Schauspielerpersonal wie ein hölzernes Instrument spielen, aus dem man nur seine spezielle Kunstfertigkeit hören, auf dem man nur i h n, den spielenden Virtuosen, wahrnehmen sollte. Den ehrgeizigen Virtuosen erwiderten die Tasten des Instrumentes auf i h r e Weise: je bravourwüthiger er darauf loshämmerte, desto mehr stockten und klapperten sie."

Die Selbstherrlichkeit der Dichtkunst wurde nie so

entschieden behauptet, als in dieser Idealitätsperiode. Je weniger dauernde und selbstständige Dichterwerke hervorgebracht wurden, um so heftiger focht man die Selbstständigkeit der Schauspielkunst an. Sie wurde als eine nur reproducirende, gleich der Kupferstecherkunst, bezeichnet, man ignorirte, daß die Kupferstecherkunst das Bildwerk um den ganzen Werth der Farbe vermindert, die Schauspielkunst aber den Werth des Gedichtes erhöht. Man nannte sie eine reproducirende Kunst, weil sie ihre Production auf ein fertiges dichterisches Kunstwerk gründe und wollte sich nicht erinnern, daß ein Drama auf dem Papiere nur ein halbfertiges Kunstwerk ist; — Goethe sagte in seinem Alter sogar: es sei **nichts** — ferner daß die Dichtkunst ebenfalls fertige Dichtwerke anderer Form reproducire und daß man Shakespeare doch nicht einen reproducirenden Künstler nenne, weil er aus Novellen seine Dramen gemacht; daß aber dadurch die Schauspielkunst eher an Werth gewinnen als verlieren müsse, weil sie in gewissem Sinne schon fertige Kunstwerke zu ihrem Stoff nehme. Man vergaß, daß die Schauspielkunst dem Gedichte ein völlig neues Leben, ein sinnlich selbstständiges, giebt, mit Kunstmitteln, welche ganz außerhalb der Dichtkunst liegen, daß sie ein andres Kunstwerk daraus macht, von andrer Natur, anderen Bedingungen und anderen Wirkungen*).

---

*) Will man die in der Dramatik verbundenen Künste unter

Dieser Zwiespalt zwischen Dicht- und Schauspielkunst hat in unsrer Geschichte schon oft bloß gelegen*), von der selbstständigen Kraft beider erzeugt; nun, da beide inhaltloser geworden, war er in einen Rangstreit ausgeartet.

Dieser zeitweilige Zwiespalt zwischen beiden, naturgemäß zu einander gehörigen Künsten, deren gemeinsamer Gegenstand der Mensch in seiner vollsten Lebensentwicklung, ist gleich dem immer wiederkehrenden Rangstreite zwischen den beiden Geschlechtern der Menschen. Der männliche, befruchtende Geist der Poesie überhebt sich zu Zeiten über die austragende und gestaltende weibliche Kunst, die das eigentliche Leben hervorbringt, und nur die vollkommene Liebe und gegenseitige Hingebung bringt Versöhnung und höchste Schöpferkraft. Solcher segensreichen Vermählungen hat die Kunstgeschichte viele, von größerem und minderem Werthe, nachgewiesen, aber überall, wo der Schauspielkunst, in Verachtung ihrer Würde, Gewalt geschah, hat es ihre Productionskraft

---

einander vergleichen, so wäre es angemessen, das dramatische Gedicht dem Carton, die Darstellung dem ausgeführten, farbigen Bilde an die Seite zu stellen. Am entsprechendsten würde die dramatische Darstellung der Operncomposition verglichen; und dieser pflegt man gar höheren Werth beizulegen, als dem Gedichte, auf welches sie gegründet ist.

*) Die Betrachtung des ersten dieser Momente bietet sich hier zur Vergleichung an. Band I. S. 109.

geschwächt oder zu ihrer Depravation geführt. Die glorreichste dieser Vermählungen des poetischen Geistes mit der sinnlichen Kunst, und darum des Ideales mit der Realität, ist einzig in den Gedichten des Schauspielers Shakespeare erschienen, und es blieb der feste Anker für die Zukunft der deutschen Schauspielkunst, daß Shakespeare's Stücke in dieser Periode auf dem Repertoir, trotz Allem, was daneben Platz nahm, immer fester und allgemeiner einwurzelten.

V.

Die künstlerische Demoralisation.

(1830.)

Der Zustand, in welchem die Schauspielkunst sich befand, wurde vom Publikum mit Mißbehagen empfunden, von allen urtheilsfähigen Stimmen als tiefer Verfall bezeichnet, von dem man nur das Burgtheater ausnahm, in gerechter Anerkennung seiner geschlossenen Gesammt=productionen *).

Man vereinigte sich gern in dem Ausspruche, die allzu reichliche Pflege der Höfe verschulde diesen Zustand, sie habe die Schauspieler zu üppig gemacht und in der Ueppigkeit gehe Kraft und Tugend unter.

---

*) Man hätte das Leopoldstädter Theater dazu nennen sollen, das in seiner volksthümlichen Richtung ebenso harmonisch wirkte und dabei ganz original war.

Die Wahrheit in dieser Erklärung muß nur anders gefaßt werden. Nicht weil die Kunst zu dem äußeren Wohlergehen gelangt war, dessen alle Kunst zu ihrer Blüthe bedarf, war sie verfallen, sondern weil sie dies Wohlergehen nicht zu seinem echten Zweck zu benutzen vermochte, weil man ihr, um den Preis des äußeren Wohlergehens, ihren S t a n d e s g e i s t und den Mittelpunkt und Lebensnerv ihres Gesammtwillens und ihrer Gesammtthätigkeit: d i e k ü n s t l e r i s c h e L e i t u n g im Allgemeinen entzogen hatte.

Im ganzen Hergange der Geschichte ist der Schauspielkunst, ohne die vollkommenste Vergesellschaftung ihrer Gesammtkräfte, nichts Bedeutendes gelungen. Die trotzige Energie der Stegreifsperiode, die gelehrige Fügsamkeit in die Leipziger Schule, erwuchsen aus der zunftmäßigen, dann patriarchalischen und bürgerlichen Geschlossenheit des Standes. In der nationalen Periode, in welcher seine Abgeschlossenheit aufhörte und sein Wohlergehen begann, war doch der S t a n d e s g e i s t, der künstlerische G e m e i n s i n n noch vollständig wirksam, der Prinzipal oder Director stand überall noch — als Erbe der ältesten Autorität des Comödiantenmeisters — an der Spitze der künstlerischen Thätigkeit.

Die Weimar'sche Schule beweist, wie willig die Schauspielkunst sich geistiger Autorität hingab. Bis zu Ende dieser Epoche beweisen es die wenigen Bühnen, deren Thätigkeit in einer künstlerischen Autorität ihren belebenden Mittelpunkt hatte; das Burgtheater, das Braunschweiger, das Hannover'sche, das Hamburger Theater bewiesen, daß das Wohlergehen der Schauspieler ihrem Gesammteifer keinen Eintrag thue, im Gegentheile ihn fördere. Nur wo die kunstfremden Hofintendanten, oder die bloße industrielle Speculation der Privatunternehmer die Kunstthätigkeit nicht zu beseelen vermochten, da wurde der Stand üppig durch das Wohlergehen, weil dies das Einzige war, was ihm seine Stellung angenehm machte.

Es ist niederschlagend, daß man aus der Wahl vieler Intendanten auf die tiefste Geringschätzung der Kunst bei den Höfen schließen muß, obgleich sie gleichzeitig so freigebig mit Geldmitteln waren. Es läßt sich nicht in Abrede stellen, daß in dieser Epoche an der Spitze vorragender, in erster Reihe stehender Bühnen lange Zeit Intendanten waren, denen nicht nur die nöthige literarische oder Geschmacksbildung, sondern auch die gewöhnliche allgemeine fehlte. Eine Menge von sogenannten Intendantenanecdoten, welche bei den Theatern in Umlauf sind, zeigen: welche Blößen der Absolutismus der Intendanz sich den Untergebenen gegenüber gab*) und wie ihre Autorität

---

*) Nur wenige Proben davon: Der Intendant eines königlichen Hoftheaters nannte während seiner langjährigen Amtsführung die Spontinische Oper nie anders, als „Die Westphalin". Er wollte „Ferdinand Cortez" nicht zum Geburtstag des Landesherrn aufführen lassen, weil er besorgte, die Bärenmützen würden dazu nicht eintreffen, die er in einem Nachbarstaate von einem aufgelösten Grenadierbataillon hatte

zum Gespött werden mußte. Aber auch diejenigen Intendanten, welche allgemeine Bildung, guten Willen und edlen Sinn besaßen, waren genöthigt, da ihnen die Verantwortung für die künstlerische Leitung nun einmal auferlegt war, sich die Fähigkeit dafür zuzutrauen, und selbst diejenigen, welche mit der Zaghaftigkeit der Fremdheit das Amt antraten, gefielen sich sehr bald in der Miene: mehr von der Sache zu verstehen, als die sachverständigen Vorstände*). Diesen schien die künstlerische Praxis

---

ankaufen lassen. Ob er die Mexikaner oder die Spanier mit diesen Bärenmützen bedacht hatte, ist unentschieden. Ein anderer wies den Pauker mit seiner Bitte um Gehaltszulage zurück: er solle erst fleißiger werden, er beobachte ihn aus seiner Loge fortwährend und sähe, wie selten er zuschlüge. Ein dritter, den die Darstellerin der Orsina um ein neues Kleid dazu ansprach, zeigte ihr den Anschlagzettel und wie weit unten sie im Personalverzeichnisse stehe. Erst wenn sie weiter oben stände, könne sie um ein neues Kleid ansprechen. Ein vierter vermißte bei einer Balletvorstellung, daß der Apollo kein Kasket trüge. Der Balletmeister erklärte, warum er eine Sonne an der Stirn und kein Kasket habe. „Er soll ein Kaschket aufsetzen" war die Erwiderung, und als der Balletmeister seine Vorstellung erneute, weil man die Veränderung des Attributes ihm für einen Fehler anrechnen werde, lautete der Entscheid „der Apollo soll ein Kasket aufsetzen oder ich schick' ihn auf die Wacht, und den Balletmeister dazu." Worauf dann Apollo mit dem Kasket tanzte.

*) Frau von Heigendorf (Caroline Jagemann) erzählt in ihren noch ungedruckten Lebenserfahrungen: der neue Intendant, welcher bei seiner Ernennung mit äußerster Verlegenheit von seiner völligen

nur überlassen, weil sie selbst, die Intendanten, sich nicht damit befassen mochten.

Hier und dort gelang es wohl einem Regisseur, das Uebergewicht seiner Kenntniß und Fähigkeit über den Intendanten geltend zu machen, selten aber geschah das zu anderen als selbstsüchtigen Zwecken, denn die Macht der Regie reichte nicht weiter, selten hatte dieser Zustand Dauer, zum Gedeihen der künstlerischen Organisation gereichte er nie. Zumeist suchten die Intendanten, um ihre Selbstständigkeit zu behaupten, in künstlerischen Fragen verschiedene Meinungen und Ansichten abzuhören, um sich eine eigene Ansicht zu bilden, endeten dann aber meist damit, sich für irgend eine dieser Ansichten zu entscheiden, wie man in einen Loostopf greift.

Anstatt vernunft- und sachgemäß alle künstlerischen und technischen Fragen von den Sachverständigen erledigen und dann auch von ihnen verantworten zu lassen, waren die Intendanten wesentlich bemüht, alle Fäden in

---

Unbekanntschaft mit dem Theater und seinem dringenden Bedürfnisse nach erfahrenem Rathe und Beistand gesprochen, habe ihr sechs Wochen später gesagt, er werde Goethe's „Göz" nun in Scene gehen lassen, wobei er ihr die Rollenbesetzung mitgetheilt, die er getroffen. Als sie über die Besetzung des Weislingen durch einen sehr unfähigen Schauspieler betroffen gewesen, habe der Intendant gesagt: „Sie haben Recht, die Rolle ist noch etwas zu schwer für ihn, aber ich habe ihn schon zu mir bestellt, werde die Rolle mit ihm durchnehmen, dann wird es schon gehen."

der Hand zu haben, um die Unabhängigkeit ihrer Entscheidungen ins Licht zu stellen, Anordnungen gegen den Rath der technischen Vorstände zu treffen; ja durch das System der Ueberraschung, durch erfüllte Thatsachen ohne vorherige Berathung, zu imponiren. Begreiflicherweise mißglückten die so getroffenen Einrichtungen sehr oft, mußten zu Zeiten als unausführbar zurückgenommen werden, beides wohl auch, weil die Vorstände widerwillig an die Ausführung solcher Maßregeln gingen.

Wenn dadurch die Leitung der Intendanten in die größte Geringschätzung aller Theaterangehörigen gerieth, so war immerhin der Autorität der wirklich künstlerischen Vorstände damit nicht aufgeholfen. Es war bezeichnend genug, daß die Regisseure dafür, daß sie nur noch den Plack der Tagesbedürfnisse, die Vermittlung der kreuzenden Sonderinteressen des Personals zu tragen hatten, den Spottnamen der „Comödiantenbedienten" erhielten.

Und hierin lag der Grund der Desorganisation des künstlerischen Lebens unter den Hofintendanzen*), daß die künstlerische Leitung, welche doch nur von der Regie geleistet werden konnte, auf die Ausführung beschränkt

---

*) Es ist hierbei in Erinnerung zu bringen, daß der Einfluß von Actienausschüssen und leitenden Comité's an einzelnen Stadttheatern genau dieselbe ungünstige Wirkung und aus derselben Ursache: der kunstfremden Führerschaft, hervorbrachte.

und hierbei zu einer Scheinautorität hinabgedrückt war, daß aber alle Vorbedingungen zu gelungener Ausführung, von dieser getrennt, in die Entscheidung des Bureaus gelegt waren; wie dies bei Brühl's Verwaltung bereits gezeigt worden*). Diese Spaltung im organischen Leben der Schauspielkunst, in dem Schaffen und Werden ihrer Darstellungen war es, die ihren Verfall herbeiführte.

Die Schöpfungen der Bühne verlangen, wie alle übrigen Kunstwerke, den innigsten und einheitlichsten Zusammenhang zwischen Plan, Entwurf, Sammlung und Bereitung aller Hülfsmittel und schließlich der Ausführung bis in die letzten Einzelheiten. Die Ausführung bedingt alle vorausliegenden Maaßnahmen. Der Regieplatz im Proscenium der Bühne ist der Mittelpunkt der Theaterdirection, von dort aus, nicht vom Bureau, ist Leben und Ausbildung des Theaters bis zu dem Glanze gediehen, den es beim Wechsel des Jahrhunderts zeigte, und alle großen Bühnenleiter, welche der Schauspielkunst vom Regieplatze aus zu vollendeter Ausführung verhalfen, vermochten dies nur, weil sie auch die Zusammensetzung des Personals, die Wahl der Stücke und der Darsteller, wie der Ausstattung in der Hand hatten. Darum nur vermochten sie mit voller Autorität Meister in der künstlerischen Werkstatt zu sein, Lehrer für die jüngeren Talente,

---

*) Seite 39.

Berather der reiferen, Führer aller; und nicht nur mitten im begeisterten Drange, auf dem künstlerischen Wahlplatze, sondern auch im Geist und Gemüth der ganzen Kunstgenossenschaft. Die Spaltung der künstlerischen Leitung aber durch die kunstfremde Behörde zog die wichtigen und allgemeinen Entscheidungen über das Leben der Bühne in das Bureau, riß den Angelpunkt aus der Mitte der Kreisbewegung, verlegte das Centrum außerhalb der Peripherie. Die Ausführung wurde einer theils unfähigen, theils bis zur Gleichgültigkeit verstimmten Regie gleichgültig überlassen und verzettelte sich in Schlendrian und Manier.

Seitdem das deutsche Theater der Bureaucratie verfallen war, wurde in den meisterlosen Werkstätten der Schauspielkunst schlecht gearbeitet, das Handwerk verfiel, die Kunst verlor ihren sichern Boden und irrlichterirte hin und her.

Noch schlimmer aber als der Verfall der künstlerischen Praxis war der Verfall der künstlerischen Moral, des Gemeinsinns, welcher aus diesen Zuständen hervorgehen mußte.

Je weniger die Verfügungen der Intendanten sich auf selbstständigen Kunstverstand gründen konnten, um so mehr erschienen sie den Theatermitgliedern als Aeußerungen der Willkür. Die mancherlei Hofeinflüsse, denen die Intendanten so nahe standen, die auf Repertoir, Anstellungen und Verabschiedungen, Gewährung oder Versagung von Vortheilen, Rollenvertheilung u. s. w. ebenso viel Gewicht äußerten, als Beeinflußung von andern Seiten, vermehrten die Unsicherheit und Grundsatzlosigkeit der Autorität; wenigstens war der Anschein davon unläugbar. Das Gefühl der Unsicherheit verführte die Intendanten oft, durch despotische Rücksichtslosigkeit die Miene unerschütterlicher Selbstherrschaft zu retten*), während sie in andern Fällen, die eine Verlegenheit des Momentes, die Laune eines angesehenen oder protegirten Talentes u. s. w. betraf, eine Fügsamkeit und Schwäche zu zeigen kein Bedenken trugen, welche weder die amtliche noch die sittliche Achtung bei dem Kunstpersonal erhalten konnte.

Wenn bei solcher Lage der Dinge der Künstler keine Begeisterung für die gemeinsame Arbeit, keine Achtung, kein Vertrauen zu seinen Führern mehr hegen konnte, so lehnte sich der gerechte Stolz und die verletzte Eitelkeit, wie der hintangesetzte Vortheil, dagegen gleichermaaßen auf und man erinnerte sich gern an Posa's Ausspruch: „In Monarchien kann ich niemand lieben, als mich selbst." Als einziges Band, das den Künstler an das

---

*) Von einem Intendanten, der mehrere Decennien an der Spitze eines der ersten norddeutschen Hoftheater stand, konnte man zu einem Schauspieler sagen hören: „Die Rolle habe ich Ihnen zugetheilt, weil ich Sie lieb habe." Und zu einem anderen, welcher sich beklagte: warum ihm eine gewisse Rolle zugemuthet werde? — „Weil ich Sie nicht leiden kann."

Kunstinstitut knüpfte, war der **Vortheil** übrig geblieben, nichts Besseres, als was auch den Lampenputzer dabei hielt, die Selbstsucht, blieb sein einziger Antrieb.

Es gehörte seltene Gesinnungstüchtigkeit dazu, dieser Versuchung nicht zu unterliegen.

Wie der Erfolg immer den Ausschlag giebt für diejenigen, welche ihrem eigenen Urtheile nicht trauen wollen oder können, so wurde es bald ausgesprochene Maxime der Intendanz: das Publikum über den Werth der Kunstleistungen entscheiden zu lassen. Nichts bezeichnet die Haltungslosigkeit der Intendanzstellung deutlicher als dieser demokratische Grundsatz im Munde der absolutistischen Autorität. Kein Bühnenleiter von Bedeutung hatte ihn jemals gelten lassen. Wohl wußten diese, daß ein Publikum niemals die Verantwortung für seine eigenen Entscheidungen übernimmt, weil es eben an jedem Abende ein anderes ist, oder anders gestimmt sieht, hört und empfindet, daß es also den unzuverlässigsten Rückenhalt abgiebt; nach vier Wochen den erhebt, den es erst verwarf, oder umgekehrt; daß auch zumeist die Stimme des Publikums nur die Stimme weniger Stimmführer ist und daß diese auf sehr verschiedenen Wegen zu gewinnen ist.

Hätte Schröder bei Brockmann's erstem Erscheinen auf der Hamburger Bühne dem Publikum nachgegeben und ihn sogleich wieder entlassen, so wäre Deutschland um einen großen Schauspieler ärmer geblieben.

Goethe hat auch über diesen Punkt ein souveränes Urtheil abgegeben, indem er sagt: „Dafür hat man in jeder Sache die Direction, daß man nach seiner Ueberzeugung handelt, um das Beste hervorzubringen, und nicht daß man den Leuten zu Willen lebe; wovon man doch zuletzt nur Undank und Schande hat."

Da die Intendanz sich nun aber nicht berufen fühlte, sich über das Urtheil des Publikums zu stellen, da sie im Gegentheil dem Künstler die meiste Rücksicht schenkte, wenn er nur beklatscht, hervorgerufen und in den Zeitungen gelobt wurde, der zeitige Marktpreis also den Werth der Kunstleistung bestimmte, so wurde begreiflicher Weise der Künstler Bemühen darauf gerichtet: alle jene thatsächlichen Erfolge sich zu verschaffen.

Zunächst wurde also dadurch die Ausbildung der effecthaschenden Spielweise herbeigeführt, die schon durch die innere Leere, welche die Darstellungskunst dieser Periode zeigt, angebahnt worden. Es wurde Maxime, sich um die Gesammtwirkung, um die Uebereinstimmung des Spieles nicht mehr zu kümmern, sondern lediglich seinen Einzelvortheil, wie immer möglich, zu verfolgen. Die Treue gegen das Gedicht wurde damit zuerst gebrochen. Die absondernde Virtuosenrichtung, in welcher Seydelmann mit so energischer Consequenz seine persönlichen Siege auf den Trümmern des zerbröckelten Ensemble's erbaute, lag als Ergebniß der aufgehobenen künstlerischen Leitung in der Luft und griff wie eine Seuche um sich. Auf alle

Vorwürfe antworteten die von den alten Grundsätzen Abfallenden: „Gebt uns ein künstlerisches Ensemble und Gemeinsamkeit der Interessen wieder und wir wollen uns ihnen bequemen; jetzt aber, wo das Talent nur zum Spiel der Willkür dient, jetzt ist die einzige Satisfaction, die der Künstler beim Theater findet: die Befriedigung seines persönlichen Vortheils; ihn nutzlos aufopfern wäre nur Thorheit."

So ging allmälig alles unter, was dem Begriff der S ch u l e in der Kunst entspricht: Uebereinstimmung in Auffassung und Ausführung. Ohne Meister keine Schule. Jetzt gab es nur noch Vorbilder, bedenkliche oft, Meister äußerst wenige, ausscheidende.

Welche Aussicht für das nachwachsende Geschlecht! Da auch, was von Vorbildungsanstalten bestanden hatte, in Stuttgart, Karlsruhe, aufgegeben wurde, was in Berlin den Namen davon trug, von gar keiner Wirkung war. Man hatte Zeit und Lust verloren, zu säen, zu pflanzen und zu pflegen, man wollte nur ernten. Die Talente, welche momentan beliebt waren, fingen an im Preise zu steigen und erlangten entscheidenden Einfluß, dessen sich die Intendanzen nur zu erwehren wußten, indem sie eine Capacität durch die andere in Schach zu halten suchten. Sie wechselten damit aber nur die Personen, nicht den Zustand, und in den Künstlern bewirkte dies nur ein um so hastigeres Bemühen sich durch alle Mittel auf die Woge des Tages zu bringen und den Vortheil davon auszubeuten, so lange er ergiebig; mochte darüber aus dem Theater werden, was da wolle.

Und nicht allein mit künstlerisch verwerflichen Mitteln begnügte man sich, an die öffentliche Macht der Journalistik heftete man sich und hier hatte sich ein Abgrund eröffnet, aus dem der Pestqualm der Demoralisation in anderer Mischung die empfängliche Schauspielkunst anhauchte.

Die Theaterkritik hatte seit 1815, an das üppige Wachsthum des Theaterlebens sich heftend, eine ungemessene Ausbreitung erhalten. Die Liebhaberei am Theater war außerordentlich gestiegen, und das banale Tagesgespräch darüber sog seine Nahrung eben so gern aus dem, was über das Theater zu lesen war, als was darauf wirklich vorging. Theaterartikel wurden also zur Geldspeculation der Zeitungsredactionen. Die eigentliche Kritik im besseren Sinne konnte aber hier nicht Raum finden, man gab, schamhaft genug, den Namen auf und nannte diese Artikel nur: Referate, Berichte. Einfach und sachgetreu durften diese aber nicht sein, wenn sie das Publikum anziehen, reizen, das Tagesgespräch beschäftigen sollten, es mußten alle die Mittel, gegen welche Iffland schon zu Ende des vorigen Jahrhunderts gesprochen*), bis zum äußersten Unfuge in Bewegung gesetzt werden.

---

*) III. Bd. S. 214.

Was West (Schreyvogel), Tieck, Zimmermann und andere urtheilsfähige Schriftsteller über die Schauspielkunst dieser Periode schrieben, blieb im auserlesenen Kreise des Theaterpublikums, der Einfluß auf die Menge und Tagesstimmung ging in dieser Periode auf Scribenten über, welche, ohne irgend nachgewiesene Berechtigung zum öffentlichen Urtheile, im besten Falle Leute von Witz waren, die ihren Stachel auf dem einzigen von der Censur freigegebenen Gebiete, dem der Theatervorgänge*), wetzen und fühlen lassen konnten. Die meisten Theaterreferenten aber waren Leute, die, zu selbstständigen literarischen Arbeiten unfähig, von den Brocken, die von dem Tische der Kunstproduction fielen, breite Bettelsuppen kochten für ein großes Publikum und sie durch Klatscherei und Skandal würzten.

Unter den jungen Leuten, welche literarischen Trieb in sich verspürten, wurde es Mode, sich auf dem Felde der Theaterreferate zuerst namhaft zu machen; durch „Gnadenbezeugungen und Strafen" — wie Iffland sagt —, „durch Heben und Fallenlassen" der zumeist besprochenen Bühnenpersönlichkeiten sich ein Ansehen zu geben. Man fing das Schriftstellern jetzt an, womit man es sonst

---

*) Als der Graf Brühl dem Minister von Bernstorf Vorstellungen darüber machte, daß die sonst so skrupulöse Censur so zügellose Angriffe auf die Bühne dulde, antwortete dieser: „Einen Knochen muß man den bissigen Hunden doch lassen."

endete: mit dem Urtheilen. Die Gymnasiasten schon debütirten damit in Blättern, welche das Prädikat der geachteten führten *).

In dem kritisch gestimmten Berliner Publikum mußte das Recensionsfieber die meiste Nahrung und Verbreitung finden. Um eine allgemeine und ungescheute Betheiligung herbeizuführen, ließ die Redaction des „Freimüthigen" sogar einen Briefkasten auf der Gasse aushängen, damit jeder Vorübergehende seinem kritischen Bedürfnisse durch unbemerktes Einwerfen anonymer Theaterartikel genügen konnte. Und diese Art Kunsturtheile einzusammeln fand öffentliche Vertheidigung.

Hier war denn auch der ergiebigste Boden für die Witzkritik, womit Saphir die moderne Tagesliteratur beschenkt hat, und die sich in Berlin mit einem kleinen täglich scheinenden Theaterblatte an die Rancüne heftete, von welcher das ganze Publikum bei dem Wettkampfe zwischen dem Königlichen und dem Königstädter Theater mitergriffen war. Diese Witzblätter hatten keinen andern Zweck, als den Schreiber merkwürdig und gefürchtet und für seine Wortwitze und Skandale bezahlt zu machen. Geltendmachung der Persönlichkeit war von jetzt an auch erklärter Zweck der öffentlichen Kritik geworden.

---

*) So begann Gutzkow z. B. seine literarische Laufbahn als Knabe mit pseudonymen Theaterartikeln, welche der „Berliner Gesellschafter", von Gubitz redigirt, ohne den Autor zu kennen, bereitwillig aufnahm.

Die künstlerische Demoralisation. 205

Oettinger und Andere traten in diese Fußstapfen, bald waren, wie in Berlin, alle lebhaft bewegten Theaterstädte von dem Ungeziefer dieser kleinen Theaterklatschblätter erfüllt.

Und so verächtlich diese Beurtheilungen der Schauspielkunst waren, so sehr und fast allgemein sie verachtet wurden, so große Wirkung hatten sie dennoch auf das Publikum, weil sie dessen Neuigkeitssucht, Schadenlust und Freude am Skandal, so wie sein Bedürfniß: sich momentan an ein mit Druckautorität ausgesprochenes Urtheil anklammern zu können, befriedigten. Während unter Tausenden kaum ein Theaterbesucher sich um eine ernste Kunstkritik bekümmerte, während alle achtenswerthen dramaturgischen Zeitschriften kaum das Dasein eines Jahres fristen konnten*), wurden diese Klatschblätter mit Begierde gelesen; und wenn sie auf die Dauer auch das achtbare Talent nicht verdächtigten, dem falschen keinen Werth verleihen konnten, so vergifteten sie doch die Atmosphäre des Theaterlebens, verdarben dem Künstler wie dem Publikum die Stimmung, hoben die Unbefangenheit, das gegenseitige Vertrauen, den Glauben an einander auf, ohne den keine Kunstschöpfung, zumal eine des Augenblicks, kräftig gedeihen kann. Kein Künstler vermag sich des Verdrusses über diese Art des öffentlichen

---

*) Eine solche, von Holtei in Berlin unternommen, hatte auch dies Schicksal.

Tadels zu erwehren, und keiner kann Freude haben am
Lobe dieser Art; wie sehr er auch diesen Tadel und dies
Lob verachten mag, er empfindet nur die Demüthigung:
in der öffentlichen Meinung von solchen Stimmführern
abhängig zu sein.

Natürlich war es, daß der reizbare Künstler von die=
ser Abhängigkeit, dieser störenden Neckerei, dieser ver=
stimmenden Anfechtung befreit zu werden wünschte, ver=
zeihlich, wenn er sich zu Schritten verleiten ließ, um diese
kleinen Dämonen der Tageskritik, diese Giftmischer der
öffentlichen Meinung, für sich unschädlich zu machen. Noch
weiter gingen die Künstler, welche die Virtuosenrichtung
einschlugen, die für jeden Preis den äußeren Erfolg in
die Hand zu bekommen suchten, und damit das Lenkseil
für den Bühnenvorstand von unselbstständigem Urtheile,
diese Virtuosen verschmähten zuletzt kein Mittel, um
die einflußreiche Journalistik als Bundesgenossin zu ge=
winnen. Vom Abonnement der Blätter ging es zu Be=
suchen, welche das demüthigende Eingeständniß von der
Machtstellung der Journalisten — woran diesen zumeist
gelegen war — ablegten. Von Freibillets stieg dann
der Preis dieser Alliancen zu aufgenöthigter Tischgenos=
senschaft, zu Anleihen, Geschenken, dann zu Gelderpres=
sungen und zur schmählichen Oeffentlichkeit eines solchen
Verkehres.

So fing um das Jahr 1830 der Schauspielerstand
an, sich der Journalistik zinspflichtig zu machen, die Geißel

sich selbst zu flechten, die Macht zu stärken, vor der er sich fürchtete.

Was diesem Zustande so nahe lag, blieb nicht aus: wie das öffentliche Urtheil, so wurde auch der Beifall im Theater verfälscht. Die feilen Journalisten gaben sich zu Führern einer feilen Claque her und so war das Virtuosenthum dreifach assecurirt. Was die Aufwendung übertriebener oder falscher Effecte nicht erreichte, das zog die Claque herbei, sicherte in der Nähe und Ferne die bestochene Presse.

All dieser Unfug war freilich hergebracht, aber bisher nur in vereinzelten Beispielen; durch die Ausbildung und Ausbreitung, welche er jetzt erhielt, nahm er ein neues Leben an; denn je meisterloser die Kunst wurde, um so trotziger erhob die Selbsthülfe des Egoismus diesen Unfug zur Maxime.

Am stärksten mußte diese Virtuosenrichtung sich in den Gastspielen ebensowohl äußern als pflegen.

Wie nachtheilig diese sowohl auf das Zusammenspiel und die Repertoirführung, als auf die Beifallsucht und das Effectspiel des Einzelnen wirken, haben wir schon im Verlaufe der Geschichte bemerkt*). Das Uebel hatte mit jedem Jahre zugenommen. Die Repertoire wimmelten von Gastspielen, die Personale waren fast das ganze Jahr

---

*) Das Register weist die Stellen unter dem Werke: Gastrollen nach.

über durch Beurlaubungen zerrissen. Die Provinzial=
theater fingen an, sich auf fortwährend wechselnden Be=
such von Capacitäten der ersten Bühnen einzurichten, ihr
eigenes Personal nur zur Unterstützung der Gäste zu
halten, die Selbstständigkeit desselben also aufzugeben.
An den Hoftheatern bewirkte theils eine falsche Liberalität
die Zulassung vieler Gäste, theils Protectionseinfluß,
theils der Wunsch: so in bequemer Weise, verschiedene
Talente kennen zu lernen.

Ueber alle Theatermitglieder — ihrer Natur nach
schon unruhig und veränderlich — kam von nun an eine
völlig krankhafte Begehrlichkeit nach den Erfolgen, welche
die ersten Talente auf fremden Bühnen errangen. Alles
drängte sich zu Gastspielreisen, begnügte sich bei den Er=
folgen oft mit sehr gefährlichen Selbsttäuschungen oder
mit der Täuschung Anderer durch den Journalanschein,
um wenigstens die einheimische Geltung zu vermehren.
Die glänzenden Talente aber, welche auswärtiger Erfolge
sicher waren, hatten davon so viel Vortheil, Anregung
und Freude, daß sie die heimische Bühne nur wie einen
Ruhepunkt zu betrachten und darum deren Interessen zu
vernachlässigen begannen. Denn der dem Künstler na=
türliche Wunsch, zu gefallen, steigerte sich durch das Gast=
spiel zu einer wahren Beifallsgier*), welche die ruhigeren

---

*) Wir haben sie schon an Iffland beobachtet: III. Band
S. 417.

heimischen Verhältnisse nicht befriedigen konnten, weil das Publikum hier seine Künstler mehr nach ihren summarischen Leistungen schätzt, und darum richtiger als ein fremdes, das nach dem neuen Eindrucke einiger Paraderollen urtheilt.

Nun wurde es aber für die renommirten Gastreisenden eine Nothwendigkeit, bei jedem Cyclus, der oft nur aus drei Rollen bestand, ein solches Maaß von Beifall zu erlangen, wie sie es für ihren Ruf und weitere Empfehlung angemessen hielten. Die Beifallsspenden des Publikums waren indessen unmäßig gestiegen. Von Wien aus — dessen erregbares Publikum die Aeußerungen des Furore vom italienischen Opernpublikum angenommen hatte — verbreitete sich diese Beifallsraserei bis zu den nördlichen Theatern. Das alte kunstrichterliche Parterre*) war — bis auf einen Ueberrest im Wiener Burgtheater — überall verschwunden, die eigentlich Gebildeten waren dem Theater entfremdet; man hatte sie hinausgespielt. Auch im Theater war die Masse immer mehr zur Herrschaft gelangt. Diese mußte mit scharfen Reizmitteln in Bewegung gebracht werden, dankte aber auch dafür mit massenhaftem Beifall. Nun mußte ein Gastspiel, das auf den Anspruch eines glänzenden bestehen wollte, nicht nur eine Fluth von Applausen, Hervorruf nach allen Acten, ja nach einzelnen Auftritten „bei offener Scene",

---

*) III. Band S. 417.

sondern auch zugeworfene Kränze und Gedichte aufzuweisen haben, oder man riskirte die üble Nachrede: nur einen succés d'estime erlangt zu haben. Demnach mußten unter allen Umständen diese Zeugnisse eines vollständigen Erfolges beigebracht werden, was meistentheils ohne die Hülfe der Journalistik und Claque nicht abging.

Vornehmlich mußten aber alle Virtuosenkünste aufgeboten, ja überboten werden, um im ersten Anlauf den Beifall zu gewinnen. Was es Blendendes, Ueberraschendes, momentan Gewinnendes und Verlockendes giebt, mußte aufgewendet werden. Was den Kenner befriedigen konnte: Wahrheit, edles Maaß und reiner Geschmack, durften hier den Maaßstab für die Kunstleistung nicht abgeben, es galt die Massen fortzureißen, Aufsehen zu machen. Die Persönlichkeit, nicht die Kunst sollte verherrlicht werden. Da die Abwege nicht zu bemessen sind, auf welche der Künstler geräth, wenn er erst seiner Kunst treulos geworden ist und den Stolz seiner Ueberzeugung dem Publikum gegenüber aufgegeben hat, so geschah es von nun an, daß wirklich große Talente sich in ihren Darstellungen nach der Verschiedenheit des Geschmackes in den verschiedenen Städten accomodirten und all ihren sonst so unverhohlenen Hochmuth vor den Klatschhänden der Gründlinge im Parterre einer Provinzialstadt beugten.

„Effect um jeden Preis" wurde von nun an die Losung. Damit war die heilige Kunst zur feilen Buhlerin herabgewürdigt, und die Matadore in der Kunst verschuldeten ihre Prostitution.

Daß der Effect der Gastspiele auch durch die andern vorbesprochenen erniedrigenden Mittel assecurirt werden mußte, lag zur Hand, und von den dreißiger Jahren an machte kein Bühnentalent mehr sogenanntes Furore, das sich ganz rein vom Einfluß auf Journalistik und Claque gehalten hätte.

So sollte das Gastspiel zu einem reichen Quell des Verderbens für die Schauspielkunst werden. Es drängte die besten Talente zur Absonderung ihrer Interessen von denen der heimischen Bühne, zur Aufhebung harmonischen Zusammenspieles durch Uebertreibung und Manier, die — außer den bisher geschilderten absichtlichen falschen Effecten — schon ganz natürlich durch die häufige Wiederholung eines kleinen Kreises von Paraderollen entstanden, an denen unwillkürlich mit der Zeit die Vortragsweise geschärft und mit neuen Reizmitteln versehen wurde. Es war dies an Sophie Schröder, an Eßlair und Frau Neumann-Haitzinger nur zu deutlich wahrzunehmen.

Der Ueberblick über diese traurige künstlerische Demoralisation führt aber die Betrachtung zu dem Resultate, daß alle Quellen, aus denen sie sich nährte, im Grunde nur aus der einzigen entsprangen: aus der Führerlosigkeit.

Hätten an der Spitze der tonangebenden Theater überall Männer vom Fach gestanden, welche — wie sie dem Einflusse der Literatur auf die Schauspielkunst die Wage zu halten fähig waren — vom Scheinverdienste nicht geblendet, vom vergänglichen Beifallsturme und der Lobposaune der Journalistik unbeirrt, nach eigenem kunstverständigem Urtheile das Aechte vom Trüglichen, das Dauernde vom Vergänglichen zu unterscheiden vermocht, den guten Geschmack mit sicherer Hand aufrecht zu erhalten, das Gastspielfieber zu dämpfen verstanden hätten — und die wenigen künstlerischen Führer dieser Epoche leisteten das —, so würde diese Demoralisation niemals so tief haben einreißen können. Wenn Staaten und Völker in Verwirrung und Verfall gerathen, so schiebt man dies ihren Regierungen ins Gewissen, dasselbe darf man beim Verfall der Schauspielkunst thun. Wenn statt des Vertrauens zwischen Regierten und Regierenden ein Zustand des gegenseitigen Ablistens und Abzwackens eingetreten ist, wenn die Selbstsucht zur einzigen Triebfeder wird bei einer Thätigkeit, die nur von gemeinsamer Opferwilligkeit Leben empfangen kann, so ist ein ferneres Gedeihen nicht mehr zu hoffen.

Nun, da die kunstfremde Herrschaft den Gemeingeist aufgelöst, die Theilnahme, Achtung, Liebe und Begeisterung für das Gesammtinteresse erstickt hatte; nun war, in unausgesprochenem geheimem Einverständnisse, im Schooße der Schauspielkunst die Anarchie proklamirt, ein Jeder auf sich selbst gestellt, eine Art von virtuosem Faustrecht eingeführt, das fort und fort von der eigentlichen Lebens-

kraft der Kunst, von dem gemordeten Gemeingeiste, sich
ernährte, und dessen Kraftäußerungen obenein das leicht-
sinnige Publikum zujauchzte und sich an dem blendenden Feuerwerke der Virtuosität ergötzte, in dem sein Gut
aufging.

VI.

Weitere Ergebnisse der bisherigen Entwicklungen.
(1830.)

So sehen wir denn auch, je weiter wir um uns blicken und je genauer wir die einzelnen Bestandtheile des theatralischen Lebens ins Auge fassen, alle Dinge der Schauspielkunst zum Nachtheil dienen. Der Grund, auf den sie gerathen war, zeigte sich überall so morsch, daß sie nicht mehr festen Fuß zu fassen wußte, um sich wieder zu erheben.

Der alten gefährlichen Nebenbuhlerin, der Oper, der die Geschichte schon so viel Schaden nachzurechnen hat*), bürdete man allgemein viel Schuld am Verfall der Schauspielkunst auf und wieder' nicht mit Unrecht.

---

*) Bd. I. S. 268 und ferner wie der Art.: Oper im Register nachweist.

Weitere Ergebnisse der bisherigen Entwicklungen.

Die Oper war es, welche die Finanznoth verschuldete, an der fast alle Bühnen krankten, vornehmlich da, wo sie mit einem Ballet verbunden war, wie in Wien, Berlin und München, Stuttgart, Darmstadt und zeitweilig in Karlsruhe.

Der Kostenaufwand der Oper ging auf das Schauspiel über, das — mit Ausschluß der Kaiserlichen Theater in Wien — überall noch mit der Oper verbunden war. Diese Kosten stiegen obenein, wo keine sachverständige Direction die Anschaffungen ordnete und überwachte, weit über die Gebühr. Ferner wurden den Gesangstalenten ausnehmend hohe Gehalte gezahlt, die auch eine Erhöhung der Schauspielgehalte nach sich zogen, um so natürlicher, als das Personal zum Theil in beiden Kunstzweigen beschäftigt war.. Die allgemeine Begehrlichkeit wuchs*). Die Intendanzen, die von Concession zu Concession gedrängt wurden, ergriffen ein Mittel, das mit der immer höheren Gehaltbewilligung wenigstens die bereite Dienstleistung der Talente sicherte, sie gewährten neben dem Jahrgehalte „Spielhonorar", d. h. eine Extra-Bezahlung für die Mitwirkung bei jeder einzelnen Vorstellung.

Wir sind dieser Einrichtung schon zu Ende des vorigen

---

*) Die Gehalte für Darsteller der ersten Rollenfächer im Schauspiele standen um diese Zeit in Norddeutschland auf der Durchschnittssumme von 1800 Thlrn., in Süddeutschland auf ebensoviel Gulden.

216 Weitere Ergebnisse der bisherigen Entwicklungen.

Jahrhunderts begegnet*), wo die Schauspieltalente dadurch zur Mitwirkung in den neueingeführten Singspielen bewogen wurden; jetzt aber sollte das Spielgeld dazu dienen, die Künstler zur Pflichterfüllung in ihrem eigensten Kunstfache anzuhalten. Einen beschämenderen Beweis für den Verfall des Pflichtgefühles und Gemeinsinnes konnte es nicht geben, als diese Anweisung der ersten Talente auf die Anlockung eines besonderen Tagelohns, der, wenngleich er anfangs nur wenige Gulden oder Thaler betrug, doch seinen Zweck erfüllte**).

Der Opernluxus war es, welcher fort und fort nachtheilig auf die Finanzen der Theater wirkte und zur Geißel für alle Verwaltungen wurde. Schon zu Ende dieser Periode drängte das jährlich sich wiederholende Deficit die Hofintendanzen in die Reihe der plebejischen industriellen Unternehmer. Die Nothwendigkeit: Kasse machen zu müssen, wurde als Rechtfertigung für jede Concession an den Geschmack der geldbringenden Menge, für jede Vernachlässigung der ächten Kunst und des guten

---

*) Band II. S. 311.

**) Von der Wiener Oper aus verbreitete sich neuerdings das Spielhonorar, dort hatte es seine Wurzeln in den Prämien der alten Burlesken Bd. II. S. 207, deren Tradition sich bei dem k. k. Hofopernteater erhalten hatte, indem den Darstellern von Negerrollen jedesmal „für's Schwarzmachen" eine Entschädigung gezahlt wurde. Höchstbesoldete Sänger nahmen bei der Darstellung von Rossini's Othello jedesmal dafür 5 Gulden an.

Weitere Ergebnisse der bisherigen Entwicklungen. 217

und reinen Geschmackes angeführt, die Kunst war nicht mehr Zweck des Theaters und das Geld das Mittel dazu, umgekehrt war der Geldgewinn Zweck des Theaters, die Kunst nur Mittel dazu geworden.

Der Vorzug des größern Luxus aber war es nicht allein, um den das Schauspiel die Oper zu beneiden hatte, nicht allein die Vorliebe der Höfe und des großen Publikums — das den leichten, sinnlichen Gefühls=Eindrücken sich lieber hingiebt, als dem vom Gedanken getragenen des Schauspiels —, der Verfall der künstlerischen Leitung deckte noch einen andern wichtigen Vortheil der Oper auf. Ihr musikalischer Zusammenhang nämlich sichert ihr schon ein übereinstimmendes Ensemble, wenn auch nichts mehr als mechanische Richtigkeit unter dem Tactstock des Dirigenten erreicht wird. Tempo, Ausdruck und Uebereinstimmung, in der Oper durch den Componisten schon bis zu einem gewissen Grade festgestellt, müssen im Schauspiele erst gefunden und gesichert werden. Die Oper konnte daher viel eher einen harmonischen und genügenden Eindruck hervorbringen, als das Schauspiel, auch hatten die musikalischen Vorstände viel freiere Gewalt als die scenischen, und waren außerdem noch in dem unvergleichlichen Vortheile: jeden Moment der wirklichen Execution unter ihrer Direction zu haben.

Die Opernaufführungen waren also unzweifelhaft besser, als die des Schauspiels, zumal auf Partienbesetzung und Studien ungleich größere Sorgfalt verwendet wurde, als bei den Schauspielvorstellungen. Diese gaben unverhülltes Zeugniß vom Schlendrian und der Unfähigkeit oder Verdrossenheit mangelhafter Regie. Nur die Novitäten, meistens französische, waren mit besten Kräften besetzt, die classischen Gedichte — so selten sie sich machten — zeigten sich um d. J. 1830 fast überall in veralteten Besetzungen, kaum zusammenhangend, nothdürftige Proben mußten sich neben den in Zeit und Ort begünstigten der Oper hindurchstehlen.

Das Schauspiel wurde das Stiefkind der Intendanzen genannt und es erging ihm bei den Privatdirectoren kaum besser.

Auch all der Nachtheil, welcher der Schauspielkunst durch die Erbauung der großen Theater entstand*), war durch die Oper herbeigeführt.

Dazu kam, daß diese selbst eine immer bedenklichere Richtung zu nehmen begann und eine immer nachtheiligere Ansteckung auf die Schauspielkunst ausübte.

Hatte C. M. v. Weber die deutschromantische Oper zur Prachtblüthe getrieben, so vermochten Spohr und Marschner sie kaum auf der erreichten Höhe zu halten, um so weniger als Rossini's bethörender Melodienzauber willkommen geworden war, er das musikalische Drama wieder der Concertproduction eröffnete. Gluck's ewig gültige Muster der Ausdruckswahrheit verschwanden von

---

*) S. 142.

Weitere Ergebnisse der bisherigen Entwicklungen. 219

dem Repertoir, sie mußten der sinnekitzelnden Virtuosität
weichen, die einst in Piccini vor ihnen gewichen war.
Der dramatische Ausdruck wurde mit Rossini zum
frivolen Spiele, während Spontini's outrirte Effecte
die Darstellung zur Uebertreibung fortrissen. Auber
in seiner epochemachenden „Stumme von Portici" trieb
sie desselben Weges, aber er machte sie inhaltloser, weil
seines Dichters, Scribe's, geschickte Texte nur auf äußeren
Effect berechnet waren, sowie seine eigne kluge und gewandte Benutzung der Rhythmen und der Schalleffecte
dasselbe that und ihm nichtsdestoweniger den Credit
dramatischen Ausdrucks verschaffte. Dagegen waren
seine komischen Opern der Darstellung nicht nachtheilig.

Im Ganzen drängte der Entwicklungsgang der Oper
immer mehr zu dem Verlangen, daß an allen bedeutenden
Theatern das Schauspiel von der Oper getrennt werden
möge, damit es seine eigenthümliche Entwicklung wieder-
gewinnen könne, unangesteckt von den bloß musikalischen
Deklamationswirkungen, den Uebertreibungen ihrer Accente, und von dem, durch die gesteigerten Orchestereffecte
über die Natur hinausgetriebenen Ausdruck überhaupt.

Der seit 1815 verbreitete Theaterluxus hatte die
Ausstattung in Costüm und Decorationen wesentlich ver-
ändert und mit der Neubelebung der bildenden Künste
auch der malerischen Seite der dramatischen Kunst vermehrte Aufmerksamkeit zugewandt.

Im Theatercostüm brachten die Bemühungen des

Grafen von Brühl, um systematische Durchführung der Naturwahrheit, entschiedene Veränderungen hervor.

Auffallend war, daß diese so lebhaft angefochten wurden, während doch die Fortschritte in der Richtigkeit der Kleidertracht, welche Koch und Schröder, dann Iffland herbeigeführt, allgemein, auch von den kritischen Häuptern jener Epoche, gebilligt worden waren.

Jetzt erhoben sich auf einmal gewichtige Stimmen gegen diesen Fortschritt und verlangten: das Theater solle sich um die Wahrheit in der Kleidertracht gar nicht kümmern, sondern nur das Kleidsame suchen. Ludwig Tieck, der freilich mit der Epoche seiner Jugendeindrücke allem theatralischen Leben überhaupt den Markstein setzen wollte, machte sich vornehmlich zum Stimmführer dieser Gegner Brühl's und forderte, daß man das Jahr 1790 und Schröder's und Engel's Costümordnungen noch jetzt als musterhaft anerkennen solle *).

Tieck setzte bei diesem Rückschrittsverlangen den Zusammenhang des Theatercostüms mit allen übrigen Bestandtheilen der Dramatik, insbesondere der Dichtkunst, ganz aus den Augen. Der Verlauf der Geschichte hat gezeigt, daß das älteste conventionelle Theatercostüm **) bei dem ersten wahrheitsgetreuen Costümstücke: „Götz von Berlichingen" einem wahrheitsgetreueren weichen

---

*) Dramaturg. Blätter II. Band Abschn. Costüm 229.
**) Band I. S. 304.

mußte*), daß der historisch getreuere Ton der Gedichte fort und fort die ganze Darstellungsweise, also auch die der Kleidertracht, weiter zu charakteristischer Wahrheit gedrängt hatte; wie Goethe's Benutzung des von Iffland geordneten Costüm's zu Wallenstein zeigte. Seit 1815 war ferner durch vielseitige Forschungen über die Kleidertrachten und durch Verbreitung von Costümbildern, durch Trachtenschilderungen, wie die von Walter Scott u. s. w., die Kenntniß richtiger Trachten im Publikum so verbreitet worden, daß das Theatercostüm nicht zurückbleiben, oder gar zurückgehen konnte. Tieck's Einwurf: „Ist die Bühne etwa dadurch ein Spiegel der Zeit, daß sie uns viele und mannigfache Röcke kennen lehrt?" war leicht durch die Antwort zu beseitigen: daß unwidersprechlich die Kleidertracht die Eigenthümlichkeit jeder Zeit, jedes Standes u. s. w. charakterisire, daß, wenn man also viele und mannichfaltige Zeiten dargestellt sehen wolle, man sich auch viele und mannichfaltige Röcke müsse gefallen lassen; daß auch, da der Schauspieler doch gekleidet sein müsse, es gewiß besser sei, wenn er costümgetreu, als wenn er willkürlich, oder wissentlich falsch gekleidet sei.

Brühl's Costümreform würde nicht so heftig angegriffen, sondern mit ebenso viel Zustimmung als die seiner Vorgänger aufgenommen worden sein, wenn er sie mit künstlerischem Geiste hätte durchzuführen vermocht, wenn er

---

*) Band II. S. 297.

es verstanden hätte, wie Koch, Schröder und Ifland, sie nach dem Maaße der Erfordernisse der Schauspielkunst zu regeln.

Erstens gingen diese Künstler in ihren Costümreformen nicht über die Grenze hinaus, welche die unter den Gebildeten verbreitete Kenntniß zog. Sie theilten Lichtenberg's Ansicht: „Wo der Antiquar in den Köpfen eines Publikums über einen gewissen Artikel noch schlummert, da soll der Schauspieler nicht der Erste sein, der ihn wecken will." Brühl dagegen wollte die Costümtreue über die Kenntniß Anderer, ja über allen Glauben an die Wahrheit seiner Studienresultate durchsetzen, er wollte damit staunen machen, und gab dadurch dem Costümwesen eine besondere Geltung, welche ihm — als einem bloßen künstlerischen Hülfsmittel — durchaus nicht zukommt.

Darüber verfiel er in den zweiten Fehler, den Koch, Schröder und Ifland mit künstlerischem Tacte vermieden hatten, er paßte das Kleid nicht der Rolle an, er machte den Künstler oft nur zum Träger des Kleides, zu einer interessanten Costümfigur. Er beachtete nicht genug, ob die Tracht das Alter, den Charakter u. s. w. bezeichnete, ob es schön, kleidsam, geschmackvoll in Farben, kurz den eigentlich künstlerischen Bedingungen entsprechend sei. Waren also auch die Künstler oft aus eigensinniger Kenntnißlosigkeit und herkömmlichem theatralischen Geschmack in Empörung gegen Brühl's Costümanordnungen, so waren sie doch mindestens ebenso oft in vollem Rechte, sich gegen den Gebrauch eines Costüms zu sträuben, welches das Erscheinen des Liebhabers hie und da mit Gelächter vom Publikum begrüßen ließ, durch Uniformität im Schnitt die verschiedenartige Charakteristik aufhob, durch unbehülfliche Waffen und sonstige Requisiten das Spiel erschwerte. Tieck sprach für sie das Wort: „Hinweg mit Allem, was das Auge beleidigt oder den Schauspieler hemmt."

Trotz dieser Mißgriffe bewirkte Brühl's Beispiel doch eine allgemeine Reformbewegung, weil sie eben in der allgemeinen Entwicklung geboten war. In Paris wurde die gleiche Richtung mit vieler Kenntniß und biegsamem Geschmack eingeschlagen und so war um 1830 das Prinzip der Richtigkeit im Theatercostüm allgemein anerkannt. In Wien, München, Dresden wurden erfahrene Costümier's angestellt und neben dem Grundsatz von der Richtigkeit des Costüms machte der zweite sich geltend: daß alle Trachten aller Zeiten und Nationen sich künstlerisch stylisiren lassen, ohne ihre Eigenthümlichkeit einzubüßen.

Merkwürdig ist, daß weder Brühl noch irgend einer der Bewunderer der Costümtreue, der höchst nachtheiligen Verwirrung wehrte, welche von den zwanziger Jahren an in alle die Stücke einriß, welche für das Costüm des achtzehnten Jahrhunderts geschrieben waren.

In diesen hatte der Uebergang, welchen das Rocococoſtüm in die Tracht unſeres Jahrhunderts genommen, es zugelaſſen, daß die jüngeren Perſonen ungepudert und in modernen Kleidern erſchienen, weil dieſer Unterſchied in der Tracht der jüngeren und älteren Perſonen im wirk= lichen Leben noch, bis 1820 beinahe, zu finden war. Die jugendliche weibliche Toilette war freilich durch die kurze Taille und den engen Rock in ſtarken Gegenſatz zur frü= heren Mode getreten, der Liebhaber hingegen erſchien noch immer in kurzen Beinkleidern und Schuhen — nur der Reitanzug rechtfertigte den Stiefel, — ſo ſpiegelte wenig= ſtens Benehmen, Haltung, Geberde immer noch die Sitte des vorigen Jahrhunderts wieder.

In den zwanziger Jahren aber war die alte Kleider= tracht ſammt dem Puder, auch in ihren Ausnahmen, aus dem täglichen Leben verſchwunden, gleichwohl beharrten die charakteriſtiſchen Rollenfächer in ihrem Gebrauche und mit Recht, weil dieſe Rollen in Stücken von Leſſing, Schröder, Iffland, Jünger, denen der erſten Periode von Schiller und Goethe u. ſ. w., alle Natur und allen Glau= ben verlieren mußten, wenn ſie der Zeit — welcher ſie durch und durch angehörten — mit Uebertragung in die modernſte Welt, enthoben wurden. Daß dies auch mit den jüngeren Rollen der Fall war, ſuchte man zu igno= riren, bis die elegante Tracht des kurzen Beinkleides mit Schuhen, ſelbſt bei Feſten und Bällen, aus der herrſchenden Mode verſchwunden war und kein Liebhaber mehr anders auf der Bühne erſcheinen wollte, als in modernen Pan=

Weitere Ergebnisse der bisherigen Entwicklungen. 225

talons und Stiefeln. Da ging, in dem damit verbundenen halb nachlässigen, halb militärischen Gange, die Anmuth, Gewandtheit und Feinheit des früheren Liebhabers gar sehr verloren und die Väter und Vormünder, in gestickten Kleidern und Perrücken, nahmen sich daneben aus wie Gestalten aus einer andern Welt. Darum setzte es denn die jüngere Generation, in ihrem vorherrschenden Hange: stets nach dem neuesten Modejournale gekleidet auf der Bühne zu erscheinen — durch, daß Stücke, welche die Zustände ihrer Entstehungszeit abzuspiegeln bestimmt waren, wie Emilia Galotti, Minna v. Barnhelm, Clavigo, Kabale und Liebe, die Schröder'schen und Iffland'schen Stücke, bald ganz modern gespielt wurden.

Wäre das System der Costümtreue consequent gehandhabt worden, so hätte es die schreiend untreue und verwirrende Behandlung dieser Stücke in eine historisch treue verwandeln müssen. Denn die französische Revolution hatte binnen zwanzig Jahren die europäische Gesellschaft in Denk- und Empfindungsweise, in Sitte, Anstand und Benehmen, ja in Charakterbildung viel frappanter und rascher verwandelt, als dies im früheren Geschichtsverlaufe binnen hundert Jahren geschehen war. Daß die Kunst der Menschendarstellung dies ignorirte und glaubte: den bürgerlichen Zuständen des vorigen Jahrhunderts ohne Weiteres die Physiognomie des neuen geben, oder beide vermengen zu dürfen, zeugt von sehr oberflächlichem Geiste, und beweist, daß die eigentliche Be-

deutung des Costüms, in seinem Zusammenhange mit
dem Charakter der Geschichtsepochen, in dieser Reformbewegung noch sehr unklar war.

Denn die Schauspielkunst begab sich ja mit der Rococo-
tracht der mannichfachsten Mittel zur äußeren Charakteristik. Man gab die sichtbare Unterscheidung der Stände
und Verhältnisse, mit den verschiedenartigen farbigen und
reichen Kleidern, gegen die unterschiedlose Einförmigkeit
der Kleider der Neuzeit auf; das Degentragen, das so
viele Situationen der älteren Stücke erst möglich macht,
endlich die Frisur und der Puder. Nichts bezeichnet die
raffinirte Künstlichkeit des achtzehnten Jahrhunderts so
deutlich, als diese unnatürliche Färbung des Haares, und
nichts erklärt daher sichtlicher den Widerstand der menschlichen Natur gegen jene Entartung, den revolutionären
Geist, die Ueberschwänglichkeit und überspannte Empfind-
samkeit der Dramen jener Zeit — als der Puder. Er
ist das Salz des Rococo. Aber die jüngere Kunstwelt
scheute den Puder, weil er in der letzten Zeit im täglichen
Leben nur an alten, barocken Leuten zu sehen war. Dazu
hatten die jungen Männer schnell verlernt, in Escarpins
sich zu benehmen, mit dem dreieckigen Hute hatte man,
ebenso wie mit dem Fächer, verlernt graziös zu spielen,
wer sollte diese Dinge jetzt wiederherstellen, wer die jungen Lieblinge des Publikums zu dem Richtigen anhalten?

Während die Costümreform also peinlich bemüht war,
die Trachten der entlegensten Zeiten — von denen nur

wenige Zuschauer wußten — nach sorgfältigen Quellenstudien zu ordnen, vermengte und verletzte man dasjenige Costüm, von dem das mitlebende Geschlecht noch die genaueste, erlebte Kenntniß hatte.

Ein Beweis, daß die Eitelkeit der „gelehrten Schneiderkunst" — wie Tieck es nannte — mehr Antheil an dieser Costümreform hatte, als künstlerische Wahrheitstreue.

Die Decoration der Bühne hatte gleichermaaßen Fortschritte gemacht.

Seit der italienischen Bühneneinrichtung mit Hintergrundgardinen und Coulissen*) war die Decorationsmalerei ganz in die Hände der Italiener gekommen. An den meisten deutschen Theatern fand man noch in dieser Epoche Maler mit italienischen Namen, die Nachkommen der ersten Eroberer dieser Stellen, die sich schwer von der alten Selbstständigkeit entwöhnten, welche ihre Väter bei der Decorationsmalerei behauptet hatten. Phantastische Gegenden, unermeßliche architectonische Perspectiven bekundeten die große Virtuosität der Maler, dienten aber dem Bedürfnisse der verschiedenen Situationen, zu denen das Schauspiel sie benutzen mußte, nur wenig. Selbst bei gewöhnlichen Zimmerdecorationen machte der Maler durch eine zufällige und frappante Beleuchtung, durch Möbel oder sonstige Ausschmückung sein spezielles Interesse gel-

---

*) Band I. S. 272.

tend, ohne zu fragen, ob diese stabile Belebung überall taugen könne*). Wurde dieser falsche Trieb: die Decoration malerisch interessant zu machen, auch noch nicht ausgerottet, so hörte man doch jetzt auf, den Zuschauer in unmögliche Gegenden und Räume zu versetzen, sondern hielt sich an die schönsten Muster der Wirklichkeit. Der Graf von **Brühl** nahm auch bei dieser Wendung der Theatermalerei, die mit der im Costüm zusammenhing, den Vortritt. Er ließ von dem berühmten Architekten und Maler **Schinkel** Entwürfe zu Decorationen machen und förderte junge deutsche Talente bei deren Ausführung.

Auf historische und Natur-Wahrheit ging von nun an die Richtung der Bühnendecoration, wie der Bühnenkleidung.

An der gewohnten **Einrichtung der Bühne** veränderte sich bei dem allgemeinen Schlendrian der künstlerischen Leitung nichts. Die **geschlossene Zimmerdecoration** wurde in Berlin im Jahre 1825, gelegentlich des Lustspiels: „Die Steckenpferde" von Wolff, wieder versucht, verschwand aber auch wieder schnell mit dem Stücke. Man behauptete, das geschlossene Theater lasse sich nur mangelhaft beleuchten und dämpfe den Redeton; und ohne Versuche zu machen, diesen Uebelständen abzuhelfen, ließ man die Einrichtung wieder fallen.

---

*) Auf der Bühne von Frankfurt a. M. war zu dieser Zeit noch eine Bauernstube im Gebrauch, auf deren Wand eine Katze, im Sprunge vom Schrank zum Ofen begriffen, gemalt war.

Weitere Ergebnisse der bisherigen Entwicklungen. 229

Die überaus opulente und luxuriöse äußere Erscheinung des Bühnenlebens bewies: wie reiche Geldmittel mit der Direction der Hofintendanzen dem Theater zugeflossen, und wie entschieden Stadttheater und Privatunternehmungen in dieser Richtung nachgezogen worden waren. In auffallendem Contrast stand dagegen, was auf den geistigen Stoff der dramatischen Kunst, auf ihren Gedankeninhalt verwendet wurde.

Das Autorenhonorar hatte sich kaum bei den ersten Hoftheatern zu der Höhe erhoben, auf welche Schröders Anerbieten es schon im Jahre 1775 für Hamburg stellte*). Nur Wien und Berlin zahlten für ein erfolgreiches oder besonders werthvolles Stück, das den Abend füllte, ein für allemal: 20, in seltenen Fällen 30 Louisd'or, die andern Hoftheater von zweitem Range und die ersten Stadttheater, wie Hamburg und Frankfurt a. M., die Hälfte oder das Drittheil davon. Die kleinen Hof- und Stadttheater bis zu 1 Louisd'or herab. Bei einactigen Stücken, deren höchstes Honorar man auf 4 Louisd'or annehmen kann, sank es bei kleinen Bühnen auf wenig über die Kosten der Abschrift herab. Die Uebersetzungen wurden, wenn auch geringer, immerhin verhältnißmäßig besser bezahlt.

Raupach war der einzige Dichter, der sich genugsam in Respect gesetzt hatte, um dem Berliner Hoftheater einen

---

*) Band II. S. 347.

Vertrag auferlegen zu können, wonach ihm für jeden Act in Prosa 40 Thlr., für jeden in Versen 50 Thlr. bezahlt wurden. Da er alle seine großen Stücke auf 5 Acte und ein Vorspiel, also auf den Preis von 300 Thlr. einrichtete und das Berliner Honorarverhältniß die übrigen Bühnen gegen ihn rücksichtsvoller machte, so war er der einzige anständig bezahlte Autor dieser Periode; was ihm denn auch genug Neider und Feinde zuzog.

Zu diesem gedrückten Zustande des Dichtersoldes kam noch der Unfug des Manuscriptdiebstahls, dessen sich nicht nur wandernde Bühnen, sondern auch kleine Stadt- und Hoftheater schuldig machten; oft nur in der Verwirrung aller Rechtsbegriffe, welche über das geistige Eigenthum des dramatischen Autors herrschend waren und welche aufzuklären die Gesetzgebung nicht den geringsten Schritt that. Das Theater lag den Regierungen immer noch in jeder Beziehung gänzlich abseits aller Berücksichtigung und das verletzende Gefühl hiervon war den Dichtern empfindlicher als der materielle Verlust, welchen diese Manuscriptdiebstähle für sie herbeiführten. Sah der Dichter sich doch auch von den Intendanzen und den sie nachäffenden Directoren meistentheils nur wie ein lästiger Bittsteller behandelt, in den seltensten Fällen nur wie sich's ziemt: als der Wohlthäter, welcher der Schauspielkunst neue geistige Nahrung, frischen Lebensathem für ihre Schöpfungskraft zu bringen bemüht ist. Wie lästig allerdings die Prätensionen der unbefähigtesten Literaten

Weitere Ergebnisse der bisherigen Entwicklungen.

wurden, ist schon erwähnt*), das rechtfertigt aber in keiner Weise den schnöden und wegwerfenden Ton, den sich Intendanten und Unternehmer — oft die beschränktesten Köpfe, welche sich für solchen Posten in Deutschland irgend finden ließen — in ihrer Selbstherrlichkeit gegen den Stand der Schriftsteller, der Repräsentanten des Geistes, angewöhnt hatten.

Auch die Censur war noch immer ein gewaltiges Hinderniß für die freie Entfaltung des dichterischen Talentes, wie der schauspielerischen Kraft. Der Standpunkt von vor fünfzig Jahren war immer noch nicht aufgegeben**), und von der Ausführung seiner Grundsätze***) war an manchen Bühnen wenig nachgelassen.

Politische und Hofrücksichten, auch der alte enge Grundsatz: daß die Bühne kein böses Beispiel geben solle, verbannten wichtige Stücke oder führten ihre entkräftigende Verstümmelung herbei. Selbst in Berlin wurde in dieser Epoche die Aufführung von Egmont, Wilhelm Tell und die Räuber untersagt. Auch der Prinz von Homburg lange Zeit, aus Grund der Verwandtschaft des Hauses Homburg mit dem von Hohenzollern und weil Todesfurcht, selbst momentane, den Offizierstand entehre. Die römisch-katholischen Höfe beengten die Dramatik noch)

---

*) S. 184.
**) Band II. S. 416.
***) Band III. S. 203. 313.

mehr. Noch immer dulteten sie die Erwähnung kirchlich heiliger Dinge auf ihren Bühnen nicht; aber auch vor dem Namen des Teufels hegte man in Wien dieselbe ehrfurchtsvolle Scheu. Geistliche der römischen Kirche durften nicht erscheinen, sie wurden noch immer, oft auf die sinnentstellendste Weise, in weltliche Personen verwandelt, oder ihrer Tracht mindestens durch phantastische Veränderungen der bestimmte Charakter genommen, um das künstlerische Motiv und die volle Wahrheit der Dinge abzustumpfen. Läugnen kann man nicht, daß die römische Kirche sich durch die Erscheinung ihrer Geistlichen, die meistentheils als Unheilstifter oder mit pfäffischer Lächerlichkeit und Verächtlichkeit auftraten, in ihrer Würde angegriffen sah. Die dramatische Literatur, die sich immer noch zum bei weitem größten Theile in protestantischen Händen befand, schenkte dem Gefühle des römisch=katholischen Publikums wenig Rücksicht, indessen sie die protestantischen Geistlichen nur in würdiger Weise erscheinen ließ. Wenn die Censur diese Parteilichkeit gemindert hätte, wäre sie vielleicht in ihrem Rechte gewesen, das unterschiedslose Verbannen aber der römischen Geistlichkeit von der Bühne verfälschte die Darstellung aller großen historischen Conflikte wie des bürgerlichen Lebens.

Am Münchener Hoftheater war durch die Regierung des König Max Joseph eine freiere Praxis eingeführt worden, in Wien und Dresden herrschte die alte Beschränkung.

Weitere Ergebnisse der bisherigen Entwicklungen. 233

Das Lustspiel durfte nur vorsichtig, in Wien gar nicht an Staatseinrichtungen oder bevorrechtete gesellschaftliche Zustände rühren. Harmlos sollten die Stücke sein, keiner Frage der Gegenwart zu Leibe rücken, keine empfindliche Stelle der Zeit berühren, also damit auch die höhere Bedeutung der Comödie aufgeben und die tieferen Motive der Charakteristik für die Kunst der Menschendarstellung. In dieser Hinsicht war der Zustand zurückgeschritten, denn offenbar hätten Stücke, wie die Iffland'schen, welche das Beamtenthum, die Hofzustände u. s. w. ihrer Zeit so schonungslos zeichnen, um das Jahr 1830 in Wien z. B. nicht neu aufgeführt werden dürfen.

Talentvolle Wiener Dichter, wie Bauernfeld, verflachten an diesen Censurreibungen, ihre Lustspiele wurden inhaltlos, Reihen von concertirenden Scenen, für die Virtuosität graciöser gewandter Conversation.

Gleichzeitig aber war die Darstellung von Stücken unbehindert, welche es sich zum Geschäft machten, die sittlichen Grundlagen der Gesellschaft zu vergiften; wie z. B. die große Zahl der modernen Pariser Erzeugnisse es that.

Die Widersprüche, in denen die Staatsautorität sich dem Theater gegenüber befand, waren noch nicht im Mindesten ausgeglichen. Wenn man der Meinung bleiben wollte, daß Alles, was in der ehrfurchtsvollen Scheu des Volkes erhalten werden solle, der Atmosphäre der Bühne, als einer entweihenden, entzogen werden müsse, warum schloß man sie nicht lieber ganz und gar? Warum überließ man ihr die Darstellung aller Tugend, Liebe, Begeisterung, alles Opfermuths für Wahrheit und Recht, kurz alles Göttlichen im Menschen, die Heiligthümer der Familie: die Gatten-, Eltern-, Kindesliebe?

Wenn aber diese Schätze der menschlichen Gottähnlichkeit von der dramatischen Kunst gut und heilsam verwaltet wurden, warum schloß man dann die Bühnen während der Kirchenfeste, anstatt ihnen einen lebendigen und eindringlichen Antheil an der beabsichtigten Wirkung auf Geist und Gemüth der Gemeinden vorzuschreiben?

Sollte aber die Bühne als profan gelten und als eine Art von Pranger, auf welchem weder geistliche Personen noch Glieder des heimischen Fürstenhauses u. s. w. ausgestellt werden durften, warum bewilligten Regierungen und Höfe mit jedem Jahre größere Summen, um den Glanz und die Anziehungskraft des Theaters zu erhöhen?

Dieser staatliche Widerspruch äußerte sich noch weiter in mannichfachen und seltsamen Erscheinungen; alle ließen sich zuletzt auf eine Ursache zurückführen: auf den Schauspielerstand und seine im Wesentlichen gleichgebliebene Stellung in der bürgerlichen Gesellschaft. Er blieb ausgesondert, und was er berührte, war verdächtigt.

Gleichwohl hatte die Moralität des Standes sich unläugbar gehoben. Geordnete Haushaltung war allgemeiner geworden, eine Folge der besseren Gehalte und der lebenslänglichen Anstellungen, welche alle angesehenen Hoftheater gewährten, eine Folge der Aussicht

Weitere Ergebnisse der bisherigen Entwicklungen.

auf Alterversorgung, welche die Pensionskassen darboten, die fast an allen Stadttheatern errichtet wurden. Bei allen soliden Theatern gab es um 1830 der soliden Mitglieder viele.

Aber seltsam genug, nun fing man an, mit diesem besseren Zustande unzufrieden zu werden. Man tadelte die lebenslänglichen Anstellungen, nannte sie einen ungebührlichen Vorzug vor andern Künstlern, und A. W. Schlegel erachtete die Angelegenheit der Sicherstellung der Existenz von Schauspieltalenten wichtig genug, um in seinen dramaturgischen Vorlesungen lebhaft dagegen zu sprechen.

Er sagte: „Nun haben sie keine geschickteren Nebenbuhler zu fürchten und sind bloß darauf bedacht ihre Stelle als eine Pfründe auf das Bequemste zu benutzen. Auf diese Art sind die Theater eine wahre Verpflegungsanstalt für versäumte und durch Trägheit vernachlässigte Talente geworden."

Diese Beschuldigung mochte zum Theil begründet sein, aber sie traf in ihren Anlässen nur die Verwirrung in der Organisation der Hoftheater, durch welche der Schlendrian eingerissen und die Autorität verfallen war, welche Trägheit und Vernachlässigung nicht dulden sollte. Denn diese Fehler waren zuletzt mit Entziehung der lebenslänglichen Anstellung zu strafen, welche deshalb eine Pfründe nicht genannt werden kann. Die Handhabung der Maaßregel macht sie gut oder schlecht; gewiß ist, daß bei richtigem Gebrauche der wichtigste Hebel gewonnen sein muß, den Schauspieler ganz an die Interessen der Anstalt zu fesseln, welcher er angehört. Schlegel meint dagegen: „Die schauspielerische Schöpfungskraft muß sich wesentlich aus einer leichtsinnigen Begeisterung für die Kunst nähren. Sobald die bürgerliche Aengstlichkeit: sich und Frau und Kindern ein mäßiges Auskommen zu sichern, sich seiner bemächtigt, so ist es um alle Fortschreitung geschehen."

Nun, die feste Anstellung sollte den Künstler ja eben der Aengstlichkeit um ein mäßiges Auskommen entheben, damit er mit um so leichterem Sinn sich der Begeisterung für seine Kunst hingeben könne. Der frevelhafte Leichtsinn, welcher sich aller Sorgen um die materielle Existenz zu entschlagen versucht, mußte den Künstler jederzeit tief in Sorgen verstricken.

Und worauf stellt schließlich A. W. Schlegel das ganze Leben des Schauspielers? „Er soll nicht aufhören von der wandelbaren Gunst des Publikums abhängig zu sein. Er kann nicht leidenschaftlich genug nach dem rauschenden Beifall, nach Ruhm, nach jeder glänzenden Belohnung streben, die ihm unmittelbar für das Geleistete zu Theil wird. Der Augenblick ist das Gebiet seiner Ernbten, die Zeit sein gefährlichster Feind weil er nichts Dauerndes aufzustellen vermag."

Das hieß ein System aus der künstlerischen Demoralisation bereiten, welche gerade in dieser Epoche gewachsen war. Das eben war ja eine der edelsten Wirkungen

Weitere Ergebnisse der bisherigen Entwicklungen. 237

der festen Anstellungen, daß sie den Künstler zu stärken vermochte, seiner gewissenhaften Ueberzeugung und nicht der wandelbaren Gunst des Publikums nach zu handeln.

Wäre Schlegel's Aufmerksamkeit der Bühne zugerichtet geblieben, welche Verwüstung hätte er in seinen letzten Lebensjahren noch beobachten können, die die Beifallssucht unter den Schauspielern und gerade unter den lebenslänglich angestellten hervorgebracht — ein Beweis, wie schief und widerspruchsvoll seine Aufstellungen waren.

Aber man wollte es sich von vielen Seiten noch immer nicht nehmen lassen: der Schauspieler müsse nothwendig unsittlich sein, wolle er productiv bleiben. Man machte jetzt dem Stande schon Vorwürfe, daß er ordentlich wirthschaftete und bürgerlich unanstößig lebte. Man klagte ihn der Philisterei an und hätte ihn gern in den Schmutz der Budenwirthschaften zurückgeführt, die man doch noch im Lande herum hinlänglich Gelegenheit hatte zu bewundern, in denen aber die Quellen der genialen Productionskraft keinesweges sprudeln wollten. Schlegel verlangte: der Schauspieler solle alle Familiensorge leichtsinnig in die Lüfte schnellen, Andre, wie Raupach z. B., verlangten: er solle deshalb gar nicht heirathen; wogegen man bereit war, ihm alle geschlechtlichen Unregelmäßigkeiten nachzusehen, zu Nutz und Frommen immer leidenschaftlicher Aufregung.

So tief stand noch immer, selbst bei dichterischen Autoritäten, der Begriff des Schauspielerstandes, und dann doch zuletzt der dramatischen Kunst selber, daß man die Unsittlichkeit für gedeihlichen Dünger ihres Flores hielt, den Schauspieler, wie die römische Kaiserzeit den Gladiator betrachtete, der sich zum Ergötzen der Zuschauer — hier moralisch — zu Grunde richtete.

Indessen aber hatte der sittliche Entwicklungsgang des Standes seinen, wenn auch langsamen, doch mit den allgemeinen sittlichen Zuständen richtig zusammenhängenden Fortgang. So waren die guten Ehen beim Theater immer häufiger geworden, besonders solche, bei denen die eine Hälfte der Bühne nicht angehörte. Die Erfahrung ist merkwürdig und zeigt deutlich, wie heilsam dem erregbaren schauspielerischen Naturell der beruhigende Beistand eines andern Gemüthes ist, das, von der fieberhaften Bewegung des Theaterlebens nicht so ganz eingenommen, den Gesichtskreis der gemeinsamen Interessen über den Zauberkreis der Coulissen hinaus zu erweitern, das häusliche Leben zu beruhigen, die Seele freier und leidenschaftsloser zu stimmen vermag. Diese so gemischten Theaterehen fallen fast immer glücklich aus, ja sie zeigen, wie groß Neigung und Bedürfniß des dramatischen Talentes nach beruhigender Häuslichkeit ist. Dagegen tragen Eheleute, welche beide der Bühne angehören, die Atmosphäre der Coulissenwelt mit sich in ihre Häuslichkeit, sie steigern sich gegenseitig in den Erregungen des Ehrgeizes und der Eitelkeit, in der Parteinahme für einander, oder der Neid auf Stellung, Beifall u. s. w.

schleicht sich sogar in dies engste Liebesbündniß ein. Das Gefühl der Zurücksetzung, die Forderungen der Abhülfe von dem begünstigteren Theile, dazu die geschlechtliche Eifersucht, die hier ergiebige Anlässe findet, alles Das vereinigt sich, um in ungemessener Aufregung das häus= liche Glück schnell aufzureiben, die Eheleute zu trennen.

So kamen denn auch in dieser Epoche noch einzelne anstößige Vorgänge vor das Forum des Publikums und befleckten dadurch den ganzen Stand. Wie beliebte Künst= ler wegen Trunkenheit auf der Bühne vom Publikum noch gezüchtigt werden mußten, so wurde auch noch eheliche Untreue gerügt.

Ein solcher Fall, der eine der angesehensten Berliner Künstlerinnen betraf, brachte die alte Streitfrage wieder zu weitläufiger Zeitungserörterung: ob das Publikum berechtigt sei, im Theater über das Privatleben der Schau= spieler das Richteramt auszuüben?

Die Verneinung dieser Frage stützte sich doch zuletzt wieder auf die Geringschätzung des Standes und auf Be= hauptung eines moralischen Ausnahmezustandes für den Künstler. Das große Publikum aber bleibt zum Glück immer noch des Glaubens, daß die wesentliche Grund= lage aller menschlichen Dinge die Sittlichkeit sei. Und so gern das Theaterpublikum den Schauspieler hat, dem es zu Zeiten etwas nachsehen, auf den es in gewisser Be= ziehung herabsehen kann, so richtet sich doch in auffallen= den Fällen, welche die Schranken der bürgerlichen Sitte durchbrechen, sein Urtheilsspruch streng und ernsthaft auf. So wenig das Publikum von einem Prediger hält, der da verlangt: man solle sich nach seinen Worten, nicht nach seinen Thaten richten, so wenig es einen öffentlichen Richter duldet, der, wenn er auch die gerechtesten Urtheile fällt, doch in seinem Privatleben selbst unredlich handelt, ebenso wenig will es dulden, daß der Künstler, der ihm die Menschheit darstellt, sich gegen deren Würde gröblich vergehet.

Das Publikum hat zudem ein sehr sicheres Gefühl davon, daß jede Kunstleistung die Blüthe der Persönlichkeit ist, und wird in seinem Genuß gestört, wenn es diese verachten muß. Und weil denn also der Wunsch: den Künstler persönlich achten zu können, dieser Strenge zum Grunde liegt, so hat der Künstler sich derselben viel mehr zu freuen, als der Nachsicht jener ästhetischen Maximen, welche die Kunstproduction vom sittlichen Boden ganz verlegen will.

Wäre die bürgerliche Gesellschaft nur dem Schauspielerstande immer noch mehr entgegengekommen, um ihm das zu verschaffen, was die wesentlichste Berechtigung zur Gleichstellung in der Gesellschaft giebt: die **gleiche Bildung**. Immer gab es noch zu Wenige, die sich gerade in dem höheren Bildungskreise, welchem die feinste Empfänglichkeit und das reifste Urtheil über Kunstschöpfung eigen ist, welcher also auch ihr Umgangskreis sein sollte, vermöge ihrer Bildung hätten halten können;

Weitere Ergebnisse der bisherigen Entwicklungen. 241

die sich nicht nur im Kunstgespräche selbst, noch mehr in der Verbreitung über Gegenstände des allgemeinen geistigen Interesses, ja selbst im gesellschaftlichen Benehmen auffallende Blößen gegeben, und damit der Gesellschaft angekündigt hätten, daß sie nicht hierher gehörten.

Das Letztere bleibt um so auffallender, als die Aneignung der gesellschaftlichen Formen eine der wichtigsten Aufgaben des Menschendarstellers ist. Aber das Benehmen der Mehrzahl der Bühnenkünstler pflegte in Gesellschaft zwischen unbehülflich blöder Scheu und einem falschen Bestreben, sich geltend zu machen, zu schwanken.

Ohne Zweifel hatte diese gesellschaftliche Haltungslosigkeit ihren Grund in der haltungslosen Stellung des Schauspielers überhaupt. Nur das Gefühl: mit unangefochtener Berechtigung da zu sein, verleiht in der Gesellschaft das unbesorgte Gleichgewicht, das sichere Maaß des Betragens; wer sich mißachtet glaubt, oder die Eroberung einer Stellung unternehmen will, wird selten den guten Ton treffen. Wenn das Alles Ursachen waren, dem Schauspieler den Zutritt zur guten Gesellschaft zu erschweren, ihn höchstens auf den Umgang mit dem kleinen Kaufmann, den Subalternbeamten, kurz der engeren bürgerlichen Sphäre anzuweisen, wo er wenig Anregung für Geist und Phantasie fand, so war dies wieder Grund für ihn, seine Mußestunden im Wirthshause, die Abende hinter den Coulissen zuzubringen und dadurch sich immer enger in den Zustand einzubauen, der ihm eben die gesellschaftliche Aussonderung zuzog. Ja der Gesittetste und Gebildetste mußte es, bei ausnahmsweiser Bevorzugung, empfinden, daß man seinen Beruf selbst noch immer im zweideutigen Lichte sah und den geachteten Menschen zu ehren glaubte, wenn man ihm zu verstehen gab, daß man ihn für zu gut zum Schauspieler halte. Sein Talent und die Aussicht: dasselbe zu gesellschaftlicher Unterhaltung zu nutzen, blieb immer der letzte Grund der gesellschaftlichen Aufnahme und ihre Entschuldigung gegen die Vorurtheilsvollen. Selbst in den Häusern, die den Künstler in ihren engen Freundeskreis aufgenommen, sah er sich hier und da gegen gewisse Personen, oder bei besondern Anlässen, möglichst verläugnet. Wer war wohl stolz darauf und bekannte sich dazu: daß er der Freund eines Schauspielers sei? Nur die Theaternarren, die von dem Abglanz der Theatercelebritäten leben. Alle Andern glaubten es noch immer entschuldigen oder doch besonders rechtfertigen zu müssen. Und wagte der dramatische Künstler Forderungen über das gesellschaftliche Umgangsleben hinaus, wagte er gar den Lebensnerv der bürgerlichen Gesellschaft, die Gleichberechtigung zur Ehe, zu berühren, wie zuckte da der ganze Körper! Mochte es der talentvollste, unbescholtenste und mit einem Einkommen gleich dem höchsten Staatsbeamten versehene Schauspieler sein, der die Tochter aus einem angesehenen Hause zur Frau begehrte, er mußte empfinden, daß er ein Paria der Gesellschaft sei.

Weitere Ergebnisse der bisherigen Entwicklungen.

Ja, bestimmter konnte der Verruf des Standes nicht bestätigt werden, als durch das Verhalten der Fürsten, die den Schauspielerstand mit so großer Freigebigkeit, mit so vieler Theilnahme, ja mit intimer Leutseligkeit behandelten und ihn gleichwohl für unwürdig hielten, ihm das öffentliche Zeichen ihrer Gunst oder der Anerkennung seines Verdienstes zu gewähren. Es kommt hier nicht darauf an, den Werth oder Unwerth der Orden in's Auge zu fassen, ihre Verleihung war um 1830 vielleicht auf ihrem Höhepunkte, die mittelmäßigsten Verdienste schon wurden damit belohnt und keinem Stande, keinem einzigen, bis zum geringsten Mitgliede herab, war diese Auszeichnung versagt, keinem — außer dem dramatischen Künstler. Diese Thatsache ist entscheidend über die Stellung des Standes. Alle übrigen Künstler, Dichter, Maler, Bildhauer, Baumeister, wurden wetteifernd von allen Fürsten decorirt; ebenso auch die übrigen Theaterangehörigen: Beamte, Maschinisten, Decorationsmaler, Orchesterdirigenten u. s. w., nur die Künstler, um deretwillen jene Andern alle nur da sind, die, welche die Bühne betraten, waren ausgeschlossen. Gleichwohl konnte die öffentliche Production und die Abhängigkeit von Lob und Tadel der Menge die Ursache davon nicht sein, so oft sie auch angegeben wurde, denn die Concertvirtuosen, die demselben Umstande unterworfen waren, wurden decorirt. Ifflant war der Erste und Einzige, welcher einen Orden getragen, während er noch activer Schauspieler war; aber er hat ihn auch nicht als solcher erhalten, sondern nur als Director und insbesondere für seine ebenso geschickte als aufopfernde patriotische Verwaltung des K. Theaters während dreier Kriegsjahre, wodurch er der Krone endlose Verlegenheiten und Kosten erspart hatte. Andere Schauspieler sind bei ihrer Pensionirung mit Denkmünzen begabt worden, und Graff in Weimar hatte die Erlaubniß erlangt, die seinige an einem Bande tragen zu dürfen; gleichwohl waren das keine eigentliche Ordenszeichen und immer waren sie erst nach dem Rücktritt von der Bühne ertheilt worden. Active dramatische Künstler als solche waren um 1830 in ganz Deutschland schlechterdings von der Ordensverleihung ausgeschlossen.

Die pietistische Richtung, welche das religiöse Leben theilweise in dieser Epoche genommen hat, trug gewiß nicht wenig dazu bei, die Widersprüche in der Stellung der Schauspielkunst zu verschärfen und jenen Standesverruf zu befestigen. Geistliche Angriffe tauchten wieder auf mit all den uralten Argumenten, die man längst entwaffnet glaubte; der Kampf um die Sittlichkeit der Schaubühne schien an seinen Anfang zurückversetzt. Ein Tractat von Tholuck*) dürfte als das beachtenswertheste Zeugniß davon gelten.

---

*) Eine Stimme wider die Theaterlust nebst den Zeugnissen der theuren Männer Gottes dagegen, des sel. Ph. Speners und des sel. A. H. Franke. Berlin 1824.

Der älteste Vorwurf, daß die Schauspielkunst ein Geschäft der Lüge sei, steht darin wieder obenan. Dräseke's Entgegnung*) hatte also im Kreise seiner Berufsgenossen noch nichts gewirkt. Noch immer leuchtete nicht ein, daß die Täuschung des Schauspielers nur die erklärteste Offenheit, das angelegentlichste Streben nach Darstellung der Wahrheit sei; daß die Ausübung dieser Kunst also den Vorzug der Wahrhaftigkeit vor den meisten Berufsthätigkeiten habe, denn vom Geschäftstreibenden bis zum Staatsdiener und Fürsten — den Richter und Geistlichen nicht ausgeschlossen — kann ohne wirkliche Verstellung, ohne absichtliche Täuschung über die eigenen Gedanken, Stimmungen, Absichten und Vorhaben, in seiner Berufserfüllung niemand auskommen; sein Beruf setzt ihn also einer Befleckung seiner Seele aus, wogegen die Seele des Schauspielers, seine subjective sittliche Zurechnungsfähigkeit, niemals bei der objectiven Täuschung betheiligt ist, zu welcher er sein Talent und seine äußere Persönlichkeit herleiht. Der Schauspieler kann in seinem Privatleben ein Lügner sein, auf der Bühne in Ausübung seiner Kunst aber niemals; er will niemals mit der Person verwechselt sein, die er darstellt, will niemals deren Aeußerungen und Affecte für seine eigenen ausgeben.

Tholuck stellt freilich die ganze objective Schöpfungs-

---

*) Band III. S. 109.

kraft des Künstlers in Abrede, er sagt: „Es wird zwar freilich behauptet, der wahre Künstler vergesse dabei nie sich selbst, allein dies glaube wer da kann." Wie Tholuck sich demnach eigentlich die Ausübung der Schauspielkunst denkt, ist schwer zu errathen. Ueberhaupt geht die Schrift, wie alle ähnlichen Angriffe der früheren Zeiten*), von den eingeschränktesten Vorstellungen über das Wesen und den Einfluß aller Kunst überhaupt aus und verwirft sie — obschon sie das läugnet — im Grunde überhaupt als schädlich, weil aufregend für den Christen, „dessen stetes Ringen sein müsse, in die göttliche Gelassenheit und Ruhe einzugehen, wo es keinen andern Affect mehr giebt, als die Liebe; der Selbstkenntniß nicht mit genialem Scharfblick — auch nicht mit dem eines Shakespeare — in den Winkeln des Herzens erspähen müsse, sondern durch Eingehen in das eigene Herz, dessen Nacht von dem erleuchtet werde, der uns besser kennt, als wir uns selbst kennen." Hiermit wurde also aller Kunst der Boden bestritten und Tholucks Schrift steht deshalb eigentlich außerhalb unseres Gebietes; indessen fordert ein Moment derselben noch zu verweilender Betrachtung auf, nämlich die Behauptung: das Geschäft des Darstellens müsse nothwendig einen Einfluß auf die Seele des Darstellenden ausüben. „Wer immerfort fremde Charaktere an sich nachbildet, der wird doch sicher am Ende nicht mehr für

---

*) I. Band S. 374 u. f. II. Band S. 312.

Weitere Ergebnisse der bisherigen Entwicklungen. **247**

sich selbst einen festen, bestimmten Charakter behaupten
können. Und hier braucht man nur auf die Erfahrung
zu verweisen. Wo ist der Schauspieler, welcher nach
vieljähriger Ausübung seiner Kunst noch einen festen,
bestimmten Charakter offenbarte?"

Auf dies letzte Argument wäre mit vielen Beispielen
zu antworten, es genügt, auf die Heroen unserer Kunst=
geschichte, auf Velthen, Frau Neuber, Eckhoff, Schrö=
der, Iffland zu verweisen und auf die Thatsache, daß die
Bestimmtheit ihrer Charaktere gerade aus ihrem Kunst=
wirken erwuchs und sie zu vorleuchtenden Erscheinungen
machte. Ebenso leicht ist Tholucks Annahme zu entkräf=
ten, daß die Darstellung von Fehlern und Lastern dieselben
dem Charakter des Darstellers einprägte. „Ahme alle
Tage dem nach, der an leiblichen Krämpfen leidet und
Du wirst sie selbst unwillkürlich erhalten, wie dies die
Erfahrung bezeugt. Die Sünde ist der Krampf des
Geistes." Wäre diese Schlußfolgerung richtig, so müßten
die meisten Schauspieler sehr bestimmte Charaktere, d. h.
die einseitigen ihrer Rollenfächer, haben; die oberflächlichste
Bekanntschaft mit dem Stande lehrt aber, daß die Schau=
spieler in ihrer Persönlichkeit oft das Gegentheil von dem
sind, was sie auf der Bühne mit Glück darstellen. Daß
außerdem der Schauspieler, welcher das Böse doch immer
als verdammlich oder lächerlich darzustellen hat, nothwen=
dig die bestimmteste Enttäuschung über den Reiz des Bösen
empfangen muß, daß er also leichter besser werden kann,

als ein Anderer, diese Betrachtung läßt Tholuck ganz außer Acht. Gegen den Rückschluß, daß tugendhafte, gottbegeisterte Rollen auch die Darstellenden tugendhaft machen müssen, verwahrt Tholuck sich freilich durch die doppelte Aufstellung: „daß des Menschen Herz ein Abgrund alles Bösen sei und vornehmlich den fertigen Zunder für die Sünde, nicht aber für das Gute in sich trage, ferner, daß die erheuchelte Tugend fast noch schrecklicher sei, als das dargestellte Böse, daß dem Menschen es nicht in jedem Augenblicke möglich sei, gute Empfindungen in sich hervorzurufen, der Christ noch weniger in jeder Stunde sich selbst die heilige Bewegung des Herzens zu geben vermöge, die ein freies Geschenk des Herrn sei."

Der erste Theil dieser Aufstellung ist, da er auf das Dogma von der Erbsünde sich bezieht und den künstlerischen Standpunkt objectiver Stimmungen negirt, hier nicht zu widerlegen. Der letzte Ausspruch Tholuck's aber ist viel bedrohlicher für den Stand der Geistlichen, als für den der Schauspieler. Denn sobald die Glocke zur Kirche ruft, muß der Geistliche doch auch gute Empfindungen in sich hervorrufen, heilige Bewegungen des Herzens sich verschaffen, und wenn sie als ein freies Geschenk des Herrn nicht gerade zu dieser Stunde über ihn kommen, so muß er zu einer erkünstelten Gottbegeisterung seine Zuflucht nehmen, zu einem Comödienspiel, das bei ihm zur Heuchelei wird und seiner Seele schadet, während

Weitere Ergebnisse der bisherigen Entwicklungen.

der Mangel an rechter Stimmung beim Schauspieler nur seiner Rolle schadet.

Sind aber Tholuck's Gründe für die Charakterlosigkeit der Schauspieler schwach, leuchtet aus allem, was die Kunstgeschichte lehrt, deutlich ein, daß die Ausübung ihrer Kunst die Künstler keineswegs charakterlos macht, so ist doch die Thatsache, daß sie es sind, nicht zu leugnen. Die Ursachen sind aber anderswo zu suchen. Theils liegen sie in der allen Künstlern gemeinsam großen Erregbarkeit, welche denn auch alle bildenden Künstler, Dichter, Musiker charakterlos, d. h. leicht bewegt und bestimmt von wechselnden Bewegungen macht; der Schauspieler nun, der von seiner Kunstleistung geistig und leiblich ergriffen wird, muß natürlich dieser Erregbarkeit in höherem Maaße unterworfen sein. Besonders aber liegen die Ursachen der sogenannten Charakterlosigkeit in der widerspruchsvollen Stellung seines bürgerlichen und künstlerischen Lebens, wie sie sich um das Jahr 1830 darstellt.

Der Stand des dramatischen Künstlers ist der einzige im Staate, dem eine Fachbildung versagt, dessen Selbsterziehung nur auf die Gunst oder Ungunst der Umstände angewiesen ist. Er hat weder im Staate noch in der bürgerlichen Gesellschaft eine anerkannt ehrenhafte Stellung. Hier stellt man an ihn die Forderung, daß er dem höchsten Zwecke der menschlichen Existenz, der Veredelung, dienen solle, dagegen verlangt der größere Theil der Menschen, er solle der niedrigsten Forderung, dem Zeitvertreibe, fröhnen. So ist er auf den Scheideweg gestellt, dem Beifalle der Majorität und allen Vortheilen desselben nachzujagen oder mit der stillen Billigung der Minorität der Hochgebildeten sich zu begnügen; denn die öffentliche Kritik ist verderbt, er muß sie erkaufen oder mit ihr zerfallen. Wie kein Schulzwang und keine Prüfung seine Fachbildung sichert, so hat man ihm ein zweifelhaftes Sittengesetz bereitet. Hier splitterrichtet man über ihn mit wachsamster Strenge, dort macht man ihm Unsittlichkeit fast zur Bedingung künstlerischen Credites. Sogar die ersten Grundbedingungen des rechtlichen Vertrauens legt man ihm nur locker auf, denn ein vertrags- und wortbrüchiges Theatermitglied findet um 1830 bei den ersten Hofbühnen bereite Aufnahme. Man hätschelt seine Eigenliebe zum Uebermuthe auf und unterwirft ihn doch dem Absolutismus von Autoritäten, die er nicht anzuerkennen vermag. Die Höfe überhäufen ihn mit Gunstbezeugungen und Geld, schließen ihn aber von ihren Ehren aus und machen keine ernsten, strengen Anforderungen an ihn.

So widerspruchsvolle Forderungen, so starke Verleitungen bei schwankenden Gesetzen, eine so haltungslose Stellung waren keinem andern Stande zugemuthet. Was blieb der Mehrzahl der dramatischen Künstler übrig als sich durch dieses Wirrsal biegsam hindurch zu winden, heut so und morgen so, nur von augenblicklichen Antrieben

geleitet, unzuverlässig zu werden, wie alle seine Verhält=
nisse es waren, charakterlos wie sie! Es war genug,
daß eine kleine Anzahl aus der künstlerischen Selbster=
ziehung, auf welche der Schauspieler angewiesen blieb,
die Ausdauer und Begeisterung auch für seine Seelenbil=
dung gewann, sich auf die Höhe der geistigen und sitt=
lichen Bildung aller übrigen Stände stellend, den Beweis
lieferte: daß nicht der Beruf des Schauspielers — wie
Tholuck behauptete —, sondern nur dessen Verhältnisse
der Charakterbildung nachtheilig seien; daß aber darum
auch der sittliche Kampf in diesem Stande charakterfest
wie in keinem anderen mache.

Der letzte Grund des ganzen beklagenswerthen Zu=
standes der Kunst, den die hier betrachtete Epoche ergiebt,
lag in dem einen Punkte, daß der Staat in unbegreif=
licher Achtlosigkeit fortfuhr, das Theater fast gänzlich
außer den Bereich seiner Sorgfalt zu stellen. Polizei=
liche Aufsicht und die daraus hervorgehende Censur, das
war Alles, was die Regierungen einer Kunst von so weit=
und tiefgreifendem Einfluß zuwandten.

Der Anfang einer staatlichen Organisation in Preußen,
mit dem Jahre 1808, hatte schon nach zwei Jahren sein
Ende gefunden*), der rasch aufgegebene Versuch der
württembergischen Stände, das erste Theater des Landes
zur Landessache zu machen**), scheint abschreckend ge=

---
*) Band III. S. 423.
**) Band IV. S. 114.

wirkt zu haben, denn in allen den Ländern, welche in Folge der politischen Bewegung des Jahres 1830 einen verfassungsmäßigen Antheil des Volkes an der Regierung erlangten, wurden von den Landesvertretern ebenfalls nur Geldbewilligungen für Erhaltung des Residenztheaters gemacht, damit freilich thatsächlich das vorragendste Theater zu einem Landesinstitut und der Nationalsubvention würdig erklärt, aber nirgends wurde die Forderung gestellt: dafür auch die Art der Leitung regeln und überwachen zu wollen. Man überließ sie dem Hofe zu willkürlicher Gestaltung.

So blieb also immer noch das deutsche Theater überall partikularen Interessen hingegeben, bei den glänzendsten und tonangebenden Instituten dem Geschmack und den Neigungen der Höfe, dem Dafürhalten ihrer Intendanten, bei den Stadttheatern den Interessen der Unternehmer oder der städtischen Comité's, bei den untergeordneten Bühnen dem armseligen Tagesvortheile der Prinzipale. Daß mit alledem nur in den seltensten Fällen den höhern Culturbestrebungen der Staatsregierung gedient sein konnte, liegt auf der Hand. Dennoch schlug keine ernste Betrachtung Wurzel, man dachte weder daran, die nachtheiligen Wirkungen dieses Zustandes zu verhindern, noch wohlthätige hervorzurufen. Durch den übrigens mit peinlichem Regierungseifer gepflegten Garten des Staatslebens ließ man die Wirkungen der Bühnenkunst wie ein reizendes Unkraut sich hinschlingen.

Weitere Ergebnisse der bisherigen Entwicklungen. 253

Alle Mängel der Organisation der Theater, ihrer
Finanzen und ihrer künstlerischen Thätigkeit, alle Unvoll=
kommenheiten des bürgerlichen und Berufslebens des
Schauspielerstandes gehen aus dem Mangel des Zusam=
menhanges der deutschen Bühne mit den höheren Staats=
zwecken hervor.

Als in der zweiten Hälfte des vorigen Jahrhunderts
der dringende Wunsch der Nation das Theater dem Schutz
der Höfe empfahl, da war die Meinung, daß es damit
auch dem Staatsinteresse überwiesen sei; denn Hof und
Regierung waren damals identisch. Diese Voraussetzung
hatte getäuscht. Die speciellen Interessen der Höfe allein
hatten die Entwicklung des Bühnenlebens beeinflußt, das
Beispiel der Hoftheater, insbesondere die Direction der
Hofintendanzen, hatten den bedenklichen Zustand herbei=
geführt, den wir betrachtet haben; und auch jetzt, wo die
beiden Factoren des Staatslebens: Hof und Regierung,
sich von einander sonderten, war die Bühne von der Lan=
desregierung dem Hofe überlassen worden.

Unläugbar gewonnen hatte die Bühne durch die
hohen Dotationen der Höfe, durch den Einfluß ihrer Inti=
mität, an allem, was damit zu erlangen war: an Sicher=
stellung des Künstlerstandes, äußerer Würde, Anständig=
keit aller äußeren Erfordernisse und damit Entfernung
von störenden Ungehörigkeiten, an Fortschritt des Büh=
nendekorums, an Schicklichkeit und Eleganz. Der ober=
flächliche Sinn im Publikum, mit diesen Erwerbungen

begnügt, fand daher den theatralischen Zustand gehoben und gebessert.

Auf die Stadt- und Wanderbühnen hatte der Zustand der Hoftheater ansteckend gewirkt, sie schienen ebenfalls gehoben, während die schwerste Krisis in künstlerischer wie finanzieller Hinsicht in diesen Regionen des Theaterlebens sich vorbereitete.

Die reifere Einsicht der Zeit, der höhere Sinn vermißte bei dieser Herrlichkeit um so mehr und erklärte den Verfall der dramatischen Kunst für unläugbar.

Sie hatte sich innerlich ausgehöhlt, ihr Standesgeist — der Gemeingeist — war durch Vernichtung der künstlerischen Direction verflüchtigt worden. Die Formen hatten sich vervollkommnet, der Inhalt aber war abgeschwächt, die Fertigkeit hatte gewonnen, der Geist war gewichen, die Glätte und Unanstößigkeit bei innerer Hohlheit, Mattigkeit und conventioneller Flachheit, daneben die blendende Effectjagd hatten die körnige Natur, das warmblütige Leben verdrängt.

Zu läugnen war die Veränderung nicht, die Künstlerveteranen aus der alten Schule in Mitte der neuen Generation bezeichneten den Unterschied frappant.

Der Schlendrian machte Entmuthigung und Theatermüdigkeit zur Epidemie unter den Rechtschaffenen und spornte die künstlerischen Freibeuter zu einer um so fruchtbareren Geltendmachung der Persönlichkeit an. Zu alledem hatte das Schauspiel den schweren Druck der glanzvollen

Oper — an den römisch-katholischen Höfen der begünstigten italienischen sogar — und des verlockenden Ballets zu tragen, das Sinnenreizende, Auffallende, Piquante, Blendende und Uebertriebene wurde mehr als je Theatermode des Tages.

Alles, was dem Theater durch Geld zu schaffen war, ist ihm durch das Hoftheater zu Theil geworden, Alles, was der Geist allein ihm geben kann, ihm abgewendet worden.

Tieck sagte: „Vormals konnte man den Gang der Bildung auch am Theater abmessen, statt daß jetzt die Bühnen im schreiendsten Widerspruch mit den Forderungen auch der billigsten Kritik sich befinden." Was daraus hervorgehen mußte, war eingetreten, der hochgebildete Theil des Publikums begann sich vom Theater zu entwöhnen.

Bei aller Hingebung an den Geschmack der Masse stand das Theater um das Jahr 1830 **unter** den Forderungen des Nationalgeistes und **außerhalb** des Kreises seiner höheren Culturmittel. Das Mißverhältniß der deutschen Schauspielkunst zu dem berechtigten Zeitanspruche war ihr Verfall.

VII.

Immermann's Direction.

Einen schlagenderen Beweis über die wesentliche Ursache des Kunstverfalles konnte die Geschichte nicht führen, als indem sie am Schluß dieser Periode, an einer bisher unbeachteten Theaterstätte, eine Bühne zeigt, auf welcher glanzlos, bei dürftigen Geldmitteln, auf einmal den richtigen Kunstforderungen genügt wurde; lediglich durch den künstlerischen Geist des Führers.

Ein glänzenderes Zeugniß für die unvertilgbare Begeisterungsfähigkeit des Schauspielerstandes konnte er selbst sich nicht verschaffen, als daß er, in dieser Epoche einer fast systematischen Demoralisation, dennoch still und fest die künstlerische Gesinnung bewahrt hatte, um auf den ersten Ruf bereit zu sein zu der eifrigsten, ja aufopfernden Hingebung, sobald ihm nur sein wichtigstes Recht wieder zugestanden, sobald ihm eine tüchtige künstlerische Direction gegönnt wurde.

Es ist die Immermann'sche Unternehmung in Düsseldorf, welche diese Betrachtung hervorruft.

In ihrer Entstehung sowohl, wie in der Art ihrer Führung erinnert sie an das Goethe'sche Theater. Ebenso aus den Anregungen eines gesellschaftlichen Kreises hervorgegangen, entwickelt sie in weiterer Gestaltung kunstgeschichtliche Bedeutung.

Ein glücklicher Zufall hatte Immermann — der seinem bürgerlichen Berufe nach Landesgerichtsrath war — im J. 1827 — zu der Zeit nach Düsseldorf versetzt, als die dortige Malerschule in ihre Blüthe trat, als ein frischer, verheißungsfroher Jugendgeist hier bedeutende und produktive Menschen vereinte und sie zum Kern eines merkwürdigen, buntbelebten geselligen Kreises machte. Der Dichter v. Uechtritz, der Kunstphilosoph Schnaase, der Akademiedirector Schadow, die Maler: Lessing, Bendemann, Hübner, Schirmer, Schrödter u. s. w. gaben dem lustigen rheinischen Leben dieses Kreises poetischen Gehalt.

Immermann sagt davon*): „Ein zweites Studentenleben führten wir damals, aber kein rudes, sondern ein phantasievolles. An andern Orten leben die Menschen ihrem bürgerlichen Berufe oder der Gelehrsamkeit, der Reiz des Daseins wird als Nebensache behandelt. In unserem Leben dagegen war das Streben, das Feinste, Geistigste,

---

*) Memorabilien.

die Spiele der Imagination, Laune, Witz und selbst die Grille zur Praxis zu machen; oder da das zu absichtlich klingen mag, wir bildeten uns ein, das Leben sei ein Spiel und könne in Impromptüs ausgegeben werden."

Von Fastnachtsmummereien, sinnvollen Aufzügen, lebenden Bildern in größter Ausbildung, von dramatischen Vorlesungen, welche Immermann in Tieck's Weise hielt, von Musikaufführungen, kam es zu dramatischen Festspielen und allerlei theatralischen Versuchen.

Danach fing die Düsseldorfer Gesellschaft an, auch höhere Forderungen an die Derossi'sche Schauspielertruppe zu machen, welche im Winter im alten Gießhause zu spielen pflegte. Immermann, von Lust und Beruf für die Bühne getrieben, verschmähte es nicht, gelegentlich einzelne Vorstellungen dieser Truppe dem Geschmack seines Kreises anzunähern. Nachdem er die Darstellung seines Trauerspiels „Andreas Hofer" aus Dichterberechtigung geleitet, gab ihm Derossi gerne freie Hand, bei Gelegenheit des Gastspieles des Schauspielers Porth im Frühjahr 1832, die Proben des Clavigo ebenfalls zu leiten, welches Stück dann, mit einem von Immermann gedichteten Epiloge, zu Goethe's Todtenfeier aufgeführt wurde.

In dem darauf folgenden Sommer ließ die Stadt das Theater durch einen Umbau würdiger herstellen und in Immermann entstand das Verlangen, daß dem würdigen Aeußern nun auch das entsprechen möge, was drin=

nen auf der Bühne vorgehen sollte; daß die dramatische
Kunst nicht in so ganz geistloser und armseliger Weise,
neben der blühenden Gestalt der übrigen Künste, vor der
Düsseldorfer Gesellschaft erscheinen möge. Mit Begeiste=
rung und raschem Entschluß stiftete er im Winter 1832
einen T h e a t e r v e r e i n unter seinen Freunden: „der das
Organ der Gebildeten bei der Bühne sein, den Director und
die Truppe in Schule und Regel nehmen sollte." Die
Abneigung des großen Publikums gegen die Einmischung
der Gelehrten in sein herkömmliches Vergnügen hoffte
Immermann zu überwinden, den geheimen Abscheu des
alten Prinzipals Derossi gegen diese aufdringlichen Ver=
edlungsversuche hielt die Aussicht auf ein ansehnliches
Abonnement nieder, die Willfährigkeit der Schauspieler
sicherte die Verheißung von Prämien, zu denen die Düssel=
dorfer Gesellschaft Geld zusammenschoß.

So begann denn Immermann diesen Schuleinfluß
der Düsseldorfer Gesellschaft auf eine Truppe von meistens
ganz untergeordneten Talenten; „es galt eine Reihe von
Aufgaben an bedeutenden Werken so vollkommen als
möglich praktisch zu lösen." Er hatte die vorherrschende
Krankheit der dramatischen Kunst, das Auseinanderfallen
der Darstellungen, vor Augen und wollte daher ganz
richtig das nächste Heilmittel dagegen im Zusammen=
halten und Binden der Darsteller an die Einheit des
Gedichtes finden. Er ging von der Ueberzeugung aus,
„daß mit mittelmäßigen Subjecten, die e i n e m Haupte

folgen, sich correcte Darstellungen liefern lassen, die den wahren Kunstfreund zu erfreuen im Stande sind, während man andern Ortes das Gedicht durch große Talente zerfleischen sehe. Denn der Begriff der Schule sei fast verschwunden, die Besten pflegten statt der Ehrfurcht vor der Regel, nur die krankhafte Eitelkeit, ihre Willkür und ihre enge Persönlichkeit geltend zu machen. Was man Ensemble nenne, erblicke man nicht mehr."

Die ersten Versuche, welche er mit dem Theater gemacht, hatten ihm Vertrauen zu seinem Directionsberufe gegeben. Sein dramatisches Dichtertalent, das freilich noch wenig praktische Bühnenerfahrung gemacht hatte, sein Talent als Vorleser, das, wenn es auch etwas monoton auftrat, doch den Geist und Verstand eines Drama's fein und klar hervorzuheben vermochte, waren wesentliche Berechtigungen zu seinem Selbstvertrauen.

Auch machte er nicht die Prätension, ein neues System der künstlerischen Leitung aufbringen zu wollen, er wußte, daß dies von der Neuber bis zu Goethe erschöpft worden. Er sagte — und diese Worte sind vom größten Gewichte, denn sie sprechen Alles aus, was über den modernen Zustand der Schauspielkunst zu sagen war — „die Wiedergeburt der deutschen Bühne, wenn sie noch einmal erfolgen soll, ist keineswegs von einer neu zu entdeckenden Weisheit, sondern von Entschließungen moralischer Art abhängig. Die Mittel sind ganz einfach und Intendanten und Schauspieler führen sie beständig im Munde. Aber die Ausführung ist schwer, denn sie widerspricht dem Leichtsinn, der Eitelkeit, dem Egoismus, der natürlichen Trägheit der Menschen, und darum unterbleibt sie."

In dieser Ueberzeugung veranlaßte also Immermann während zweier Winter die Subscriptionsvorstellungen, welche das Publikum Mustervorstellungen, die Schauspieler aber — in richtiger Unterscheidung vom handwerksmäßigen Schlendrian — Kunstvorstellungen nannten.

Sein Verfahren bei ihrer Leitung schloß sich, seinem literarischen Standpunkte und seinem und seiner Schauspieler Fähigkeiten gemäß, am meisten dem der Weimar'schen Schule an*); er beschreibt es selbst in seinen Memorabilien folgendermaaßen: „Des Dichters Werk, dachte ich, entspringt aus einem Haupte, deshalb kann die Reproduction desselben vernünftiger Weise auch nur aus einem Haupte hervorgehen. Ich las also das Stück, welches gegeben werden sollte, den Schauspielern vor. Dann hielt ich mit jedem Einzelnen Spezial-Leseproben, aus denen sich die allgemeine Leseprobe aufbaute. Ertönten in dieser noch Disparitäten des Ausdrucks, so wurden die schadhaften Stellen so lange nachgebessert, auch wo nichts Anderes half, vorgesprochen, bis das Ganze in der Rezitation als fertig gelten konnte**).

---

*) Vergleiche III. Band S. 382.

**) Später sagte er, bei Gelegenheit des Kaufmanns von Venedig: „Ich ließ mir die Mühe mit den sogenannten Episoden nicht verdrießen und buchstabirte ihnen die Rollen förmlich ein."

Die Action stellte ich darauf zuerst in Zimmerproben fest, die oft nur einzelne Acte, zuweilen nicht mehr als ein Paar Scenen umfaßten. Ich that dies im Zimmer, damit der Darstellende in den nackten, nüchternen Wänden seine Phantasie um so mehr anspannen lernte und die falschen Geister, die jetzt durch jeden deutschen Theaterraum flattern, die Dämonen des Gespreizten, Rhetorischen, oder der hohlen Handwerksmäßigkeit, nicht verwirrend auf ihn einwirkten. Stand das Gedicht so, ohne alle illusorische Nothkrücke, fertig da, dann ging ich mit den Leuten erst auf das Theater. Gegeben wurde das Stück nicht eher, als bis Jeder, bis zum anmeldenden Bedienten hinab, seine Sache wenigstens so gut machte, wie Naturell und Fleiß es ihm nur irgend gestatteten."

Nach dieser Weise, die also nichts als das Verfahren der bisherigen Schulen war, wurde denn am 1. Februar 1833 zuerst „Emilia Galotti" durch Immermann nach einer Vorlesung, einer Leseprobe, vier Zimmerproben und zwei Theaterproben in Scene gebracht. Gleichermaaßen studirte v. Uechtritz „Stille Wasser sind tief" zum 2. März ein. Immermann dann zum 9. April Calderon's „Standhaften Prinzen" —, wobei er das Glück hatte, daß von dem soeben aufgelösten Darmstädter Hoftheater Grua für die Hauptrolle zu ihm gestoßen war — mit einer Vorlesung, vier Spezialübungen, einer Leseprobe, drei Zimmer= und drei Theaterproben. Zum 25. April Kleist's „Prinz von Homburg" nebst einem Epiloge zum Schluß der Düsseldorfer Wintervorstellungen, nach einer Vorlesung, zwei Spezial-, zwei Zimmer- und vier Theaterproben.

Diese Vorstellungen erregten nicht nur in Düsseldorf eine staunende Bewunderung, sondern weithin verbreitete sich der Ruf von dem Wunder, welches ein einiger leitender Geist an der Derossi'schen Wandertruppe durch bloße Correctheit und harmonische Präcision gewirkt hatte.

Neben der berühmt gewordenen Malerakademie versprach eine neue Schulstätte der Schauspielkunst zu erstehen.

Nicht ohne Anregung von diesem neuen theatralischen Leben hatte der 24jährige **Felix Mendelssohn** die Stelle eines städtischen Musikdirectors in Düsseldorf angenommen. Damals in der frischesten Triebkraft seines Geistes, brachte er ein neues vielfach anregendes musikalisches Leben in die kunstbewegte Gesellschaft. Er übernahm für den nächsten Winter das Einstudiren zweier Opern, des **Don Juan** und des **Wasserträgers**, und wetteiferte durch seine meisterhafte Direction in harmonischer Abrundung der Aufführungen mit Immermann's Vorstellungen, welche in diesem Winter 1833—1834 **Egmont, Nathan, die Braut von Messina** und sein **Andreas Hofer** waren.

An den beiden letzten nahm Weymar vom Karlsruher Hoftheater Theil.

Der kluge Seydelmann, der es nicht versäumt hatte, sich in das neu aufgehende Licht zu stellen und auf Gastrollen nach Düsseldorf gekommen war, spielte den Nathan. Immermann sagt: „Fein und klug, wie er ist, und das Terrain, auf das er denn doch nun einmal getreten war, mit richtigem Blicke würdigend, gab er meiner Bitte: um der Andern willen die Mühe der Vorbereitungen nicht zu scheuen, das willfährigste Gehör, und machte die ihm gewiß sehr langweiligen Proben alle mit durch, selbst einige Zimmerproben."

Der erhöhte Erfolg, welcher durch alles dies der Immermann'schen Unternehmung zufiel, ermuthigte ihn, geradezu an die Spitze des Düsseldorfer Theaters zu treten, um, inmitten der Verirrung und des Verfalles im deutschen Theaterleben, eine Bühne mit literarischer Haltung, eine neue Schule der Darstellung zu gründen. Er hoffte bei unumschränkter Macht über eine, wenngleich untergeordnete Kunstgenossenschaft, den Hemmungen zu entgehen, welche Tieck's Wirksamkeit in Dresden paralysirt hatten, er durfte seiner Arbeitskraft, seinem praktischen, thätigen Eifer vertrauen, daß er mehr vollbringen werde, als Tieck selbst unter den günstigsten Verhältnissen geleistet haben würde. Er durfte hoffen, eine Autorität, wie die gestürzte Schreyvogel's, wieder aufzurichten und wenn er seine Fähigkeit, die durchschlagende Wirkung eines gesunden Systems in diesem kleinen Kreise wieder erwiesen hatte, zu einer umfassenden Wirksamkeit sich berufen zu sehen.

Er verlangte und erhielt eine zeitweilige Enthebung von seinen juristischen Dienstfunctionen, um einer Comödiantengesellschaft vorzustehen, — gewiß ein starker Schritt für einen preußischen Beamten — er brachte eine Actiengesellschaft zusammen, die seine Führung als eine Bürgschaft für den finanziellen Bestand des Unternehmens annahm, er bewog Mendelssohn, die Gesammtleitung der Oper zu übernehmen. Dem alten Prinzipal Derossi wurde sein Theater gleichsam abgepachtet, Personal und Apparat wurden auf besseren Fuß gebracht, Alles ging mit frohem Vertrauen daran, man wollte einmal wieder klein anfangen und damit Großes ausrichten. Die Behauptung sollte wahr werden, daß von den Wandertruppen das Heil der Kunst wiederkommen müsse, da man verzweifelte, daß die Hofbühnen es bringen könnten.

„Alle ächten Mittel der Kunst", sagte Immermann, „namentlich der scenischen, sind höchst einfach und kosten kein Geld, sondern erfordern nur Verstand. Die heutigen Intendanten aber meinen, das, wofür nicht Geld ausgegeben werde, sei überhaupt nichts werth. Und mit diesen Worten ist der ganze Verfall deutscher Bühnenkunst beschrieben zugleich und erklärt."

Diese schlagende Wahrheit sollte den Sieg der neuen Unternehmung verbürgen. Wieder einmal, wie so oft im Verlaufe unserer Geschichte und gleichwie bei dem ersten

Unternehmen der Art: der Hamburger Entreprise im
Jahre 1767*), dem ersten deutschen Nationaltheater —
vertraute man dem Geiste, der Vernunft der Sache und
der Unterstützung, welche diese beim deutschen Volke fin=
den müsse; und wieder war eine grausame Täuschung das
Ergebniß.

Ein Unglück war es, daß gleich im Beginn des Un=
ternehmens Immermann's herbe und eisenstirnige Natur
mit Mendelssohn's verwöhnter Reizbarkeit so schlimm zu=
sammenstieß, daß ein rascher Bruch des Directionsver=
hältnisses entstand. Ein Jeder wollte in seinem Kunst=
zweige das Beste leisten, ein Jeder sich also auch von vorn
herein der besten Mittel des Institutes bemächtigen. Ueber
Benutzung der Bühne, des Chores, der Spieltage u. s. w.
entstanden in den ersten Tagen Differenzen. Dann ver=
langte Mendelssohn den Regisseur Reger für die Oper,
den Immermann, als seine beste Stütze, im Schauspiel
nicht entbehren, gleichwohl aber auch selbst die Scenirung
der Oper nicht leiten wollte; doch wohl in der Absicht:
dem Schauspiele die Vortheile seiner Leitung allein zu
bewahren. Immermann war gewohnt, allen Wider=
stand zu besiegen, Mendelssohn, keinen zu ertragen, und
so trat dieser nach wenig Wochen zurück. Die Anzie=
hungskraft, welche seine Leitung sowohl wie seine Per=
sönlichkeit überhaupt, der Oper hatte geben und sie da=

---

*) II. Band S. 162.

durch zu einer wichtigen Stütze des Unternehmens machen sollen, war nun verloren. Glück genug, daß der junge Musikdirector, Julius Rietz, welcher nun die Oper übernahm, voll Talent, Fleiß und Eifer, und in Mendelssohn's Geist gebildet war.

Das Düsseldorfer Actientheater, dem Immermann unter dem Titel eines Intendanten vorstand, war am 28. Oct. 1834 mit Festmusiken von Weber und Beethoven, einem Vorspiele von Immermann und dem „Prinzen von Homburg" eröffnet worden, und entfaltete eine bewunderungswürdige Thätigkeit. Das Personal war zum großen Theile neu zusammengetreten, das kleine Theaterpublikum erlaubte nur selten Wiederholungen, eine neue Vorstellung nach der andern mußte geliefert werden. Darunter nahmen die von Immermann besonders gepflegten wichtigen Stücke um so mehr Zeit und Uebungen hin, als das Personal, obschon es mit erhöhtem Gehaltetat recrutirt worden war, doch nur wenige Künstler aufwies, die Immermann's Intentionen leicht verstanden und ausgeführt hätten. Außer der Frau Lauber-Versing, im Fache der Liebhaberinnen voll Wärme und Innigkeit, zählte sein Personal an namhaften Künstlern nur Schenk, in Heldenrollen, dessen Frau in heitren Liebhaberinnen, Reger im Charakterfach, Henkel einige Zeit in älteren Helden und den jungen Hoppé, der sich hier im Charakterfache versuchte. Jenke und das Limbach'sche Ehepaar waren ihm durch Fleiß und Hingebung von großem Werthe.

Ein Glück war es, daß die Oper sich so tüchtig zeigte, daß sie mehr als ein Drittheil der Spieltage übernahm. Geschah schon hierin der Vorliebe des Publikums Genüge, so erweist auch sonst der vielfach wiederholte Tadel: Immermann habe den Düsseldorfern zu viele ernste, gelehrte Stücke geboten, sich als völlig unbegründet. Unter den 355 Vorstellungen, welche das Immermann'sche Theater in Düsseldorf gegeben, befinden sich nicht mehr als 65 von klassischen Autoren oder von neueren mit strengen Zumuthungen. Darunter sind aber auch alle populären Stücke Schiller's, Goethe's und Shakespeare's gezählt: Räuber, Fiesko, Jungfrau, Egmont, Hamlet, Macbeth u. s. w. Neben den 139 Opernabenden zeigt das Repertoir 151 Vorstellungen, welche sich allem Gewohnten und Hergebrachten der übrigen Theater, sowie dem gewöhnlichen Theatergeschmacke bequemten, und das mit der größten Mannigfaltigkeit. Da ist keine Neuigkeit des Tages vorenthalten, von dem Pariser Schauerdrama bis zur deutschen Liederposse: Tyrann Angelo und Lumpaci Vagabundus, Hinko und Reise auf gemeinschaftliche Kosten, zu ebener Erde, sieben Mädchen in Uniform neben Belisar von Schenk und Raupach's Rafaele u. s. w. Auch lebende Bilder und Concerte, steyrische Sänger, französische Schauspieler und Tänzer, Strauß mit seinen Walzern,

Alles ist zugelassen, und der Vorwurf eines exclusiv gelehr=
ten Repertoirs trifft Immermann noch viel ungerechter,
als er Tieck getroffen hatte. Dazu erschienen, binnen
den 30 Monaten des Theaterbestandes, unter den ernste=
ren Zumuthungen an das Publikum nur fünf, die nicht
schon an allen übrigen bedeutenden Theatern wären zu
voller Anerkennung gebracht worden, es waren: Calde=
ron's „Richter von Zalamea, wunderthätige Magus und
Semiramis, die Tochter der Luft;" Tieck's „Blaubart" und
Immermann's „Alexis." Gedichte, welche unfehlbar den
Versuch der Aufführung verdienen und ihn außerdem
meistens durch ihre Erfolge rechtfertigten.

Daß Immermann's Unternehmung nicht länger als
zwei und ein halbes Jahr dauerte, hatte in seinem Reper=
toir keineswegs seinen Grund, im Gegentheil hatte dies
dem Theater eine große Anzahl von Besuchern gewonnen,
die sich bis dahin nicht darum bekümmert hatten. Der
Grund war, daß der Ausgabenetat des Theaters, durch
Anstellung besserer Talente und Vergrößerung des Chors,
durch eine mehr künstlerische Herstellung alles Apparates
u. s. w., auf eine Höhe gebracht worden war, welche die
Theilnahme einer Stadt, wie Düsseldorf, nicht decken
konnte.

Die Wanderung, welche die Derossi'sche Gesellschaft
jeden Spätsommer nach Elberfeld zu machen pflegte, gab
Immermann nicht auf, fügte noch eine nach Bonn hinzu,
vergebens, die Geldverlegenheit stieg mit jedem Jahre,

machte das Personal schwierig und Immermann mußte sich der kunstgeschichtlichen Erfahrung gefangen geben: daß ein Theater bei grundsätzlicher Führung, auch im kleinsten Maaßstabe, nicht ohne den Rückhalt einer bestimmten fortdauernden Geldunterstützung durchzusetzen sei.

Es ist rührend zu sehen, wie ein poetischer Geist, in edlem Willen das Beste durchzusetzen, mit Feuereifer seinen Lauf beginnt, Erfolg an Erfolg reiht, und doch von Trophäe zu Trophäe mehr ermattet, sich immer mehr im Stich gelassen sieht und zuletzt selbst an dem Geiste irre wird, der ihn auf diese Bahn getrieben. Um wie viel mehr als jeder gewöhnliche Bühnenvorstand mußte, bei seinen Intentionen, Immermann unter dem Schlendrian der Direction leiden! Sein Tagebuch enthält oft genug die Notiz, „wieder Verdruß gehabt, der bis auf die Knochen ging." Die schmerzliche Entrüstung über Comödiantenroheit, die ihm Kunstentweihung war, konnte den starken Mann einmal bis zum Thränenausbruch ergreifen. Hatte er dagegen auch Freude genug an der, mit so viel Vorliebe erfaßten Thätigkeit, an dem Eifer des größten Theiles von seinem Personal, am Gelingen der Arbeit, dem Beifall seiner Freunde und eines auserlesenen Kreises der Düsseldorfer Gesellschaft, ja an allen den Kleinigkeiten, an denen die Theaterlust sich nährt: an zufällig aufgespürten und erworbenen Möbeln, Stoffen u. s. w., so lagerte sich doch schon nach Jahresfrist der unentrinn=

bare Alp der Theatermüdigkeit auf seine Seele, dem er sich nur mit äußerster Mühe entwinden konnte.

Dennoch war es viel, was Immermann erreichte. Zunächst der Erweis: was künstlerische Direction vermag und daß sie allein der deutschen Bühne mangle. Dann vielfach nutzbare Einzelresultate. Seine erfindungsreichen und sinnvollen Einrichtungen, seine meistentheils sehr geschickten Bearbeitungen brachten dramatische Gedichte zu theatralischem Leben, deren Aufführbarkeit man bis dahin bezweifelt hatte, und bewiesen, daß das deutsche Repertoir noch aus längst vorhandenen Schätzen zu bereichern sei.

Dies war insbesondere mit Calderon's Richter von Zalamea und Tieck's Blaubart der Fall.

In der Scenirung älterer Stücke räumte er mit fester Hand hergebrachte Irrthümer und Verkehrtheiten hinweg, denen die Gewohnheit bei Schauspielern und Publikum ein Recht über alle Vernunft gegeben hatte. So war er z. B. der erste, der bei der Einrichtung der Schauspielscene in **Hamlet** auf Tieck's Andeutungen*) einging, und, indem er der kleinen Bühne im Vorgrunde, dem König und der Königin aber dieser gegenüber Plätze anwies, die Scene nicht nur naturgemäß herstellte, sondern auch das Spiel der Hauptpersonen in dieser entscheidenden Scene wieder zur Hauptsache machte**).

---

*) Dramaturg. Blätter. II. 69.

**) Siehe „Immermann's Theaterbriefe" an Eduard De=

Man hat getrachtet, den Ruhm von Immermann's fester Haltung zu verringern und an einzelnen Vorgängen seiner Direction zu erweisen, daß er, wie alle Anderen, der Schaulust und dem Volksgeschmack Concessionen gemacht habe, und so der stolzen Verachtung alles äußerlich Theatralischen untreu geworden sei. Der Vorwurf ist nur in Bezug auf das Gefecht gerecht zu nennen, das er, nach dem Beispiele des Theaters an der Wieden, in Schiller's „Räuber" zugelassen hatte. Die Art, wie er den Vorgang in seinen Memorabilien zu bemänteln sucht: er habe dem Publikum, dem aristophanisch wurstgefütterten Demos, ein leckeres Würstchen geboten u. s. w., ist eben ein Zugeständniß, daß er mit diesem Schlachtlärm sich außerhalb der Forderungen des Kunstwerkes befunden habe.

Wie aber wollte man einen so vereinzelten Fall einem Manne nachrechnen, dem es gelegentlich darum zu thun sein mußte, die oft wiederkehrende Concurrenz mit beliebten Kunstreitern zu bestehen und eine Sonntagseinnahme zu erlangen, um nur seinem Personal die Wochengehalte zahlen zu können!

Wichtiger ist es, den grundsätzlichen Charakter von Immermann's rühmlicher Direction kennen zu lernen, und wie diese sich zu den Richtungen früherer großer Kunstlenker verhielt.

orient, welcher den Angaben derselben in Berlin, Dresden und Karlsruhe folgte.

Hierbei macht uns seine Aeußerung stutzen: daß man
es aufgeben möge, Shakespeare auf der deutschen Bühne
heimisch machen zu wollen, alle seine Versuche hätten ihm
die Unmöglichkeit davon bewiesen*)..

Er dachte also ähnlich über Shakespeare wie Goethe.
Seine Vorliebe für die spanischen Dichter, welche in allen
seinen dramatischen Arbeiten, — mit Ausschluß der zweiten Bearbeitung des „Andreas Hofer" — nicht zu Gun-
sten derselben, hervortritt und die das Repertoir seiner
Direction bestätigt, bezeichnet seinen individuellen Standpunkt. Er neigte entschieden zu solchen Dichtwerken, in
denen eine phantasievolle Verknüpfung und die poetische
Rede die vorherrschenden Eigenschaften waren.

Das erste Moment verstand er durch seine erfindungsreiche und sorgfältige Scenirung zu beleben, für welche
er unvergleichlich mehr Talent als Goethe, Tieck und
Schreyvogel hatte, und das durch Umgang und Beihülfe
seiner Malerfreunde noch mehr ausgebildet wurde.

Die poetische Rede aber konnte er auch bei den meist
untergeordneten Talenten seines Personals, durch sorgfältige Dressur, wie in der Weimar'schen Schule, zu einer
gewissen zufriedenstellenden Abrundung bringen.

So kam es, daß er sich und seinem Kreise in Werken

---

*) Er hatte Macbeth, die Widerbellerin, Hamlet, den
Kaufmann von Venedig, König Johann, König Lear, Othello
und Julius Cäsar aufgeführt.

der Spanier, der Weimar'schen Freunde und ihrer Nach=
folger am ehesten zu genügen vermochte.

Anders verhielt sich Immermann's Vermögen zu
Shakespeare's Werken, deren Darstellung nicht im Ent=
ferntesten durch gute Scenirung und correcte Rede er=
schöpft wird, sondern deren Schwerpunkt vornehmlich in
der eigentlichen dramatischen Gewalt, in der künstlerischen
Wiederschöpfung eines Stückes Menschenleben liegt. Von
dieser ist die Rede aber nur ein Theil der Lebensäußerung,
der andere ist wohl in Handlung vorgeschrieben, das
Wesentlichste, Höchste und Feinste aber nur zwischen den
Zeilen zu lesen. An Shakespeare kommt der Menschen=
darsteller viel mehr als der Redner in Frage. Immer=
mann's Studienmethode reichte also hier nicht aus, und
wenngleich er unzweifelhaft die Fähigkeit besaß, seiner
Kunstgenossenschaft wichtige Winke über die Auffassung
der Shakespeare'schen Charaktere zu geben, so traf er doch
bei deren eigentlicher Verlebendigung auf die Hemmung,
daß sein Personal von geringer selbstschöpferischer Kraft,
im Allgemeinen zu sehr auf das Dressiren und Einbuch=
stabiren angewiesen war. Um durch diese Mittel auch
bei Shakespeare zu wirken, hätte Immermann mehr dra=
matisches Talent und Kenntniß der schauspielerischen
Kunstmittel besitzen müssen. Er vermochte es nicht sich,
die Darstellungen vermochten nicht ihm zu genügen, und
so erging es ihm wie Goethe, daß er, von dem vornehm=
lich poetisch=rhetorischen Standpunkte aus, Shakespeare

für unsere Bühne nicht geeignet hielt. Shakespeare ist der Prüfstein für die Anschauung der Dramatik.

Die Immermann's lernen wir noch weiter aus seinen eigenen Aeußerungen kennen. Er sagt: „Die Kunst des Schauspielers, wenn sie echt ist, soll nur die Reproduction eines Dichterwerkes sein. — Die moderne Verwirrung der Darstellungskunst datirt daher, daß die selbstständige Freiheit derselben nicht begrenzt genug gefaßt wird. Es ist eines der Hauptgebrechen des deutschen Theaters, daß der Schauspieler sich über das Gedicht stellt und glaubt: erst etwas aus demselben machen zu sollen, statt daß gerade umgekehrt das Gedicht aus ihm etwas machen soll."

Die ersten dieser Sätze scheinen dem Schauspieler nur die unverbrüchliche Pflicht der Treue gegen das Gedicht, seinen Kunststoff, auferlegen zu wollen, der letzte Satz aber beweist, daß Immermann die schriftstellerische Behauptung dieser Zeit: von der Unmündigkeit der Schauspielkunst*), vollständig vertrat. Denn in diesen Aussprüchen verlangt er nichts Anderes, als daß die Kunstproduction des Schauspielers in ihren Stoff aufgehen solle, anstatt daß sonst in allen Künsten der Stoff in das Kunstwerk aufgeht. Welch ein Maaß von „selbstständiger Freiheit" er dabei der Schauspielkunst noch zugestehen will, ist schwer zu ersehen. Der billigste Vergleich

---

*) S. 185 u. f.

des Verhältnisses vom Gedicht zur Darstellung ist gewiß der vom Carton zum Bilde*). Was würde nun die Düsseldorfer Malerschule gesagt haben, wenn Immermann ihr gegenüber behauptet hätte: der Maler dürfe sich bei Ausführung eines gegebenen Cartons nicht über denselben stellen, um aus diesem etwas machen zu wollen, der Carton hingegen solle aus dem Bilde etwas machen.

Immermann sagt ferner von dem damaligen Kunst= zustand**): „Das mimische Element hat die Ueberhand über das recitirende gewonnen, statt daß es umgekehrt sein sollte, denn die Poesie ist eine Kunst der Rede, das Vehikel also, wodurch die dramatische zur vollen Erschei= nung gelangt, muß primo die Rede und erst secundo das Spiel der Gesichtsmuskeln, der Hände und Füße sein."

Abgesehen davon, daß Immermann die Richtung der damaligen Schauspielkunst, aus nur theilweiser Kennt= niß, nicht allgemein treffend auffaßte — denn ihr vor= herrschender Fehler war gerade der rhetorische Hang —, so läßt er auch bei dieser seltsamen Lehre von einer Scheidung des dramatischen Ausdrucks außer Acht, daß selbst blos stumme Pantomimen wohl ein Drama, d. h. eine lebendig gegenwärtige Handlung, hervorzubringen vermögen, bloße Rede aber niemals. Wenn denn also die

---

*) S. 186.
**) Alle diese Stellen sind aus den „Theaterbriefen."

untheilbare Menschendarstellung durchaus in Bestandtheile zersetzt werden soll, so dürfte wohl das Mimische primo und das Rhetorische secundo sein.

Bei Shakespeare's Schöpfungen waren Handlung und Charaktere gewiß das Erste, was er erfand, aus dem dann die Rede als ein Zweites hervorging.

Immermann nimmt seiner Aufstellung allerdings etwas von ihrer Schroffheit, indem er in einem späteren Briefe auf die Einwürfe seines Correspondenten erwidert: er meine nicht, das recitirende Element könne, einseitig ausgebildet, erfreuliche Resultate geben, vielmehr finde auch er die Güte der Darstellung nur in der vollkommenen Einigung und Durchdringung des Recitirenden mit dem Mimischen. Dennoch kehrt er zum Wesentlichen seiner Behauptung zurück, indem er fortfährt: „Weil aber das Mimische, mit dem Sinken der Kunst sich auf Kosten des Recitirenden erhoben hat*), begünstigt durch geniale Manieristen, wie Ludwig Devrient**), be=

---

*) Dieser Vorwurf war, wie gesagt, thatsächlich nicht begründet, und konnte es nicht sein in einer Periode, die noch ganz unter dem Einflusse der Weimar'schen Schule sich befand.

**) Daß dieses Meisters Recitation wirklich sehr mangelhaft war, mußte Immermann's Urtheil wohl über ihn verstimmen, übrigens wirkte Ludwig Devrient's Beispiel bei Weitem nicht so allgemein auf die Schauspielkunst, als es noch immer die entschiedenen Recitationsmuster von Eßlair, Wolff und Sophie Schröder thaten.

günstigt durch die schlechten Stücke*), worin das Wort das Geringste ist, weil die Kunst der Rede fast verloren ging, so muß von Jedem, der jetzt wieder die Sache am rechten Ende anfassen will, der Accent vorläufig auf die Ausbildung der Rede gelegt werden. Haben wir hierin erst einmal wieder so zu sagen die Grammatik erobert, dann werden sich auch wieder die Talente finden, die, wie die Tradition von Schröder lautet, alle Bestandtheile der Kunst zu einem großen bewundernswerthen Ganzen zusammenzufügen wissen."

Wir sehen, daß Immermann die Kunst der Menschendarstellung einseitig auffaßte, vielleicht mehr als Goethe; daß er die eigentliche Bedeutung der Schauspielkunst als Lebendigmachung des poetischen Gedankens, als Fleischwerdung des Dichterwortes, nicht anerkannte. Denn hier ignorirte er sogar: daß in der menschlichen Lebensäußerung Rede und Geberde in untrennbarem Rapporte stehen, und darum auch zu jeder Kunstepoche Eines mit dem Andern gesunken, manierirt geworden ist, oder sich gehoben hat, daß also keine Schule versuchen darf und kann, Eines ohne das Andere auszubilden. Seine Berufung auf Schröder ging aus einer unvollständigen, theilweise falschen Auffassung von dessen Schule

---

*) Das war im Allgemeinen wohl auch nicht von einer literarischen Periode zu behaupten, in welcher Müllner, Grillparzer, Houwald, Raupach den Ton angaben.

hervor: niemals hat dieser die Menschendarstellung „aus Bestandtheilen zusammengefügt," er ging auf das volle untheilbare Leben aus, „welches der Dichter, wenn er der Natur treu geblieben ist, durch Worte oder Handlungen seiner Personen hat ausdrücken wollen*)." Wie wenig Schröder sich dazu eignet, daß ein Voransteller des rednerischen Theiles der Schauspielkunst sich auf ihn, den großen Charakteristiker, berufen dürfe, belegt ein anderes Wort von ihm, daß „manche sehr bewunderte, dichterisch glänzende Stelle ihm Kampf und Anstrengung koste, um sie mit der Natur auszugleichen; er sie darum gleichsam verwischen müsse, damit sie dem Charakter nicht widerspreche." Indem er so trachtete, das Ideal des Dichters zu vollenden und dabei nach Lessing's Vorschrift „mit dem Dichter zu denken, aber auch für ihn zu denken, wo diesem etwas Menschliches begegnet sei," geschah es doch wohl, daß der wahrhaft schöpferische Darsteller Momente in seiner Rolle ausbildete, wie sie dem Dichter kaum dunkel vorgeschwebt**), ja daß er ihnen Färbungen gab, die der Dichter gar nicht gefunden hatte, die aber dennoch

---

*) Band III. S. 189.

**) Schröder, der selbst so viele Stücke geschrieben und in fast allen Rollen von entschiedener Wichtigkeit gespielt hat, machte wohl die Erfahrung aller dichtenden Schauspieler von der Selbstständigkeit ihrer Kunst, indem er in der Darstellung sich selbst durch Züge neuen Lebens überraschte, die ihm, als er schrieb, nicht vorgeschwebt hatten.

der Treue gegen das Gedicht keinen Eintrag thaten. Mit alle dem stellte er sich aber unstreitig über das Gedicht und trachtete aus diesem etwas zu machen: eine vollkommene sinnlich lebendige Gestalt, die ein Gedicht nicht haben kann.

Faßt man Immermann's Grundsätze und Verfahren zusammen, so geht daraus hervor: er verlangte offenbar von der Schauspielkunst, daß sie nur von dem geschriebenen Worte ausgehe, nicht von der ursprünglich schöpferischen, lebendigen Anschauung des Dichters, die er nur unvollständig durch Worte ausdrücken konnte, von der also die gesprochene Rede nur ein Theil ist.

Sein Interesse haftete überhaupt nicht unbedingt an der dramatischen Darstellung, sondern nur an dieser, insofern sie bedeutende Gedichte illustrirte.

Er suchte sein Repertoir mit den besten Gedichten zu bereichern, diese mit einer angemessenen Uebereinstimmung aufzuführen, im secundären Interesse lag es ihm: welche weitere veredelnde Wirkung dies auf die Schauspielkunst ausüben werde. Darum war ihm, gleichwie Goethe und Schiller, zumeist an dem Experiment der Aufführung um der Gedichte und um seiner Selbstbildung willen zu thun; er sagt: „Der größte Vortheil für mich bestand in dem Nachdenken, welches die bedeutenden Sachen, die ich in Scene setzte, in mir erregten." So ist denn wohl begründet, was seine Freunde ihm sagten: daß das Versehen dieses Repertoirs von „bedeutenden

Sachen" schon seiner Direction ein Ende gemacht haben
würde; denn wenn er selbst „die gewagten Probleme, die
sein Projectenzettel noch enthielt," und die bis zu Tieck's
Fortunat, Grabbe's Napoleon und seinem Merlin gehen
sollten, alle gelöst, und wenn er auch noch Anderes dazu
gefunden hätte, so wäre er doch zuletzt damit zu Ende
gekommen und hätte — wie es Goethe erging —*) Lust
und Freude an der Sache verloren. Diejenige Direction
und Schule dagegen, welche sich die Schauspielkunst selbst
zum Zwecke setzt**), hat kein Ende, weil sie in der uner-
schöpflichen Natur des Menschen selber wurzelt und ihren
dichterischen Stoff überall zu finden weiß.

Wenn man sich aber auch darüber klar geworden ist,
daß Immermann's Führung den Charakter der literarischen Direction behalten habe, daß sein System nicht das
vollkommenste war, daß er also nicht bestimmt gewesen,
die Schauspielkunst geradehin zu regeneriren und die Kluft
zu schließen, welche seit der Weimar'schen Schule in der
deutschen Dramatik zwischen Dicht- und Schauspielkunst
wieder gähnte, so bleibt seine Direction doch ein preis-
würdiges Unternehmen, ist in der Umdüsterung und dem
Nebelgrauen der neuen Theaterepoche ein Leuchtthurm für
die hoffnungslosen Schiffer.

Gerade zu dieser Zeit des Auseinanderfallens, der

---

*) Vergl. Band III. S. 387.
**) Wie Schreyvogel's.

treulosen Vortheilsmacherei des Virtuosenthums war eine
sichere Hand, die wieder zum Festhalten und Sammeln
um das Gedicht zwang, vom segensreichsten Einfluß.

Mit der bloßen Austilgung des geradehin Falschen
war schon unendlich viel geleistet — gibt doch die Correct=
heit erst den sicheren Boden ab, auf dem die selbstschöpfe=
rische Schauspielkunst beginnen kann. Und von solch
einem Einfluß auf die Künstler war seine Direction. Was
er davon in seinen Memorabilien sagt, ist ebenso interes=
sant, als es gegen so viele schiefe Ansichten des Standes
und seiner Verhältnisse berichtigend auftritt. Er sagt
vom Beginn seiner Leitung: „Das Schauspielervölkchen
hat noch Niemand erschöpfend beschrieben, man muß mit
ihm zu thun bekommen, um es kennen zu lernen. Seine
Launen scheinen nach nothwendigen Naturgesetzen zu ent=
stehen, denn auch bei Dilettanten, wenn sie Comödie
spielen, zeigen sich unverzüglich alle Mücken und Tücken
der Collegen von Fach. Meine Acten aus jener Zeit
sind lustig zu lesen, jeden Tag bekam ich wenigstens drei
Villets, denn die Schauspieler geben Alles schriftlich von
sich. Da widmet mir einer brieflich seine „ungeheuchelte
Verehrung," der wenige Blätter später mir rund heraus
erklärt, seine Nerven litten von meiner Behandlung! Die
Liebhaberin schmollt und wird wieder gut, der Held poltert,
streckt sich aber doch nach der Decke; der Intriguant und
Bösewicht war im Ganzen der Vernünftigste und meine
beste Stütze. Alle schrien über Ungerechtigkeit und Ty=

rannei und zuletzt that Jeder seine Schuldigkeit. Die gelungene „Emilia Galotti" hatte die Tradition erzeugt, daß der Sieg unter dieser Fahne blühe, und die Schauspieler sind Sklaven der Tradition, welche das einzige Feste in dieser Kunst des Augenblickes ist. Die Sache marschirte, was kümmerte mich das Halloh unterwegs."

Und vom Ausgange seiner Direction gab er ihnen „das Zeugniß ehrenhaftesten Fleißes bis zuletzt." — „Ich habe meinen Schauspielern — fährt er fort — nie geschmeichelt, ich habe ihnen Anstrengungen zumuthen müssen, wie sie sonst nirgends den Leuten auferlegt werden, sie haben mir auch durch ihre Trakasserien und Grillen tausendfachen Verdruß gemacht; aber in der Hauptsache, in der Lust und Liebe zum Dinge, in der Ausdauer und Beharrlichkeit sind sie Kerntruppen zu vergleichen gewesen, welche sich noch schlagen, wenn auch kein Sieg mehr zu hoffen ist und die Milizen längst fortgelaufen sind.

Damit man nicht sage: ich brüste mich nur mit ihnen, so erinnere ich, daß die Bühne am letzten März 1837 aufhörte und daß ein Vierteljahr vorher dem ganzen Personal gekündigt war. Es war also eine Zeit damals eingetreten, in der sonst die Kräfte eines Institutes erlahmen, weil die Gedanken, ohne Interesse an der Nähe, schon wild in der Ferne umherschweifen. Und da haben die Schauspieler noch im letzten Monate am 6. Egmont, am 10. Jul. Cäsar, am 22., Goethe's Todestage, Iphigenia, und am 31. Griseldis geliefert, neben der übrigen kurzen Tageswaare. Egmont war in mehreren Hauptrollen neu, Cäsar, Iphigenia, Griseldis waren ganz neu. Daß zu den Proben unter solchen Umständen nicht selten ein Theil der Nacht verwendet werden mußte, begreift sich; sie thaten und leisteten aber dieses, weil sie ihre Ehre darein setzten, daß die Bühne im höchsten Glanze der Thätigkeit untergehe.

So lieferten sie mir den Beweis, daß auch der deutsche Schauspieler sogleich wieder ein ganz anderes Wesen wird, wenn man ihn nur richtig anfaßt*). Die richtige Behandlung, welche ich meine, besteht aber nicht im Kajoliren oder Ordiniren vom Kabinet des Intendanten aus, sondern darin, daß ihnen, nicht in hohlen Worten, sondern in der That und in der Wahrheit, das Bewußtsein werde von einem im tüchtigen Sinne unternommenen Wirken, daß der Führer gestaltend, ordnend, erfindend, bis ins Kleinste eingreift, daß er, um es kurz zu sagen, das Feuer des Gefechtes nicht scheut. Muth und Geschick wird er nun freilich dazu nur haben, wenn er selbst von der Klinge ist. Man macht Rechner zu Finanziers, Juristen zu Richtern, Maler oder Bildhauer zu Directoren

---

*) Dabei darf nicht außer Acht gelassen werden, daß die Theaterkasse in dem letzten Jahre nur unregelmäßig sich ihrer Verpflichtungen gegen die Schauspieler entledigen konnte, daß Immermann zu persönlichen Anleihen genöthigt war, um nur für seine Streiter zu sorgen.

der Akademien, aber im Gebiet der schwierigsten und ver=
wickeltesten Kunst macht man Hofleute zu Intendanten.
Es ist ein Widersinn, der kaum widersinniger gedacht
werden kann."

Immermann hatte so Außerordentliches in kurzer Zeit
und mit geringen Mitteln geleistet, daß er wohl berechtigt
schien, sich zu beschweren, daß keine kräftige Feder sich
bewegt habe, kein beredter Mund laut geworden sei: die
Gunst des Hofes, die Ambition der Reichen und Vor=
nehmen rege zu machen, damit das Institut erhalten wer=
den könne; man habe es gelassen und gleichgültig fallen
lassen.

Das Theater bedurfte zu seinem Fortbestande einer
Subsidie von 4000 Thlr., die auf die Dauer von Düssel=
dorf nicht erwartet werden konnte. Es ist immerhin rüh=
menswerth und zeugt für die Achtung und den Antheil,
den Immermann's Unternehmen sich gewonnen hatte, daß
die Düsseldorfer Actionäre nicht nur die aufgeopferten
16000 Thlr. verschmerzten, sondern, als sie das Theater
nun verlieren sollten, abermals 6000 Thlr. zu steuern
bereit waren. Das hätte indeß den Untergang nur ge=
fristet, nicht verhindert.

Aber ein Institut, das, wie Immermann mit Recht
behauptet, „bestimmt schien, in die Reihe der rheinischen
Culturanstalten einzutreten", hätte wohl die Aufmerksam=
keit der Fürsten, der Regierungen auf sich ziehen, seine

Erhaltung ihnen von Wichtigkeit scheinen sollen. Daß es nicht geschah, bewies eben, daß noch immer kein Strahl des Lichtes aufgehen wollte über der verblendeten Gleichgültigkeit, mit welcher die Staatskunst das Theater betrachtete.

„Ich fühle zu tief," schreibt Immermann im November 1837, da am letzten März das Theater aufgehört, „was Deutschland entbehrt, seit sich seine Bühne auf eine so geringe Weise hinhält, und sehe eine gewisse Ernüchterung und Vermagerung unsrer socialen Zustände in naher Verbindung mit diesem Unglücke. Keine Kunstvereine und Kunstausstellungen, keine Musikfeste, nicht Eisenbahnen und sonstige Gemeinnützigkeiten vermögen das tiefsinnige Gedankenschauspiel einer großen poetischen Bühne und ihre wohlthätigen abstringirenden Wirkungen auf die menschliche Schlaffheit zu ersetzen. Wie nahe liegt nun das Bessere, wie leicht wäre es zu ergreifen, wenn man sich zu einem edlen Entschlusse zu erheben vermöchte! Aber man denkt und fühlt leider gemein und deshalb ist ma mit sehenden Augen blind."

Und bald darnach: „Nun ist es Winter geworden und jetzt schmerzt mich erst recht, daß meine hübsche Bühne dahin ist. Man kann wohl wehmüthig werden, wenn so etwas untergeht, woran man so treue Pflege Jahre lang gesetzt, um das man eine ganze Hand voll grauer Haare mehr gekriegt hat. Und dann ergreift mich wieder ein Zorn, daß unter den 36 Fürsten Deutschlands sich keiner fand, der ein ganz complett eingerichtetes Theater, mit classischem Repertoir und einer schon feststehenden Tradition und Regel, mit geringen Kosten sich erkaufen mochte! Und doch stiften sie überall schlechte Hofbühnen für schweres Geld!"

Diese traurige Geschichte des Immermann'schen Theaters enthält die ganze Misere der herrschenden Zustände. Einer der edelsten und tüchtigsten Männer Deutschlands richtet sich mitten in dem Taumel des brillanten Kunstruins plötzlich auf, schlägt in energischer Begeisterung Amt und bürgerliche Stellung in die Schanze, achtet des Achselzuckens und Kopfschüttelns der soliden Leute nicht und legt mit kräftigem Willen und schnell entwickelter Fähigkeit Hand an zur Wiederaufrichtung der Kunst. Und da er seine Kraft bewährt, da er die Mittel dargethan, mit denen schnell geholfen werden kann, sieht er sich im Stich gelassen, den Werth seines Bemühens verkannt, die Resultate geringschätzig aufgegeben.

Auch einer der vielen deutschen Anfänge ohne Dauer.

Wie eine schwimmende Insel erscheint Immermann's Schöpfung auf dem wogenden Ocean des deutschen Theaterlebens. Der umherirrende Schiffer steuert sehnsuchtsvoll darauf zu, hofft Ankergrund, und an dem grünen, blühenden Gestade frische Quellen zu finden — und wie er näher kommt, löst sich im Wogendrange das verschlun=

gene Wurzelgeflecht, der feste Boden schmilzt vor seinen Augen, die Wellen spielen eine Weile mit den Gräsern und Blumen, bald ist ihre letzte Spur verschwunden und der Schiffer ist wieder verlassen und hoffnungslos in der wogenden Wasserwüste.

Ende des vierten Bandes.

Namen- und Sachregister.

A.

Allram 128.
Angely 47, 177.
Anschütz 84, 89, 167.
Apollotheater 141.
Auber 219.
Auffenberg (von) 58.

B.

Bauer (Caroline) 36, 47.
Bauernfeld 86, 173, 233.
Baumann 84.
Bayer 128.
Becker 79.
Beckmann 47, 137.
Beer (Michael) 18.
Beschort 6, 20, 40, 41.
Bethmann (Frau) 22.
Biedenfeld (von) 138.
Bierey 138.
Bildungszustand 240.
Birch (Frau Birch-Pfeiffer) 57.

Blum (Carl) 46, 173.
Blume (Heinrich) 24.
Böhler (Christine) 129, 131.
Böhler (Dorothea) 129, 131, 139.
Bösenberg 64.
Braunschweig 94.
Breslau 133.
Brockmann 84.
Brühl (Graf Carl Moritz von) 9, 42, 47, 220, 228.
Brühl (Graf Friedrich Ludwig von) 10.
Brunetti 128.
Bücherdrama 183.
Bühne 58, 228.
Bürgerliche Stellung 234.
Burmeister 63.
Busch (Frau von) 146.

C.

Calderon 158.
Carlsruhe 58.
Castelli 156.

Censur 231.
Cerf 46.
Chateaubriant 16.
Christ 64.
Claque 207.
Clauren 15, 18, 173, 174.
Contessa 173.
Costenoble 84, 138.
Costüm 10, 219.
Crelinger (Frau Stich, geb. Düring) 33.
Crüsemann 37.
Curländer 156.
Czernin (Graf von) 91.

D.

Dalberg 12, 14.
Darmstadt 112.
Decoration 10, 227.
Deinhardstein 20.
Delavigne 18.
Demmer 59, 119.
Derossi 258.
Devrient (Carl) 66, 78.
Devrient (Eduard) 37, 42.
Devrient (Emil) 130, 131, 139.
Devrient (Frau Emil, Dorothea Böhler) 139.
Devrient (Ludwig) 15, 16, 26, 39, 40, 41, 52.
Devrient (Frau Ludwig) 34.
Dietrichstein (Graf) 81.
Donna Diana 16.
Dramatische Literatur 172.
Dramaturgische Blätter 67.
Dresden 63.

Düring (Auguste) 33.
Düsseldorf 257.
Düsseldorfer Aktientheater 267.
Durand 62.

E.

Erlingen (Graf von) 62.
Eßverstett 6.
Eßlair 57, 116, 167, 211.
Eunicke (Catharine) 47.
Eunicke (Frau) 22.

F.

Faller'sche Gesellschaft 147.
Faust 76, 96.
Feige 105.
Feistmantel 128.
Fichtner 81.
Forkade (von) 134.
Fouquet (Lamotte) 15.
Frankfurter Theater 144.
Franz 37.
Franz (Wilhelmine, Frau Unzelmann-Werner) 36.
Fries (Frau) 57.

G.

Gailing 64.
Gastspiele 207.
Geistliche Angriffe 214.
Genast 130, 131.
Genée 47.
Georg, St. (Vorstadttheater) 141.
Gerber 93.

Gern (der Aeltere) 6, 21.
Gern (der Sohn) 23.
Gervais (Frau) 59.
Geschlossene Dekoration 228.
Gley (Julie) 80, 91.
Gloy 139.
Gluck 218.
Goethe 76, 96.
Grafenort 101.
Graff 62, 244.
Grillparzer 16, 156, 179.
Grua 61, 113.
Grüner, Franz (von Akats) 112.
Günther 95.
Guhr 105, 146.

Herberstein (Graf) 101.
Herdt 6.
Herzfeld 138, 142.
Heurteur 85.
Hoffmann 30.
Holbein (Franz von) 97, 98, 104, 127, 173.
Holberg 173.
Holtei (Carl von) 46, 134.
Holtei, Frau von (Louise Roger) 36, 135.
Holzbecher, Julie (Frau von Holtei) 47.
Honorar 229.
Hoppé 267.
Horschelt 57, 118.
Houwald 16, 156.

H.

Haake 95.
Haas 146.
Haffner 64.
Hagen (Charlotte von) 57.
Hahn-Neuhaus (Graf Carl von) 148.
Haitzinger (Frau Neumann, geb. Morstedt) 59.
Hamburg 138.
Hannover 97.
Hartwig (Frau) 65.
Hasenhut 119.
Hassel 146.
Heigendorf, Frau von (Jagemann) 62.
Hell, Theodor (Winkler) 73, 156.
Hellwig 64.
Henkel 267.

J.

Jagemann, Caroline (Frau von Heigendorf) 62.
Jakoby 139.
Idealisiren 162.
Jenke 267.
Jerrmann 130.
Iffland 6, 13, 38, 173, 243.
Ihlee, Dr. 146.
Immermann (Carl) 160, 257.
Intendanten 9, 54, 60, 62, 64, 65, 66, 84, 95, 105, 113, 160, 192.
Josephstädter Theater 120.
Jost 139.
Journalistik 202.
Isarthor-Theater 35, 36.
Julius 65, 71.

K.

Karl (von Bernbrunn) 55, 119.
Kasseler Theater 105.
Kettel 84, 101.
Kinderballet 118.
Kirms 62.
Kleist (Heinrich von) 20, 156.
Klingemann (August) 15, 77, 84, 94, 95.
Koberwein 85.
Kobler'sche Tänzergesellschaft 153.
Koch 84.
Königstädtisches Theater 45 u. f.
Könneritz (von) 65.
Korn 85.
Korntheuer 119, 121.
Krickeberg (Frau) 36.
Krüger (Wilhelm) 35, 84.
Küstner 119.
Küstner (Theodor von) 130, 132.
Kunst 167.

L.

Labes 58.
Lange 84.
Langhans 134.
Laroche 62.
Lauber-Versing (Frau) 267.
Lazzi 122.
Lebrün 139, 142, 173.
Lebrün (Frau) 139.
Le Gay 139.
Leipzig 128.
Leißring 146.
Lembert 18.
Lemm 108.
Lenz 139.
Leo 62, 97.
Leopoldstädter Theater 121.
Lessing 173.
Liebich 127.
Limbach 267.
Lindner (Caroline) 144.
Literatur 155, 179.
Löwe (Ferdinand) 61, 129.
Löwe (Ludwig) 84, 85, 88, 128.
Lombard 37.
Lüttichau (Baron von) 66.
Lustspiele 172.
Lur 146.
Lurburg (Graf von) 66.

M.

Maaß 34.
Malß 146.
Maltitz 19.
Manier 167.
Mannheim 60.
Manuscriptendiebstahl 230.
Marr 95.
Marschall (Frau) 139.
Marschner 218.
Mathisson (von) 114.
Maurer 22, 116.
Meaubert 80.
Meck 95.
Meier 58.
Melodrama 17, 178.

Namen- und Sachregister. 293

Mendelssohn-Bartholdy (Felix) 263, 266.
Miedke (Frau) 129.
Mittell 58.
Molière 173.
Moritz (Mürrenberg) 57, 128. 130.
Morstedt, Amalie (Frau Neumann-Haitzinger) 59.
Mosel (Son) 84.
Müller (Caroline) 47, 85.
Müller (Sophie) 62, 85, 88, 91, 168.
Müllner 16, 136, 137.
München 54.
Muster-Vorstellungen 261.

N.

Nagel 47, 134, 173.
Nationaltheater 4, 114.
Neufeld (von Zahlhas) 129.
Neumann-Haitzinger (Frau) 59, 211.

O.

Oberregisseur 97.
Ochsenheimer 85.
Oehlenschläger 16.
Oels 62.
Oettinger 205.
Oper 215.
Orden 243.
Organisation 53, 69, 253.
Otto 146.

P.

Palfy (Graf) 118.
Pauli 66, 71, 73, 77.
Pauli, St. (Vorstadt) 141.
Paulmann 98.
Peche (Therese) 85, 113, 116.
Pensionirungen 12, 235.
Pfeiffer (Charlotte Birch-) 57.
Piehl 138.
Pistor 128.
Pistor (Frl.) 128.
Voißl (Freiherr von) 54.
Polawsky 127, 128.
Porth 113, 238.
Prag 127.

R.

Raimund 121, 123.
Raupach 17, 18, 180.
Realismus 110.
Rebenstein 22.
Regie 39.
Reger 266, 267.
Reinhardt 56.
Reinhold 139.
Remic 73.
Renner (Frau) 97, 128.
Rhode (Prof.) 133.
Richter 37.
Rietz (Julius) 267.
Robert (Ludwig) 15, 20, 173.
Rösike 47.
Roger, Luise (Frau von Holtei) 36, 135.
Rose 84.
Rossini 219.
Rott 119, 167.
Routine 163.
Rüthling 23.

S.

Saphyr 201.
Sartori 121.
Schäfer 139.
Schall (Carl) 137, 173.
Schenk 267.
Schenk (Frau) 267.
Schinkel 43, 228.
Schirmer (Frau) 65.
Schlegel (A. W.) 235.
Schmelka 46, 137.
Schmidt 138.
Schmidt (Frau) 95.
Schneider (Ludwig) 37.
Scholz 119.
Schrader 139.
Schrepvogel (West) 80, 84, 92, 202.
Schröck (Frau) 22.
Schröder 173.
Schröder (Sophie) 88, 89, 167, 170, 211.
Schule 37.
Schuster (Ignatz) 55, 121.
Schwarz (Carl) 139.
Scribe 174.
Sehring (Frau) 59.
Seydelmann (Carl) 100, 106, 116, 264.
Shakespeare 76, 273.
Sontag (Henriette) 49.
Spielhonorar 215.
Spitzeder 46, 119.
Spohr (Ludwig) 105, 218.
Spontini 44, 50, 219.
Staberl 55.
Stadt- und Wanderbühnen 254.
Stawinsky 36, 42, 134, 138.
Steigentesch (von) 173.
Stein (von Treuenfeld) 129.
Sternberg-Ungern (Graf) 61.
Stich 22.
Strohmeier 62, 63.
Stubenrauch (Amalie) 116.
Stuttgart 114.

T.

Taglioni 115.
Taglioni (Marie) 115.
Theater, große 142.
Theater in der Steinstraße 141.
Theaterkritik 202.
Theaterschule 53.
Theater-Verein in Düsseldorf 259.
Tholuck 244.
Tieck (Ludwig) 49, 66, 157, 203.
Töpffer 18, 84, 86, 173.

U.

Uebersetzungen 172, 175.
Uechtritz (von) 19, 257.
Unzelmann 6, 22, 40.
Unzelmann (Frau) 36.
Unzer 139.
Urban 56.

V.

Venningen (von) 60.
Verfall 234.
Verpachtung 81.
Vespermann 56.

Vitzthum (von) 62.
Vitzthum (von Eckstädt, Graf Heinrich) 64.
Vogel 173.
Volkstheater 46.

W.

Wandertruppen 147.
Wauer 22.
Weber (Carl Maria von) 64, 218.
Weidner 145.
Weimar 62, 263.
Weimarsche Schule 161, 162, 166.
Weiß 36, 42, 139.
Werdy 65, 71.
Werdy (Frau) 65.

Werner (Frau) 36.
West s. Schreyvogel.
Wiedn, Theater an der 118.
Wiener Burgtheater 80.
Wiener Manier 168.
Wilhelmi 84, 128.
Winkler (Theodor Hell) 64, 73.
Wohlbrück 56, 129.
Wolff 16, 28, 31, 39, 40, 52.
Wolff (Frau Amalie) 31, 33.
Wurm 22, 59, 130.

Z.

Zahlhas (von Neufeld) 80, 129.
Ziethen=Liberati 129.
Zimmermann 203.

www.ingramcontent.com/pod-product-compliance
Lightning Source LLC
Chambersburg PA
CBHW021955220426
43663CB00007B/823